Verschiebe nicht auf morgen,
was du heute tun kannst;
denn wenn es dir heute Spaß macht,
kannst du es morgen wieder tun.

Duke of Wellington

Wenn du es auf übermorgen
verschiebst, wirst du es
vermutlich niemals tun!

Hildegard Grünthaler

El Requesón,
Baja California

Highway 17 durch das Dry-Falls-Gebiet
zum Soap Lake, Washington

Band 425

OutdoorHandbuch

Hildegard Grünthaler

On the Road

Ein Jahr mit Wohnmobil und Hund durch Nordamerika

On the Road

Der Autor und der Verlag sind für Lesertipps und Verbesserungen (besonders per E-Mail) unter Angabe der Auflagen- und Seitennummer dankbar.

Dieses OutdoorHandbuch hat 192 Seiten mit 55 farbigen Abbildungen sowie 1 farbigen, ausklappbaren Übersichtskarte. Es wurde auf chlorfrei gebleichtem Papier gedruckt, in Deutschland klimaneutral hergestellt und transportiert und wegen der größeren Strapazierfähigkeit mit PUR-Kleber gebunden.

ClimatePartner°
klimaneutral

Druck | ID 10951-1712-1003

Dieses Buch ist im Buchhandel und in Outdoor-Läden erhältlich und kann im Internet oder direkt beim Verlag bestellt werden.

OutdoorHandbuch aus der Reihe „FernwehSchmöker", Band 425

ISBN 978-3-86686-580-8 1. Auflage 2018

Text: Hildegard Grünthaler
Fotos: Hildegard und Peter Grünthaler
Karten: Heide Schwinn
Lektorat und Layout: Anna-Lena Ebner

Gesamtherstellung: gutenberg beuys feindruckerei

Dieses OutdoorHandbuch wurde konzipiert und redaktionell erstellt vom:

Conrad Stein Verlag GmbH, Kiefernstr. 6, 59514 Welver,
☏ 023 84/96 39 12, FAX 023 84/96 39 13,
info@conrad-stein-verlag.de,
www.conrad-stein-verlag.de

Besuchen Sie uns bei Facebook & Instagram:

www.facebook.com/outdoorverlag

www.instagram.com/outdoorverlag

Titelfoto: Übernachtung am Worthington Gletscher

Inhalt

Vorwort

Am Senator Wash Lake

Lieber Leser,
das vorliegende Buch ist kein Reiseführer, sondern ein Reisebericht über eine einjährige Reise mit dem eigenen Wohnmobil durch Nordamerika. Als Leser wünschen Sie sich vermutlich möglichst viele Bilder zur Einstimmung auf zukünftige eigene Reisen – die ein Buch aber leider unnötig verteuern.

Unter 💻 www.wohnmobil-weltreise.de finden Sie weitere Fotos chronologisch zum Reiseverlauf zusammengestellt.

Reise- und planungsrelevante Informationen, besonders die Infos über das Reisen mit Hund, habe ich größtenteils ans Ende des Buchs verbannt, um Leser, die sich nur gerne mal einen Fernwehschmöker reinziehen, nicht zu langweilen. Wer selbst eine Langzeitreise plant oder sogar seinen Vierbeiner mit nach Nordamerika nehmen möchte, findet alle notwendigen Infos übersichtlich geordnet im Infoteil.

Vielleicht wird sich der eine oder andere Leser wundern, dass in diesem Buch sehr oft auf freie oder wilde Camping- und Übernachtungsplätze hingewiesen wird. Das hat einen leicht nachvollziehbaren Grund. Wollte man täglich RV Parks, State Parks usw. zum Übernachten aufsuchen, würde man im Monat locker auf $ 500-1.000 kommen. Das ist ein Betrag, über den man sich während eines normalen Vier-Wochen-Urlaubs keine Gedanken macht, bei einer Reise von zwölf Monaten oder länger summiert sich der Posten „Campinggebühren" jedoch gewaltig. Viele Langzeitreisende leben jedoch buchstäblich vom „Eingemachten" und die Campingkosten sind im Grunde der einzige Posten, bei dem man beim Reisen sparen kann. Aber auch die meisten Rentner und Pensionäre, die im Wohnmobil unterwegs sind, sind nicht gewillt, unnötig Geld fürs Campen auszugeben. Wer im autark ausgestatteten Mobil unterwegs ist und ein wenig die Augen offenhält, findet immer wieder schöne Plätze, um kostenfrei oder preiswert zu campen oder zu übernachten.

Interessierte Leser, die eine ähnliche Reise planen, aber noch nie in Nordamerika waren, werden in diesem Reisebericht vermutlich die großen Highlights wie den Grand und Bryce Canyon, den Yosemite National Park usw. vermissen. Über diese ohne Zweifel großartigen, leider auch hoffnungslos überlaufenen Parks gibt es in zahlreichen Reiseführern und Karten, ohne die sicher niemand eine Fernreise antreten wird, ausreichend Informationen und Fotomaterial. Damit lassen sich diese Nationalparks und Sehenswürdigkeiten in eine ähnliche lange Reise einbauen. Wer vorher noch nie in den USA war, für den sind diese großen Parks natürlich ein Muss. Wir selbst haben Nordamerika bzw. die USA vor dieser aktuell beschriebenen Jahresreise zweimal für je vier Wochen per Miet-Pkw/Motel und danach im Zuge unserer dreijährigen großen Reise mit dem eigenen Wohnmobil für knapp eineinhalb Jahre am Stück bereist. Siehe dazu:

📖 **Tausend Tage Wohnmobil – In drei Jahren durch Amerika, Australien und Neuseeland** von Hildegard Grünthaler, Conrad Stein Verlag, ISBN 978-3-86686-403-0

Wir haben auf der hier beschriebenen Reise die einsamen Highways abseits der ausgetretenen Pfade schätzen und lieben gelernt und es ist die Weite und Vielfältigkeit der Landschaft, die uns immer wieder nach Nordamerika zieht. Wir lieben das Land und seine freundlichen, hilfsbereiten Menschen. US-amerikanische Politik? Reden wir lieber nicht drüber und im Gespräch mit dem amerikanischen Campingnachbarn ist es ebenfalls empfehlenswert, das Thema auszuklammern.

Wer wie wir Nordamerika so ausgiebig bereist hat, der hat auch die berühmte rosarote Brille nicht mehr im Gepäck. Ist man abseits der ausgetretenen Pfade unterwegs, sieht man nicht nur die touristische Schokoladenseite und es wäre heuchlerisch, die Schattenseiten in diesem Buch auszusparen oder etwa nur schwärmerische Töne anzuschlagen.

Ich habe mich bemüht, objektiv über diese Reise zu berichten, aber selbstverständlich kann ich nur über unsere eigenen Empfindungen schreiben und die Erlebnisse aus unserer persönlichen Sicht der Dinge schildern. Der Leser wird vermutlich sehr schnell merken, wo unsere persönlichen Vorlieben sind. Dass wir die Weite und Einsamkeit des hohen Nordens lieben und große Städte und Trubel nach Möglichkeit meiden. Ich gestehe, dass bei manchen Schilderungen mitunter die Pazifistin in mir die Oberhand gewinnt oder auch die gerne mal lästernde Spötterin zum Vorschein kommt. Der Leser sei gewarnt und möge es mir nachsehen.

Und nun lade ich Sie ein, mit uns auf die Reise zu gehen!

Kanada von Ost nach West

Der Jigging Cove Lake im Cape Breton National Park, Nova Scotia

On the Road Again

„Ihr habt Euer Wohnmobil verkauft? Euer Small Motorhome, mit dem ihr so viel erlebt habt, mit dem ihr jahrelang um die Welt gezogen seid? Wegen dem Hund?" Es ist immer die gleiche Reaktion. Unsere Verwandten und Bekannten sehen uns an, als wenn wir den Verstand verloren hätten. Gut möglich, dass wir früher genauso gedacht und reagiert hätten. Früher, als wir noch nicht wussten, wie schnell ein Hund vom bloßen Haustier zum Familienmitglied wird.

Schon immer hatte sich Peter einen Hund gewünscht. Aber wir wollten ja reisen, die Welt sehen, wollten nicht nur nach Nordamerika, sondern auch nach Neuseeland und Australien. Wer würde schon sein vierbeiniges Familienmitglied in Australien ein halbes Jahr lang in Quarantäne stecken oder irgendwo abgeben. Jetzt liegt die dreijährige Traumreise hinter uns. Jetzt genießen wir den Komfort des sesshaften Lebens. Wie praktisch, wenn man das schmutzige Geschirr einfach in die Spülmaschine stecken kann, wenn man wieder seine eigene Waschmaschine und den eigenen Trockner hat, wenn man duschen kann, ohne vorher zu überlegen, ob noch genug Wasser im Tank ist oder ob nicht am Ende der Abwassertank kurz vor dem Überlaufen ist. Wenn man lange genug im Wohnmobil umhergezogen ist, lernt man, diese kleinen Selbstverständlichkeiten zu schätzen.

Jetzt hat auch ein Hund in unserem Leben Platz. Kaum, dass wir uns wieder häuslich eingerichtet haben, hält Eyleen, eine knapp zweijährige Groenendael-Hündin, bei uns Einzug. (Der Groenendael ist die schwarze Varietät der Belgischen Schäferhunde.) Gereist wird also nur noch mit Hund. Mit dem Wohnmobil ist das ideal – denken wir.

Norwegen, Schweden – zwar viel Papierkram, aber sonst kein Problem. Stimmt. Auf den glatten, geraden Straßen durch Südschweden schlägt sich Eyleen tapfer und es gibt genügend Wälder und Wege zum Gassi gehen. Dann geht es über die Grenze nach Norwegen, die Straßen werden holprig, löchrig, steil und kurvenreich. Unserem guten alten Benz ist zwar keine Steigung zu steil, keine Straße zu schlecht, aber er macht einen Höllenlärm, legt sich mit seiner weichen Federung in die Kurven und holpert mit seinen kleinen Rädern durch die Schlaglöcher. Unser Hund sitzt jammernd und hechelnd unter dem Tisch, verweigert das Futter, will morgens nicht mehr ins Wohnmobil. Genervt drehen wir kurz vor Trondheim um, lassen Norwegen Norwegen sein – und außerdem hat es ja eh dauernd geregnet.

Kurze Zeit später verkaufen wir unser geliebtes Wohnmobil, genannt „Small Motorhome", mit dem wir so viel erlebt haben. Der Hund gehört zur Familie und hat Vorrang. Verkauft wird auch unser „knallrotes Gummiboot“ – das teure Schlauchkajak, das wir in Boise, Idaho gekauft hatten. Der Hund saß da drin, zitternd und jammernd …

Und was machen wir jetzt? Eine Zeit lang ziehen wir tatsächlich in Erwägung, einen Wohnwagen zu kaufen. Im Pkw fährt unser Hund nämlich gerne. Aber mit einem Wohnwagen kann man nicht so unabhängig reisen, wie wir es gewohnt sind. Und außerdem – das große Fernweh mag ja gestillt sein, aber die Sehnsucht nach den einsamen Highways Nordamerikas, der Weite Kanadas und Alaskas, den wilden Landschaften und den reizvollen Campingstellen hat sich sehr bald mit Macht zurückgemeldet. Dass wir noch einmal nach Amerika wollen, wird uns sehr schnell klar.

Also *drüben* einen *Ami* kaufen? Die Mobile mit den Benzinmotoren fahren softer, machen nicht so viel Radau. Wir nehmen Kontakt zu einem Wohnmobilvermieter auf, der aus Altersgründen seine gesamte Mietflotte verkauft, surfen im Internet. Die Preise wären günstig – aber ist es auch der Spritverbrauch der V10 Motoren mit einem 6 bis 8-Liter-Hubraum?

„Nein, mit solch einem Benzinsäufer fahr ich nicht rum!“, erklärt Peter kategorisch. „Außerdem will ich wieder mit einem komplett eingerichteten Wohnmobil auf Reisen gehen, mit Solaranlage, mit großen Wassertanks, mit einer Zwischentür zum Fahrerhaus!“ Und natürlich wollen wir ja auch in Europa reisen – der Winter steht vor der Tür, den verbringen wir dann doch lieber im Wohnmobil in Spanien.

Was dann letztendlich vor unserer Tür steht und im Eiltempo für den sonnigen Spanienwinter beladen wird, ist ein Schnäppchen, denn Ende November ist für die Wohnmobilbranche die Saison gelaufen. Das Risiko vor Augen, dass der neue, im Spätsommer ausgelieferte Laika Kreos auf Iveco den ganzen Winter im Hof stehen bleiben würde, war der Händler zu erstaunlichen Nachlässen bereit gewesen. Wir hingegen hatten gewusst, dass wir im Hinblick auf unsere Wünsche wenig Auswahl hatten, sofern wir nicht ein genau auf uns zugeschnittenes Mobil ordern würden. Aber wir hatten wenig Lust gehabt, unnötig viel Geld auszugeben. Und was nötig ist und was nicht, hatten uns die Erfahrungen unserer dreijährigen Reise gelehrt.

Unnötig ist in unseren Augen auf jeden Fall ein Allradantrieb. Es wird ja in vielen Reiseforen vehement behauptet, dass es ohne nicht ginge – besonders von jenen, die noch nie unterwegs waren. Schaut man sich auf unseren deutschen, glattgeteerten Straßen um, dann drängt sich der Eindruck auf, dass man ohne 4WD nicht mal bis zum nächsten Supermarkt kommt. Die Größe und Höhe eines Wohnmobils, besonders eines Alkovenmobils, setzen dem Offroad-Einsatz jedoch enge Grenzen. Und um ungeteerte Straßen zu befahren, braucht es zwar einen stabilen Aufbau und tragfähige Reifen, aber keinen Allradantrieb, das hatten wir auf unseren Reisen wirklich zur Genüge praktiziert.

Unser neues Wohnmobil sollte aber auf jeden Fall wieder zwillingsbereift sein, eine gute Straßenlage und ausreichende Zuladung haben und außerdem sollte der Überhang nicht so groß sein. Leiser und flotter als unser alter 410er sind heute ohnehin alle Basisfahrzeuge. Wegen der besseren Straßenlage entschieden wir uns also für den Iveco 35 C 17 mit 166 PS. Ein Fahrzeug, von dem Peter auf Anhieb begeistert war – und noch immer ist. Weil wir keinen Aufbau mit Styropor-Isolierung wollten, war die Auswahl begrenzt und um einen großen Überhang zu vermeiden, kam auch diesmal nur ein Alkovenfahrzeug infrage.

Ein Backofen, ein großer Kühlschrank und die separate Dusche waren ein Muss. Der Laika Kreos 3005 erfüllte alle unsere Anforderungen und gefiel uns mit seinem italienischen Design auf Anhieb.

Zusätzlich zum zweiten Wassertank und zur 150-Watt-Solaranlage lassen wir nun vom Schreiner noch eine Zwischentür einbauen. Für jederzeit und überall hygienisch einwandfreies und geschmacksneutrales Trinkwasser wird direkt unter der Spüle ein Seagull Wasserfilter mit einem separaten Wasserhahn installiert. In der Fahrradgarage, die zwar nicht sonderlich geräumig, aber pfiffigerweise unter der Küchenarbeitsfläche und den Badezimmerschränken eingebaut ist, werden dann während der Wintermonate in Spanien die Räder, während der Nordamerikareise aber Eyleens große Flugbox, zwei Reservereifen, ein 1.000-Watt-Generator von Honda und die Campingmöbel verstaut. Und weil unser rollendes Heim einen Namen braucht, wird in Anlehnung an unser erstes Wohnmobil, das wir schlicht und einfach „Small Motorhome" getauft hatten, vorne am Alkoven ein Aufkleber mit dem Namen „Small Motorhome II" angebracht. Doch trotz des tiefgründigen Namens ist und bleibt unser zweites Wohnmobil „unser Italiener".

Seit zwei Wochen spukt es ununterbrochen in meinem Kopf herum: „Haben wir wirklich alle Fenster gut verschlossen? Habe ich die Klappe über dem kleinen Sofa kontrolliert, die immer mit etwas Nachdruck zugemacht werden muss? Ist die Tür zum Wohnteil richtig abgeschlossen? Haben wir auch wirklich die Pumpe ausgeschaltet?" Wir waren unaufmerksam beim Abgeben des Wohnmobils, haben getratscht und tausend Fragen beantwortet. Schließlich sind wir ja die „alten Hasen", die ihr Wohnmobil schon x-mal übers Meer geschickt und sogar ein Buch darüber geschrieben haben. Logisch, dass die beiden Männer, die zeitgleich mit uns ihr Wohnmobil über den großen Teich schickten, alles ganz genau wissen wollten. Logisch auch, dass mir vom Moment der Schlüsselabgabe bis jetzt diese Dinge im Kopf rotieren. Das war bei jeder Verschiffung so. Aber jetzt werden wir es gleich wissen. Wir haben alle Formalitäten hinter uns (☞ siehe Schlussteil des Buches) und bekommen im Hafenterminal unseren Schlüssel zum Fahrerhaus wieder. Davon, dass es von außen unversehrt ist, konnten wir uns schon überzeugen und nun stellen wir zufrieden und mit einem hörbaren Aufatmen fest, dass auch innen alles in Ordnung ist.

Der Rest ist schnell erledigt: Gepäck und Hund ins Wohnmobil laden, Gas auffüllen, Lebensmittel kaufen. Die erste Nacht verbringen wir, obwohl notorische Wildcamper, auf einem RV Park. Die Reisetaschen müssen ausgepackt und die Fressalien verstaut werden. Und natürlich muss auch die sperrige Hundebox platzsparend im Außenstauraum untergebracht werden. Außerdem sind wir rechtschaffen groggy. Flug, Formalitäten, wenig Schlaf im fremden Hotelbett usw. Es gibt nichts Schöneres, als auf Reisen das eigene Bett, das gemütliche Zuhause immer dabeizuhaben!

„On the road again ...", tönt Willie Nelson aus unserem Player und wir singen kräftig mit. Mithilfe unserer neuesten Errungenschaft, einem Tomtom-Navi, scherzhaft „Susi" genannt, haben wir Halifax und Dartmouth großräumig umfahren. Endlich rollen wir wieder, endlich hat unser Wohnmobil wieder einsame, leere Highways unter sich. Sicher, auch beim Überwintern in Spanien haben wir so manch hübschen Platz entdeckt, aber dem Fahren an sich können wir in Europa nichts abgewinnen. Der Verkehr, die zugebaute Landschaft, irgendwie haben wir in Europa immer das Ankommen im Fokus. Hier ist wieder der Weg das Ziel. Trotzdem werden wir ein wenig an den spanischen Winter erinnert. Morgens bei 6-8 °C kommt als Erstes die Heizung zum Einsatz. Tagsüber klettert das Thermometer auf stolze 16-18 °C, doch im Gegensatz zum spanischen Winter pfeift uns im ostkanadischen Frühsommer – wir schreiben den 29. Mai – ein eisiger Atlantikwind um die Ohren und durch alle Rippen.

Im Grunde zieht es uns ja auf schnellstem Wege nach Westen, aber Nova Scotias Cabot Trail und den Cape Breton National Park wollen wir uns nicht entgehen lassen. Vorbei an zahllosen Seen mit zerklüfteten Ufern, die mit kleinwüchsigen Nadelbäumen bewachsen sind, rollen wir nordwärts. Die Landschaft erinnert uns ein wenig an Schweden. Nur dass es in Schweden einfacher ist, mal einfach irgendwo an einem hübschen Platz zu halten. Hier ist alles privat, alles zersiedelt, zu den hübschen Seen kommt man kaum hin. Langsam melden auch unsere knurrenden Mägen, dass es an der Zeit wäre, eine Mittagspause einzulegen. Aber an einem Supermarkt zu halten, dazu haben wir wenig Lust. Schließlich biegen wir zum Clam Harbour Provincial Park ab. Der liegt zu unserer und Eyleens Freude direkt am Strand. Weil Dienstag ist und noch keine Saison, ist er noch dazu menschenleer. Ein Platz wie für uns geschaffen. Der schier endlose, leere Strand reizt unseren Hund zum Kaninchen und Eichhörnchen jagen – nur Camping ist hier verboten. Hat uns das schon mal gestört? Wir campen ja nicht, wir übernachten nur im Wohnmobil, was in unseren Augen ein riesiger Unterschied ist. Die Rangerin verdrückt sich frühzeitig, lässt das Tor offen. Na also – das verstehen wir als Einladung und schlafen prächtig und ungestört.

Am nächsten Morgen nehmen wir wieder die kurvige Küstenstraße unter die Räder. Irgendwann fällt Peter auf, dass wir auf der ganzen Strecke noch keine einzige Tankstelle gesehen haben. Nachdem wir ja nun stolze Besitzer einer elektronischen *Susi* sind, die von der Touristeninformation bis zu Campingplätzen und Tierärzten alles gespeichert hat und angeblich auch jede Tankstelle kennt, hält Peter an und sucht nach Tankstellen. *Susi* will uns doch tatsächlich bis zu unserem Ausgangspunkt zurückschicken, denn die nächste Tankstelle auf unserer Strecke ist ewig weit weg. Bis dahin wird unser Sprit nur knapp reichen. Außerdem haben wir, weil wir ja noch nicht im dünn besiedelten Westen sind, den 20-Liter-Reservekanister nicht gefüllt. Ich sehe mich im Geiste schon das Wohnmobil schieben. Selbst Peter ist mulmig zumute. Sehr vorsichtig und sehr spritsparend fährt er weiter. Auch wenn *Susi* nichts davon wusste – im nächsten Kaff gibt es zu unserer Erleichterung gleich zwei Tankstellen!

Mal sehen, ob das Wildcampen an der Lake Lochiel Provincial Park Picnic Area genauso gut funktioniert wie gestern am Clam Harbour Beach. Wir haben den Küstenhighway verlassen und sind dem Highway 7 East im rechten Winkel nach Norden gefolgt. Das Tor zum Provincial Park steht offen, es ist keine Menschenseele zu sehen. Wir lassen die Seele baumeln und unser Hund vergnügt sich im Wasser und fängt Frisbees auf dem Rasen. Um Punkt 9 Uhr abends erscheint eine finster dreinblickende Rangerin, um das Tor zu schließen. Okay, dann verdrücken wir uns und gehen zu Plan B über. Ganz in der Nähe hatten wir vorsichtshalber schon eine Baptistenkirche ausfindig gemacht, auf deren Parkplatz es sich auch ruhig schlafen lässt.

Das Cape Breton ist eine Insel, die durch einen Damm mit dem Festland verbunden ist. Hatten wir schon kurz nach Halifax und Dartmouth den Eindruck, dass Nova Scotia gerade erst aus dem Winterschlaf erwacht, so scheint uns hier, dass das Cape Breton noch gar nicht aufgewacht ist. Wir sind nahezu alleine unterwegs und arbeiten uns auf einer zerfurchten, von Schlaglöchern übersäten Straße voran nach Norden. Der Tourismus wird vermutlich erst in zwei Wochen

Der Cabot Trail, Cape Breton

so richtig anlaufen. Touristeninformationen, Souvenirshops, Motels und Restaurants sind größtenteils noch geschlossen, die Ferienhäuser bei Margee Harbour liegen verwaist. Große Tafeln werben für Whalewatching-Touren. Rechtzeitig mit dem Eintreffen der Touristenströme werden auch die Wale vorbei am Cape Breton nach Norden ziehen.

Auch im Cape Breton Highlands National Park ist noch nichts los. Doch das Wetter meint es jetzt gut mit uns. Umgab uns am Morgen noch dichter Nebel, so scheint inzwischen die Sonne von einem nahezu wolkenlosen Himmel. Wir schnüren die Wanderstiefel für die erste Wanderung und unser Hund quittiert diese Vorbereitung mit ausgelassenen Freudensprüngen. Oh, was ist mit dieser Warntafel? Gleich zweisprachig in Englisch und Französisch! Oha, Cape Breton mag ja noch im Winterschlaf liegen, aber die Bären sind bereits wach! Was bedeutet, dass sie jetzt besonders hungrig sind. Was die Bären noch gefährlicher macht: Sie haben Junge! Da gibt es nur eines: Der Hund muss an die Flexileine und auch wir sollten vorsichtig sein und Augen und Ohren offen halten. Die Warnung erfolgte nicht zu Unrecht. Auch wenn wir beim Wandern auf keine Bären treffen, ihre Hinterlassenschaften sind nicht zu übersehen!

Wir nehmen anschließend wieder den Cabot Trail unter die Räder, genießen die wilde Landschaft und übernachten auf einem Campground im Park. Am nächsten

Tag darf unser Hund endlich wieder ohne Leine rennen. Keine Bären und keine Menschenseele sind zu den kleinen Wasserfällen und Seen unterwegs. Der Cape Breton National Park gefällt uns, auch wenn er uns nicht zu großen Begeisterungsstürmen hinreißt und wir nach zwei Tagen schon wieder auf Achse sind.

„Ingonish Ferry", entziffert Peter das kleine Hinweisschild. „Fähranleger sind immer gut. Da können wir bestimmt ungestört übernachten!" Der vermeintliche Fährhafen entpuppt sich als kleiner Fischereihafen.

„Hier könnt ihr ohne Probleme stehen bleiben!", versichern uns die Fischer und ehe wir uns versehen, werden wir mit frisch gefangenen Makrelen und einem gekochten Hummer versorgt. Die kalten kanadischen Gewässer sind noch nicht leergefischt. Den ganzen Abend werden riesige Laster mit dem Fang des Tages beladen.

Später kreuzt einer der Männer, er stellt sich als Joe vor, mit selbst gemachter Marmelade und hausgebackenem Weißbrot bei uns auf. Wir revanchieren uns mit fränkischem Meerrettich. Bei kanadischem Bier zeigen wir Joe Fotos von unserer heimatlichen Fränkischen Schweiz und unserer Wohnung. Joe stellt erstaunt fest, dass in Deutschland doch tatsächlich alle Häuser aus Stein gebaut sind.

Die Bay of Fundy

Mit 14 m Tidenhub bricht die **Bay of Fundy** alle Rekorde. Besonders eindrucksvoll können wir Nichtküstenbewohner bzw. tidenunerfahrenen Adriasegler und -surfer dieses Phänomen bei den **Hopewell Rocks** bestaunen. Die Erosion, verursacht durch den starken Gezeitenwechsel, formte eigenwillige Felsformationen aus dem Küstengestein. **Flowerpot Rocks** heißen die türmchenartigen Felsen sehr treffend. Mit den Bäumchen, die auf den Spitzen der erodierten Felsen wachsen, sehen sie wirklich wie Blumentöpfe aus. Wenn sie bei Flut vom Meer umgeben sind, ragen nur diese Bäume aus dem Wasser. Bei Ebbe jedoch sieht man, wie sich die bewachsenen Felsen aus dem Marschland erheben und man kann auf dem trockengefallenen Meeresgrund zwischen ihnen spazieren gehen.

Eigentlich haben wir die Hopewell Rocks gar nicht im Programm. Wir wollen *Strecke machen,* wollen so schnell wie möglich nach Westen. Aber im ersten Visitor Centre von New Brunswick sehen wir Fotos von diesem reizvollen Provincial Park und entschließen uns spontan zu einem Abstecher. Denn schließlich reisen wir ja nach dem Motto: Der Weg ist das Ziel!

Im 17. Jahrhundert wurden französische Siedler, die Akadier, in der Gegend um die Bay of Fundy ansässig. Um die Ihren zu ernähren, trotzten sie mit einem ausgeklügelten System aus Dämmen den Salzmarschen Ackerboden ab. Heute sind 80-90 % der amerikanischen Salzmarschen wieder verschwunden, die Akadier wurden von den Engländern verjagt und deportiert und im Bereich der Hopewell Rocks hat das Meer sein Reich zurückerobert. Nun ernähren die von den Gezeiten erodierten Felsen ein ganzes Heer an Parkrangern, Campingplatz- und Restaurantbesitzern und natürlich auch die Souvenirhersteller der Kitschindustrie. Entlang der Zufahrtsstraße zum Provincial Park stehen in regelmäßigen Abständen Schilder, die das Parken auf beiden Seiten verbieten, die Parkplätze hinter der Schranke sind gigantisch. Man braucht nicht viel Fantasie, um sich vorzustellen, wie es hier im Sommer zugeht.

Die Hopewell Rocks

Der Eintritt hat sich ebenfalls gewaschen. Außerdem muss ich einen Wisch unterzeichnen, in dem explizit aufgeführt wird, dass Hunde immer an der Leine zu führen sind, dass die Leine keinesfalls länger als 4 m sein darf, dass Hunde allen Gebäuden im Park fernbleiben müssen und dass die Halter selbstverständlich auch alle Häufchen aufsammeln müssen. Wir wissen es ja, wenn Amis und Kanadier anfangen zu reglementieren, dann tun sie das gründlich.

Für das teure Eintrittsgeld wurden ein klotziges Informationsgebäude in die Landschaft gestellt, der relativ kleine Park mit reichlich Toiletten bestückt, Aussichtsplattformen gebaut, eine Anlage zum Abspritzen des Matsches von Füßen und Schuhen installiert – und last but not least, weil gerade Hochwasser ist, vor jedem Abgang zum Meer eine Rangerin postiert, die aufpasst, dass niemand trotz der riesigen Warnschilder über die Absperrung klettert und dann evtl. im Meer ersäuft.

Es ist noch ruhige Vorsaison, weshalb der Park bereits um 17 Uhr schließt, das heißt, man muss mit dem Auto vor das Tor fahren, kann aber zu Fuß – auf eigenes Risiko, versteht sich – noch einmal in den Park hinein. Na, wenn das kein Angebot ist! Die Möglichkeit, vor dem Tor zu parken, packen wir beim Schopf und bleiben gleich über Nacht hier. Die Zufahrtsstraße ist abgelegen und die Ruhe himmlisch.

Als am Morgen wärmende Sonnenstrahlen das diesige Grau vertreiben, steigen wir mit unserem Hund zu den Blumentöpfen hinunter. Jetzt ist Niedrigwasser und wir können diese zauberhafte Laune der Natur ausgiebig von unten bewundern. Auch der hübsche Waldweg, auf dem wir später zum Strand wandern, ist ungeheuer reizvoll. Obwohl die Sonne scheint, ist er in dichten Nebel gehüllt und die ganze Szenerie wirkt unheimlich und geheimnisvoll.

In der Fundy Bay gibt es noch mehr zu sehen und erleben, zum Beispiel den reizvollen Fundy National Park. Sicher, der Park ist nicht mit dem zu vergleichen, was der Westen Kanadas an atemberaubenden Landschaften zu bieten hat, aber die hübschen Wanderwege zu kleinen Wasserfällen und zu stillen Buchten sollte man auf dem langen Weg ans andere Ende des amerikanischen Kontinents nicht versäumen.

Nicht alle Attraktionen der Fundy Bay erschließen sich dem Beobachter auf den ersten Blick. Wer die Reversing Falls in Saint John beobachten und erleben will, braucht Zeit, denn die Falls sind kein Wasserfall im üblichen Sinn. Der Saint John River, der in Saint John in die lange, gewundene Fundy Bay fließt, vollführt hier ein seltenes Naturspektakel, indem er bei Flut flussaufwärts fließt. Als wir ankommen, ist gerade Ebbe und die braune Brühe, die in wilden Strudeln abfließt, bildet an einigen Stellen sichtbare kleine Wasserfälle. Das Geheimnis dieser seltsamen Wasserfälle liegt unsichtbar am Grund des Flusses. Der Boden des Saint John Rivers bildet zweimal kurz hintereinander ein „V" – das Wasser stürzt über die Kante, füllt das erste „V" und fließt erst dann in das zweite weiter. In diesen Bereichen wirbelt das Wasser in regelrechten Whirlpools herum. Als gegen 15 Uhr Stillwasser, also die Zeit zwischen auf- und ablaufendem Wasser, eintritt, haben sich die Strudel und Whirlpools beruhigt und der Saint John River fließt gemächlich ab. Kurz darauf kehrt sich die Fließrichtung tatsächlich sichtbar um – erst langsam, dann aber immer deutlicher. Der Fluss beginnt wieder zu strudeln, die Wasserfläche bildet verschiedene Ebenen und die kleinen Wasserfälle fließen in die andere Richtung. Jetzt sieht man auch, dass der Fluss eigentlich klar und sauber ist, zumindest oberhalb der Papierfabrik, die auf der anderen Seite der Brücke stinkende Rauchschwaden in die Luft bläst. In dieser Papiermühle – es ist nur eine von vielen im Osten des riesigen Landes – werden Kanadas Wälder zu Kosmetiktüchern und Klopapier verarbeitet. Die Dreckschleuder verpestet nicht nur die Luft, sondern leitet auch giftige, braune Abwässer in den Fluss. Jetzt, bei auflaufendem Wasser, werden sie nach oben in den Fluss gedrückt.

Weil die Reversing Falls die größte Attraktion Saint Johns sind, hat die Stadt Beobachtungsplattformen und riesige Parkplätze angelegt. Erstaunlicherweise findet sich nirgendwo ein Schild, dass hier das Übernachten im Wohnmobil verboten ist. Eine Chance, die wir unverbesserlichen Wildcamper normalerweise sofort beim Schopf packen. Dem Straßenlärm könnte man ja einigermaßen entgehen, wenn man möglichst weit hinten parkt – aber um die schweflig gelbbraunen, stinkenden Abgasschwaden der Papiermühle auszusperren, müssten wir schon alle Fenster und Luken verrammeln und sämtliche Belüftungsschlitze abdichten. Nein, so verlockend der große Parkplatz ist, wir fahren lieber weiter. Wir wundern uns nur, dass die Anwohner sich diesen permanenten Gestank gefallen lassen.

Nordamerikas berühmtester Wasserfall

Wir haben nicht nur New Brunswick, sondern auch die Kälte hinter uns gelassen. Längst habe ich unsere Duo-Betten auseinandergeknöpft und nur noch die leichteren Sommerdecken bezogen. Die Straße 185 hat uns bis an den Saint Lawrence River geführt. Die Landschaft mit ihren Bergen und Felsen erinnert uns ein wenig an das Rhonetal in Frankreich, aber sonst kann man den Saint Lawrence River nicht mit der Rhone vergleichen. Er ist viel gewaltiger und, was uns noch besser gefällt, trotz der relativen Nähe zu den Großstädten Quebecs ist hier längst nicht so viel los. Aber im Gegensatz zu Frankreich sind die Straßen hier – nein, nicht nur hier, eigentlich im gesamten Osten Kanadas – unter aller Kanone! Hier am Scenic Highway ist es besonders schlimm. Die Fahrbahn ist übersät mit Schlaglöchern; brutale Querrillen im Abstand von 5-10 m schütteln uns schlimmer durch als jede Schotterpiste.

Die Straßen im Osten Kanadas mögen zwar miserable Fahrbahnen haben, aber ihre Rastplätze sind riesig und weitläufig, mit ausgedehnten Wiesen und Picknickplätzen weit weg vom Verkehr. Hier gibt unser Hund mit Vergnügen Ball- und

Frisbee-Vorstellungen. Auch unser *Italiener* wird neugierig von allen Seiten begutachtet. Ein Ehepaar aus Quebec spricht uns an. Im Laufe des Gesprächs erzählt Peter, dass er für das Wohnmobil immer noch keinen Aufkleber mit dem Ahornblatt gefunden hat.

„In Kanada bekommt ihr das bestimmt!", erklärt uns der sympathische Mittfünfziger, allem Anschein nach ein Frankokanadier durch und durch.

„In Kanada?"

„Ja, drüben in Alberta oder BC!"

„Ach, hier sind wir wohl nicht in Kanada?"

„Nein, hier seid ihr in Quebec!"

Okay, wir haben es kapiert! Aber im Grunde beginnt auch für uns das richtige Kanada erst kurz vor den Rockies!

Eigentlich darf man auf diesem Rastplatz am Saint Lawrence River ja nicht übernachten. Das Stehen ist auf eine Dauer von maximal 4 Stunden begrenzt. Aber außerhalb der Saison ist nichts los. Wir bleiben hier und ich mache mich darüber, das Abendessen zu kochen. Es gibt Alaska-Seelachs. Den habe ich tiefgekühlt und vakuumverpackt im Supermarkt gekauft. Versehen ist der Tiefkühlfisch mit einem großen Aufkleber: „Vor dem Kochen Verpackung entfernen!" Glücklicherweise habe ich diesen Hinweis vor dem Auftauen und Zubereiten gelesen, sonst hätten wir doch glatt den Fisch samt Plastiktüte in die Pfanne gehauen!

Beim Stichwort Kanada denkt man nicht nur an Berge und Seen, sondern auch an Weite und Einsamkeit. Aber zu Kanada gehören auch Monsterstädte wie Toronto. Die müsste man eigentlich ansehen, aber ganz ehrlich, deswegen sind wir nicht hier! Also *Susi* einschalten, Augen zu und durch! (Wirklich nur bildlich. Auf den fünfspurigen Stadtautobahnen des Molochs Toronto herrscht höllischer Verkehr!)

Susi lotst uns brav bis Niagara-on-the-Lake. Laut ADAC soll das ein geruhsamer, viktorianischer Ort sein. Viktorianisch stimmt – aber geruhsam? Busweise schieben sich Japaner und Ami-Rentner durch die Straßen mit den tausend Kitschläden. Aber Niagara-on-the-Lake liegt am Lake Ontario und der hat einen flachen Strand. Unser Hund kann so endlich der Hitze und Schwüle entgehen, ins Wasser springen und für die japanischen Bustouristen eine Vorstellung geben.

Auf dem Niagara Parkway arbeiten wir uns weiter vor und besichtigen, weil wir ja gleich am Cape Breton die ein Jahr lang gültigen Karten für die Nationalparks und Historic Sites gekauft haben, das Fort George. Das Fort hat nur noch ein altes Gebäude aufzuweisen, der Rest sind Nachbauten. Zur Entschädigung laufen die Parkranger in den Klamotten von anno dazumal herum. Sogar Hunde dürfen auf das Gelände des Forts. Als wir jedoch mit unserem Vierbeiner ungeniert durch die nachgebaute Offiziersmesse laufen, taucht eine Rangerin im Empire-Look auf und erklärt uns, dass man in den Gebäuden kleine Hunde auf dem Arm tragen müsse. Größere Hunde dürfen dagegen gar nicht mit hineingenommen werden.

Okay, dann demonstrieren wir eben, wie gut erzogen unser *Belgian Shepherd* ist, binden ihn mit dem Befehl „Platz" vor der Tür an und gehen wieder rein. Die Rangerin ist platt, weil Eyleen keinen Ton von sich gibt und brav liegen bleibt.

Das Fort hat außer nachgemachten alten Gebäuden auch noch einen großen, ruhigen Parkplatz, der außerhalb der Besichtigungszeiten keinen Cent kostet. Große Bäume spenden Schatten und nirgendwo entdecken wir ein Schild mit einem Campingverbot. Das verstehen wir sofort als Einladung, diesen Platz heute Nacht zu nutzen. Zuerst stehen jedoch Nordamerikas berühmteste „Falls" auf unserer Liste.

„Nordamerikas größtes Spektakel der Natur!", schreibt der ADAC über die Niagarafälle. Auf unseren ausgedehnten Reisen haben wir eines festgestellt: Wo immer sich die Natur spektakulär gebärdet, kann ihr der Mensch nicht nachstehen. Er kann nicht still sitzen und die Größe und Gewalt der Natur einfach auf sich wirken lassen – wohl weil ihm dann zum Bewusstsein käme, wie klein und nichtig und unbedeutend er doch ist. Nein, er muss lärmen und mit viel Getöse und Tamtam das Spektakel der Natur noch übertreffen. Das mag vielleicht nicht auf alle berühmten Naturereignisse zutreffen, in Niagara Falls macht der Mensch jedoch so viel Getöse, dass er das Spektakel der Natur locker übertrifft. Außerdem muss er das Spektakel der Natur nutzen, den lieben Mitmenschen, sprich Touristen, das Geld aus der Tasche zu ziehen. Da man die Fälle nicht absperren kann, um dann kräftig Eintritt zu verlangen, zockt man halt beim Parken ab. Schließlich kommt der Tourist im Auto und das muss er irgendwo lassen. *Drive-through*-Besichtigung funktioniert nicht. Außerdem werden ja allerlei Sensationen angeboten, welche das „Aus-dem-Auto-steigen" unbedingt erforderlich machen. $ 12 kostet der erste Parkplatz, den wir anfahren. Entsetzt drehen wir um. Der zweite Parkplatz – na gut, beißen wir in den sauren Apfel und blechen. „Dies ist kein Auto, dies ist ein RV!", belehrt uns der Hüter der begehrten Parkflächen. RVs, also *recreational vehicles*, zu Deutsch Freizeitfahrzeuge, noch genauer Wohnmobile, Vans, Wohnwagen usw. kosten $ 18! Wir schlucken und zahlen. Schließlich wollen wir ja nicht umsonst so weit gefahren sein.

Lange haben wir überlegt, ob sich der Schlenker zu den Niagarafällen überhaupt lohnt. Wir wussten ja schon vorher, dass das ganze Drumherum extrem touristisch ist. Aber wenn man schon in Kanada die ganze Strecke von Ost nach West fährt, kann man die berühmten Wasserfälle doch nicht einfach links liegen lassen. Gut, jetzt wissen wir: Es hat sich nicht gelohnt! Aber Achtung – das ist unsere ganz persönliche Meinung! Auch wenn wir all die zweifelhaften Attraktionen, die entlang des Parkways und der Fälle marktschreierisch angeboten werden, ignorieren – das Gefühl, ein grandioses Naturschauspiel zu erleben, will sich einfach nicht einstellen. Das liegt sicher nicht nur am ganzen Disney-Theater drum herum, sondern vermutlich auch daran, dass die Fälle mitten in der Stadt liegen.

Leider sieht man von den Horseshoe Falls, dem Teil der Niagara Fälle auf kanadischer Seite, fast nur Gischt. Daran ist jetzt nicht der Touristenrummel schuld, sondern der starke Wind. Und wenn man eine Attraktion der Natur fotografisch nicht richtig ins Bild setzen kann ... Denn natürlich – auch wir gehören zu den Touristen, haben die Spiegelreflexkamera um den Hals hängen und der erste Blick geht, welch schlechte Angewohnheit, immer durch den Sucher. Trotzdem werden wir noch versöhnt! Die Abendsonne zaubert mit ihren warmen Farben einen Regenbogen in die Gischt der Horseshoe Falls und lässt uns darüber sogar die happigen Parkgebühren vergessen.

Eigentlich wollen wir ja am nächsten Tag gleich weiterfahren. Aber Peter sagt: „Das kann's doch nicht gewesen sein? Irgendwas muss doch dran sein am Mythos Niagara!" Er will noch mal hin und vielleicht auch mit dem Boot in die Gischt hineinfahren.

Wieder nehmen wir den Parkway unter die Räder. Edle Weingüter und noble Villen reihen sich hier aneinander. Es sind nicht gerade die Ärmsten der Armen, die hier wohnen. Zahlen vermutlich keine Steuern. Oder lassen die Touristen nicht genug Geld da? Warum sonst ist die Fahrbahn dieses Parkways in solch miserablem Zustand? Weil es immer wieder Touristen gibt, die knauserig sind? Die keine Lust haben, teure Parkgebühren zu berappen? So wie wir? Inzwischen kennen wir uns nämlich besser aus, parken ein Stück außerhalb in der Nähe einer alten Brücke und laufen in der Gluthitze eine halbe Stunde zum Ort des Geschehens. Weil heute der Wind nachgelassen hat, kann man auch einen Tick besser fotografieren. Das Naturgefühl jedoch, das man oft schon bei kleinen Wasserfällen hat, will sich trotzdem einfach nicht einstellen. Peter will das Gefühl erzwingen und fährt mit der *Maid of the Mist* bis in die Gischt hinein. Hinterher stellt er fest, dass es sich nicht gelohnt hat.

Was wir gestern schon erstaunt festgestellt haben, wiederholt sich auch heute: Für die zahlreichen japanischen Touristen, die hier busweise durch die Gegend wuseln, ist nach den Wasserfällen unser Hund *die* Attraktion. Die Wasserfälle samt dem Ehegespons davor geben fotografisch nicht viel her, sind mit einem Klick abgelichtet. Aber unser Hund! „Very nice dog!" Die Japanerinnen sind entzückt, wollen Eyleen streicheln und sich mit ihr fotografieren lassen. Eyleen trägt es zu unserem Erstaunen mit Fassung, obwohl es mir nicht so recht gelingt, den verzückten Bürgerinnen Nippons klarzumachen, dass man einem fremden Hund nicht einfach auf den Kopf tatscht. Überhaupt – wir waren nicht sehr clever. Hätte sich Peter mit einem Schild „Jedes Foto mit Eyleen $ 2!" hingestellt, hätten wir ganz schön Kasse gemacht ...

Vom ganz normalen Leben *on the road*

Das Leben *on the road* hat seinen eigenen Rhythmus. Route planen, fahren, Pausen einlegen, Fotostopps. Auch der Kühlschrank muss gefüllt werden. Auswahl gibt es in Kanada genug, egal, ob Supermarkt oder Bulk Food Store. Diese praktischen Läden, wo man sich aus riesigen Tonnen selbst die gewünschte Menge abfüllen kann, gibt es bei uns leider nicht. Ich lege mir in diesen Läden meist einen Vorrat an Roggenvollkornmehl zu oder kaufe die einzelnen Zutaten fürs Mittagsmüsli (genau, wir essen Müsli nicht zum Frühstück – da gibt es selbst gebackenes Brot –, sondern zum Mittagessen. Zum Kochen habe ich mittags weder Lust noch Zeit). Ein gewisses, aber überschaubares Maß an Hausarbeit lässt sich auch auf Reisen nicht vermeiden: Wohnmobil sauber machen, von innen und ab und zu von außen, und die Schmutzwäsche muss im Waschsalon gewaschen werden. Weil das rollende Eigenheim nicht an der Kanalisation und an der Wasserleitung hängt, kommt das regelmäßige Auffüllen der Frischwasser- und das Entleeren des Abwasser- und Toilettentanks bzw. der Thedford-Kassetten dazu. Getankt werden muss auch regelmäßig. An den großen Tankstellen gibt es nicht nur Sprit, sondern auch Propan. Als vorsichtige Reisende bestehe ich darauf, dass eine Gasflasche, sobald sie leer ist, sofort nachgefüllt wird. Ganz einfach, weil die Information „Gasflasche leer" noch frisch im Gehirn verankert ist. Die Gefahr, dass man die leere Flasche vergisst und dann plötzlich mit zwei leeren Flaschen dasteht, ist meiner Meinung nach zu groß. Peter findet das zwar albern, fügt sich aber zähneknirschend.

Auch die Tankstelle an der Mall in Barrie, einem Nest in Ontario, hat Propan. Leider fehlt der Tankstelle eine Angestellte mit Hirn. Beim Anblick unseres Wohnmobils – unsere Gasflasche hat sie noch gar nicht zu Gesicht bekommen – spreizt sie sofort alle Viere von sich und erklärt mit sichtlichem Entsetzen: „Für dieses Auto sind wir nicht ausgestattet!"

„Kein Problem, wir sind ausgestattet. Wir haben einen Adapter!" Misstrauisch mustert sie die ominöse, fremde Gasflasche, die sie nur bis zu 80 % auffüllen darf. Unserer Rechnung, dass die üblichen 20 amerikanischen Pfund, die wir auffüllen wollten, weit weniger wären, kann sie nicht folgen. Sie stellt die leere Flasche auf die Waage, stellt entsetzt fest, dass die ja schon 11 kg hätte, und behauptet, die wäre schon voll.

Na, dann eben nicht. Wir haben keine Lust zu weiteren Diskussionen und suchen uns lieber eine kleinere Tankstelle, wo der Pächter selbst agiert und vor allem Wert auf Umsatz legt, mag das Befüllen der Flaschen ohne Überdruckventil nun legal sein oder nicht. Die meisten kapieren, dass eine leere Flasche mit 20 amerikanischen Pfund längst nicht überfüllt ist (☞ mehr dazu siehe unter „Gasversorgung" im Teil **Reiseplanung**).

Wer mit Hund unterwegs ist, muss in seinem Tagesablauf nicht nur ausgedehnte Gassirunden einlegen, sondern auch regelmäßig Futter besorgen. Natürlich bekommt unsere Eyleen auch hin und wieder frisches Fleisch, aber meist eben doch Trockenfutter. Das ist auf Reisen am einfachsten. Eyleen mag eigentlich nur Royal Canin. Das gibt es nicht im Supermarkt, sondern nur im Hundefutterladen. Was heißt hier „Hundefutterladen" – kanadische und amerikanische Zoogeschäfte sind

An einem See am Highway 11

gigantische Supermärkte, was mich sehr wundert, denn eigentlich sieht man kaum Hunde. Die armen Viecher kommen kaum aus dem Garten raus. Dafür kriegen sie Mäntelchen und Jäckchen in allen Farben. Die Kreationen für verwöhnte Vierbeiner hängen in endlos langen Reihen. Daneben gibt es auch noch Gerätschaften zum Aufsammeln der Häufchen. Riesige Apparate sind das. Kein Mensch läuft damit länger als 10 Minuten rum. Neben Bürsten, Kämmen, Shampoos usw. entdecke ich dann in einem Gang etwas Sonderbares: Im Zooshop werden ganz offensichtlich auch Kinderwagen verkauft! Kinderwagen? Ich schau noch mal genauer hin. Nein, damit sollen nicht die Sprösslinge ausgefahren werden, sondern lauffaule Hunde!

In Kanada gehen Hundehalter nicht so regelmäßig mit ihren Vierbeinern spazieren wie bei uns in Deutschland. Das liegt zum einen daran, dass Kanadier viel größere Grundstücke und die Hunde daher schon mehr Auslauf haben, zum anderen aber an mangelnden öffentlichen Wegen, weil alles entweder privat und eingezäunt oder schlicht und einfach undurchdringliche Wildnis ist. Dabei ist es genau diese Suche nach Auslaufmöglichkeiten für den Hund, die uns die schönsten Übernachtungsplätze beschert. Sofern wir nicht von selbst irgendwo einen schönen Platz entdecken, suchen wir in den Orten die jeweilige Visitor Information auf. Unser Trick, ganz scheinheilig nach Waschsalon, Internet usw. auch nach einem Platz zu fragen, wo man mit dem Hund spazieren gehen kann, funktioniert fast immer. Stets bekommen wir einen Ortsplan in die Hand gedrückt und wissen sofort, wo Bootsanleger, öffentliche Badestrände oder Parks sind. Zumeist können wir dort ungeniert und ungehindert übernachten.

Allerdings funktioniert das nicht immer. Obwohl wir im reizvollen Ontario mit seinen Bergen und 1.000 Seen immer mal wieder einen Seitenweg zu einem Fluss oder einem Bootsanleger finden, ist vieles Privatgelände oder undurchdringliche Wildnis. Selbst am Lake Superior, dem flächenmäßig größten Süßwassersee der Erde, kommt man nur an ganz wenigen Stellen ans Wasser, ohne dafür geschröpft zu werden. Der Trans-Canada Highway Nr. 17 führt durch den Lake Superior Provincial Park. Die Landschaft mit ihren Bergen, Felsen und Seen ist ungemein reizvoll – und für schöne Landschaft wird gerne kassiert. Weil das nun mal fürs Durchfahren auf einem öffentlichen Highway nicht geht, nimmt man die Menschen beim Parken aus. *Day use* nennt man das. Für eine Stunde im Park werden happige Großstadt-Parkgebühren verlangt! Na gut, dann blechen wir halt, auch wenn das Wetter heute kühl und trübe ist. Unser Hund muss laufen und will auch mal schwimmen. Ich zücke den Geldbeutel, will unseren Obolus in die Parkuhr werfen, da sehe ich noch rechtzeitig das Schild: Hunde sind hier im Park ganz verboten. Na, dann eben nicht.

Nach längerer Suche entdecken wir einen Seitenweg, vermutlich eine Holzfällerstraße. Genug Platz zum Übernachten, genügend Wege für den Hund – und genügend Tümpel für die Brut der Moskitos. Das geht uns allerdings erst in der Nacht auf, als ein ganzes Jagdgeschwader surrender Blutsauger zum Angriff auf uns wehrlose Wildcamper bläst. Mit der Fliegenklatsche schlagen wir wild um uns und versuchen, uns gegen die Übermacht stechender Plagegeister zu wehren. Zu allem Überfluss öffnet auch noch der Himmel seine Schleusen und es schüttet wie aus Kübeln. Am nächsten Morgen kleben die Spuren des nächtlichen Massakers an den Wänden, an der Decke und im Alkoven. Wir sitzen noch beim Frühstück, als es schon wieder anfängt zu regnen. Die Pfütze, in der wir stehen, wird immer tiefer. „Wenn wir jetzt nicht verduften, kommen wir aus der Pampe nicht mehr raus!“, befürchtet Peter. Ich stelle Kaffeetassen und Kanne in die Spüle, Peter startet den Motor und nach der Pfütze frühstücken wir in leichter Schräglage weiter.

Durch die Great Plains – Manitoba und Saskatchewan

In Europa bestimmen die Alpen durch ihren Verlauf von Ost nach West zum großen Teil unser Klima. Die drei großen nordamerikanischen Gebirgszüge ziehen sich hingegen alle in Nord-Süd-Richtung, was die extrem kalten Winter und höllisch heißen Sommer erklärt. Der Tourist aus Europa, unterwegs im eigenen Camper, um die überwältigende Natur Amerikas zu erleben, startet im Osten des Kontinents, egal, ob in Kanada oder den USA, und überquert als Erstes die Appalachen, die sich von Quebec bis hinunter nach Alabama erstrecken. Das reizvolle Mittelgebirge wirkt heimelig europäisch und erinnert ein wenig an den Bayerischen Wald. Aber natürlich, die Appalachen sind nicht sonderlich exotisch, weshalb es die meisten Touristen, und uns natürlich auch, doch relativ schnell weiterzieht. Touristen wollen nach Westen, nicht anders als die frühen Siedler auch. Bevor der ungeduldige Tourist jedoch auf die Rocky Mountains trifft, die Teil der von Alaska bis Feuerland reichenden Kordilleren sind, muss er genau wie damals die Pioniere die Great Plains durchqueren. Aber wo einst riesige Büffelherden durch wogendes Präriegras zogen, weiden heute Rinder, wächst Getreide und Raps, was den Touristen aus Europa zum flotten Weiterziehen antreibt.

Die Büffel wurden bekanntermaßen sinnlos abgeknallt, die kleinen Präriedogs ließen sich aber nicht ausrotten. Ihre unterirdischen Bauten haben sie entlang der

Felder und Wiesen angelegt, in Parks und unter Mülltonnen. Mit ihren hellen Pfiffen warnen die putzigen Gesellen die Nachbarschaft vor Feinden: vor Raubvögeln und Kojoten – und vor unserer schwarzen Eyleen, die ihre Nase in jedes Erdloch stecken muss, gespannt vor Mülleimern lauert und die flinken, kleinen Gesellen am liebsten ausbuddeln würde.

Die Straßen, die die ehemaligen Prärieprovinzen Manitoba und Saskatchewan durchschneiden, sind schnurgerade, die Orte, die an ihrem Verlauf entstanden, gesichtslos. Zahllose Getreidespeicher sind die einzige Erhebung in diesem platten Land. Böse Zungen behaupten: „Wer in Manitoba auf eine Apfelsinenkiste steigt, kann die gesamte Provinz überblicken!" Peter behauptet: „Das Schönste an Manitoba ist der Name!"

Wir haben uns zum Übernachten der Einfachheit halber an einen Walmart gestellt und sitzen gerade beim Abendessen, als es an unserer Tür klopft. Draußen steht ein ausgewanderter Schweizer, den es in dieses brettebene Manitoba verschlagen hat. „Vermissen Sie denn nicht ihre Schweizer Berge und die schöne Landschaft?", wollen wir im Verlauf des Gesprächs wissen. „Oh nein! Hier ist es okay! Hier rollt dir wenigstens das Auto nicht davon!", erklärt uns der Ex-Schweizer. Nun, es kommt halt doch immer darauf an, von welcher Warte aus man etwas betrachtet.

Wo kein Hügel und kein Bergzug stürmische Winde aufhalten kann, pfeifen sie in ungebremsten Böen über das weite, flache Land. Sie rütteln ungestüm an unserem Camper, egal, ob wir gerade irgendwo übernachten oder auf den schnurgeraden Highways unterwegs sind. Peter hat alle Hände voll zu tun, den Camper mit seinem hohen Aufbau auf der Straße zu halten.

Auch in Saskatchewan ändert sich die Landschaft nicht. Eine schier endlose Weite dehnt sich bis zum Horizont aus, unterbrochen nur von den riesigen Getreidespeichern. Doch dann erhebt sich in der Ferne schwach die Silhouette eines Höhenzuges. Sollten das etwa schon die Rockies sein? Nein, die kann man noch gar nicht sehen, außerdem müssten die ja vor uns im Westen sein, der Höhenzug liegt dagegen im Süden. Ein Blick in die Karte verrät: Es sind die Cypress Hills, die sich links von uns entlang ziehen.

Ich will aber nicht nur über die mangelhafte Landschaft meckern, denn wir wussten ja, dass sich die Strecke zwischen den Appalachen und den Rockies zieht – das war auf der US-Seite nicht anders. Der Straßenzustand wird schon seit Oregon immer besser. Außerdem haben wir zu unserer und zu Eyleens Freude festgestellt, dass es, je weiter man nach Westen kommt, vermehrt richtige *dog run areas* gibt. Das sind zum Teil sogar weitläufige Areale, wo Hunde ohne Leine rennen und spielen dürfen (und Wildcamper ungeniert übernachten können). Bei den meisten dieser *dog runs* sind Spender mit Tüten zum Aufsammeln der Häufchen angebracht. Weil natürlich das Aufsammeln der Hundehaufen eine anrüchige Angelegenheit ist, sind diese Tüten doch tatsächlich parfümiert.

Endlich weichen die endlosen Felder dann sanft rollenden Hügeln und mitunter bilden ein paar Bäume ein winziges Wäldchen. Manchmal stechen auch weiße Kaliumseen aus der Wildwestlandschaft heraus. Auch die altertümlichen Holzmasten der Stromleitungen, welche die Highways säumen, sehen aus wie anno dazumal die Drähte der Telegrafenleitungen des alten Westens. Irgendwie wartet man darauf, dass ein paar Indianer angeritten kommen und daran hochklettern, um die Drähte durchzuschneiden.

Die Prärielandschaft mit ihren sanften Hügeln ist ausgesprochen reizvoll. Ab und zu rollt einer der endlos langen Güterzüge der Canadian Pacific vorbei. Ihr Pfeifen, Rattern und Schnauben ist allgegenwärtig. Peter behauptet, solch lärmende Loks stünden bei uns längst im Museum.

Erst in Alberta trifft die Prärie auf die Rockies. Aber wir bleiben vorerst in der Prärie, obwohl wir die Silhouette des Gebirges bereits am Horizont aufragen sehen. Wir überqueren bei Fort MacLeod den Old Man River und nehmen einen abgelegenen Highway unter die Räder, um die Zeugnisse einer 6.000 Jahre alten Jagdmethode zu bestaunen.

Der Head-Smashed-In Buffalo Jump

Einst zogen sie in riesigen Herden durchs Grasland der Great Plains. Die Bisons waren die Lebensgrundlage der Prärieindianer. Ihr Fleisch lieferte Nahrung, aus ihren Häuten wurden Kleidung und Tipis gefertigt, die Sehnen dienten als Nähmaterial, aus den Knochen machte man Werkzeuge und der getrocknete Dung eignete sich zum Heizen. Aber auch wenn die Herden zahlreich waren, die Jagd auf diese mächtigen Tiere war – zu Fuß und nur mit Pfeil und Bogen und Speeren bewaffnet – mühsam und gefährlich. Vor der Ankunft der Weißen gab es auf dem amerikanischen Kontinent weder Pferde noch Feuerwaffen.

Findig war der Mensch jedoch schon immer. Die Tatsache, dass eine Herde, wenn sie einmal in Panik gerät, in einer wilden Stampede blindlings losstürmt und durch nichts mehr aufzuhalten ist, nutzten die frühen Prärieindianer und entwickelten eine erfolgreiche Jagdmethode. Alles, was dazu notwendig war, bot Mutter Erde und zwar in Form einer steilen, ca. 12 m hohen Abbruchkante, die sich plötzlich in der Landschaft auftut. Alles, was man tun musste, war, dafür zu sorgen, dass die Büffel in Panik in die richtige Richtung rasten, um dann in wilder Flucht über den

Rand der Klippe in den Tod zu stürzen. Das klingt einfacher, als es in Wirklichkeit war. Die wilde Hatz dauerte nahezu zwei Wochen. Die Männer des Stammes steckten vorher die Wege ab, um die Stampede in die richtige Richtung zu leiten, und trieben die Tiere immer näher an die Klippe heran. Das war mit Sicherheit nicht ungefährlich und die einzigen Helfer bei diesen Vorbereitungen waren Hunde.

Der Head-Smashed-In Buffalo Jump

Am Fuß der Klippe, wo der Stamm sein Lager aufgeschlagen hatte, wurden die Tierkörper verarbeitet. Einem jungen Blackfoot-Indianer, der sich unterhalb der Klippe versteckt hatte, um alles aus nächster Nähe zu erleben, wurde von den herabstürzenden Büffeln der Schädel eingedrückt. Die Klippe wurde von den Blackfoot daraufhin **Head-Smashed-In Buffalo Jump** genannt.

Der Buffalo Jump am südlichen Ende der Porcupine Hills wurde rund 6.000 Jahre lang genutzt. Die Jagdmethode wurde im Laufe der Zeit immer weiter verfeinert und von den Blackfoot perfektioniert. Erst mit der Einführung von Pferden und Feuerwaffen verlor sie an Bedeutung. Fest steht, dass bei dieser jährlichen Stampede über den Buffalo Jump regelmäßig wesentlich mehr Büffel umkamen, als verarbeitet und transportiert werden konnten.

Na also, da können wir Weißen mit unserer ungebremsten Verschwendungssucht unser schlechtes Gewissen endlich ein wenig beruhigen – die alten Indianer haben auch schon mehr erlegt als nötig! Das liegt wohl in der menschlichen Natur! Aber bevor wir uns selbst freisprechen, dürfen wir eines nicht vergessen: Die Hatz über den Jump gefährdete nicht die Ressourcen. Nahezu ausgerottet wurden die Büffel erst von schießwütigen Weißen, die dem „roten Mann" dadurch die Lebensgrundlage entziehen wollten.

1939 begannen eifrige Archäologen des **American Museum of Natural History**, die Überreste dieser effizienten Jagdmethode auszubuddeln. 1981 erhob die UNESCO den Buffalo Jump in den Rang eines Weltkulturerbes. Heute bescheren die Knochen der toten Büffel der Provinz Alberta reiche Einnahmen und ernähren ein ganzes Heer an Parkrangern (okay, ein paar Blackfoot sind auch unter den Rangern). Die Provinz Alberta ernannte die Abbruchkante zur **Provincial Park Historic Site** und zog an der Klippe ein mehrstufiges Informationszentrum und Museum in die Höhe, wo man Repliken von Pfeilspitzen, Köchern usw. bewundern kann.

Bereits die Anfahrt über den abgelegenen Highway durch unbesiedelte Prärielandschaft ist ein Erlebnis. Wir hätten auf das großkotzig aufgezogene Informationszentrum, das dort an die Klippe geklatscht wurde, gut verzichten können, denn uns hätten ein paar erklärende Schautafeln gereicht. Mit ein wenig Fantasie kann man sich das wilde Szenario auch so gut vorstellen. Aber die Weite der grasbewachsenen Hügel und der Weg entlang der Klippe mit der Silhouette der Rockies am Horizont versetzen uns gedanklich in vergangene Zeiten.

Pragmatisch sind wir natürlich auch. Der etwas abseits gelegene, großflächige Overflow-Parkplatz erspart uns die Suche nach einem Übernachtungsplatz. Am Abend, als alle abgezogen sind, bleiben wir hier gleich zum Schlafen stehen. Kanadier würden sich das vermutlich niemals trauen, denn wir sind die einzigen Camper, die diesen unvergleichlich stimmungsvollen Platz zum Übernachten nutzen. Die Vollmondnacht in der Einsamkeit der Prärie ist ein unvergessliches Erlebnis. Allenfalls in den Wüsten haben wir solch eine totale Stille erlebt. Es ist eine andere Stille als in den Bergen oder Wäldern, wo man immer wieder Vögel, das Rauschen der Bäume oder den Wind hört. Es ist uns fast ein wenig unheimlich, weil unsere Ohren an eine beständige, wenn auch leise Geräuschkulisse gewöhnt sind – und außerdem soll es hier ja Bären und Pumas geben …

Durch die Rockies

Wenn Büffel an einer Klippe 12 m in die Tiefe stürzen, ist das für sie tödlich und für Kanadier ein Anlass, einen Provincial Park zu gründen. Stürzt ein Fluss 12 m über eine Abbruchkante in einen kleinen Canyon, dann findet man dies evtl. in einem sehr detaillierten Reiseführer, aber japanische Bustouristen locken diese mickerigen 12 m nicht. Auch Hotelkonzerne wird das kaum veranlassen, Luxusherbergen oder Spielcasinos in die Landschaft zu setzen. Welch ein Glück! Die Lundbreck Falls, die der Crowsnest River unweit des am Crowsnest Highway gelegenen, kleinen Kaffs Lundbreck bildet, sind natürlich längst nicht so spektakulär, wie die berühmten Niagarafälle. Das ist vermutlich der Grund, weshalb außer uns nur wenige Touristen den reizvollen Wasserfall bewundern, – aber uns gefallen die Lundbreck Falls wesentlich besser! Wir können direkt am Fuß der hufeisenförmigen Fälle stehen und das Naturgefühl, das wir dabei erleben, ist um ein Vielfaches höher als im Rummel der Stadt Niagara Falls. Setzt man die Höhe und Größe der Lundbreck Falls in Relation zu den Niagarafällen, ist auch unsere Fotoausbeute um ein Vielfaches höher.

Bleibt man auf dem Crowsnest Highway, der mehr oder weniger dem mäandernden Lauf des Flusses folgt, erreicht man nach ca. 20 km eine gigantische Gesteins- und Geröllhalde. Ob die Katastrophe, die sich dort am 29. April 1903 ereignete, ein durch Menschen verursachtes Desaster war, ist nicht abschließend geklärt. Fest steht jedoch, dass die ersten Europäer, die in diesen Bereich vordrangen, von den Indianern ausdrücklich davor gewarnt wurden, sich unterhalb der Ostflanke des Turtle Mountains niederzulassen. In ihren Legenden heißt der Turtle Mountain „Berg, der sich bewegt". Es steht auch fest, dass es niemals Indianersiedlungen unterhalb dieser Bergflanke gab.

Wenn der Mensch jedoch Bodenschätze entdeckt, in diesem Fall leicht abbaubare Kohlevorkommen, schiebt er bekanntermaßen jede Vernunft beiseite. 1901 wurde nicht nur die **Canadian American Coal and Coke Company**, sondern auch kurz darauf die nach dem Unternehmer Henry Frank benannte Stadt Frank gegründet. Die Kohle und die Nähe zur Eisenbahn machten Frank bald zu einer wohlhabenden Stadt mit 600 Einwohnern.

Gerade mal zwei Jahre nach der Gründung der Stadt hallte am frühen Morgen um genau 4:10 Uhr ein gewaltiges Donnern durch das ganze Tal. Ein riesiger Bergsturz bewegte sich von der Ostflanke des Turtle Mountains kommend in Richtung Frank. In nur 90 Sekunden bahnten sich die Geröllmassen ihren Weg durch das Tal. Sie zerstörten das Bergwerk, die Eisenbahnlinie und einen Teil des Ortes und kosteten 70, anderen Quellen zufolge 90 Menschen das Leben. 82.000.000 t oder 30.000.000 m^3 Gestein bedeckten über 3 km^2 des Tals. Die wichtigste Ost-West-Route über die Rockies war daraufhin über drei Wochen lang versperrt.

Rechts und links des Highways existiert noch heute der zur Gemeinde Crowsnest gehörende Ort Frank. Außerdem hat die Provinz Alberta etwas abseits der Geröllhalden ein Informationszentrum errichtet, für das kräftig Eintritt kassiert wird. Um die Folgen des tödlichsten Felsrutsches der kanadischen Geschichte zu besichtigen, kann man sich das Geld jedoch getrost sparen, denn entlang der Gesteinshalden führen Wege und stehen erklärende Tafeln.

Wer an den geologischen Vorgängen interessiert ist, findet hier nähere Erklärungen:

www.geo.tu-freiberg.de/brennstoff/exkursionen/USA/geologie_dateien/frankslide.html

Seit unserer großen Reise rede ich davon, dass wir unbedingt die Forestry Trunk Road fahren müssen, denn bekanntermaßen lieben wir ja abgelegene, einsame Straßen – und wenn sie ungeteert sind, stört uns das auch nicht. Der Reiseführer schwärmt von der Einsamkeit, von der Schönheit der Rockies ohne den Trubel und das Gewimmel am Icefields Parkway und erwähnt die vielen herrlichen Möglichkeiten, wild zu campen. Diese Straße, die an der Ostseite der kanadischen Rockies entlangführt, ist doch wie für uns gemacht! In Coleman verlassen wir daher den Crowsnest Highway, wir wollen die Rockies ja noch nicht überqueren, und biegen auf die Forestry Trunk Road ein.

Was stand da im Reiseführer? Einsamkeit? Schönheit der Rockies ohne Trubel und Gewimmel? Nein, hier wimmelt es nicht, hier brettern Pick-ups und Allradfahrzeuge im Affenzahn durch die Gegend. Es staubt, der Schotter prasselt, die Waschbrettrillen rattern. Bis wir kapiert haben, was hier eigentlich los ist, dauert ein wenig. Heute ist Sonntag, der 1. Juli! Kanadatag! Und wenn der auf einen Sonntag fällt, wird am Montag nachgefeiert! Laaanges Wochenende im Land der relativ kurzen Urlaube. Alles, was Räder hat, ist auf der Forestry Trunk Road unterwegs – zum Fischen, zum Campen, um auf dem ATV durch die Gegend zu brettern!

Puh, das haben wir uns anders vorgestellt! Auch von der angeblichen Schönheit der Landschaft sieht man nicht viel, denn die Forestry Trunk Road führt durch Wald. Recht bald wird auch deutlich, was sie ist und wofür sie gebaut wurde. Sie ist eine Fernstraße für die Forstwirtschaft – für die kanadische Forstwirtschaft und die ist bekanntermaßen nicht zimperlich. Was wir hin und wieder schon in den anderen Provinzen gesehen haben, wenn wir mal eine ungeteerte Abzweigung zum Campen eingeschlagen haben, zeigt sich hier überdeutlich: Dort, wo der allgemeine Tourismus nicht hinkommt, wird gnadenlos gerodet. Nicht ausgelichtet, sondern ratzekahl abgeholzt. *Clear cut* nennt man das vornehm umschrieben.

Auf der Forestry Trunk Road

Am Dienstag ist der Spuk vorbei. Die rasenden Pick-ups, Allradfahrzeuge und ATVs sind verschwunden. Nur noch ein paar Rentner sind unterwegs – und ab und zu donnern die Holzlaster an der weitläufigen Campingstelle vorbei, die wir uns zum Relaxen ausgesucht haben. Habe ich über die mangelhafte Landschaft geklagt? Ich nehme reumütig alles zurück. Die Landschaft ist ein Traum! Und unsere Campingstelle? Einfach sagenhaft! Wir stehen mit unserem Wohnmobil mutterseelenallein auf einer Wiese. Wald und Berge umgeben uns und in dieser Weite der Natur haben wir die Liegestühle aufgestellt. Ja, genau so haben wir uns das vorgestellt!

Die Straße selbst? Na gut, der Schotter und die Querrillen sind keine reine Freude. An der Forststraße wird nicht nur sichtbar Kahlschlag betrieben, sondern auch Öl und Gas gefördert. Außerdem weiden hier Rinder. Immer wieder rumpeln wir über Viehroste, die hier *Texas gates* genannt werden.

Später geht die Forestry Trunk Road in den Highway 40 und den Kananaskis Trail und den Kananaskis Lakes Trail über, erfreut uns mit glattem Teer und einer überwältigenden Landschaft. Auch mit dem Campen machen wir es uns einfach, fahren eine Schotterstraße 2 km zu einem Viewpoint hinauf, genießen die Aussicht und bleiben über Nacht ganz einfach stehen.

Wir freuen uns schon auf den nächsten Teil der Forestry Trunk Road – wir wollen uns hier einen schönen Platz zum Übernachten suchen. Aber leider, leider – die gesamte Strecke bis Glenmore haben sich zwei Provincial Parks aufgeteilt. Zwar ist die Straße noch immer Schotter mit zum Teil recht hässlichen Wellblechbuckeln, aber alles andere ist leider so reglementiert, wie es in Provincial Parks üblich ist: Picknickplätze mit *„no overnight"*-Schildern, Hunde an die Leine, Vorschriften, in welcher Richtung irgendein Parkplatz umrundet werden muss und so weiter und so fort. Die Landschaft ist großartig – aber wir haben uns die Straße eben anders vorgestellt. Unsere Hoffnungen ruhen auf den Spray Lakes – aber der Peter Laugheed Provincial Park geht nahtlos in den Smith Dorien Spray Trail Provincial Park über. Sämtliche Plätze und Wiesen, an denen früher gecampt wurde, sind mit großen Steinen abgesperrt, jeder Seitenweg mit Ketten und Toren verrammelt.

Na, dann eben nicht. Peter ist ohnehin ungeduldig. Er will die Stampede sehen. Nein, keine Büffelstampede wie am Buffalo Jump, sondern die Calgary-Stampede. In einer Visitor Information hat man ihm erklärt, dass sämtliche Campingplätze und RV Parks längst ausgebucht wären. Er hat Angst, dass wir für unser Small Motorhome II keinen Platz mehr finden. Aber seit wann brauchen wir einen Campingplatz? In Calgary gibt's doch einen Walmart! Und der ist wesentlich näher am Geschehen als alle teuren Campgrounds und RV Parks. Außerdem finden sich dort noch mehr Stampede-Besucher ein. Allerdings ist der Walmart am MacLeod Trail der lauteste, an dem wir jemals genächtigt haben. Ganz egal, ob wir uns vorne oder hinten hinstellen – es röhrt und brummt und dröhnt!

„Fahrkartenautomat" – der Klang des Wortes reicht schon aus, um uns Schweißtropfen auf die Stirn zu zaubern. Als Provinzbewohner sind wir stets mit dem Auto unterwegs und wehe, wir müssen im heimatlichen Deutschland mal öffentliche Verkehrsmittel benutzen! Wenn wir dann keine mitleidige Seele finden, die uns weiterhilft, endet das mitunter mit unbeabsichtigtem Schwarzfahren, weil wir den Automaten zum Entwerten übersehen haben, oder wir fahren versehentlich mit einer Kinderkarte, weil wir uns im Dschungel der Tarife und Tasten verirrt haben. Nun stehen wir – etwas außer Puste, weil wir einen flotten morgendlichen 20-Minuten-Gang hinter uns haben – an der Straßenbahn-Haltestelle und schaffen es doch tatsächlich, dem Gerät nicht nur die richtigen Tickets zu entlocken, sondern wenig später auch an der richtigen Haltestelle auszusteigen. Zugegeben, das war kein Kunststück. Wir sind schließlich nicht die Einzigen, die zur Calgary-Parade wollen.

Was erwartet man von einer Parade, die Auftakt zur berühmten Stampede ist, bzw. was haben wir erwartet? Vielleicht mehr Westernmusik. Hier marschiert nämlich alles auf, was Beine hat, was reiten kann, was fährt, rollt, gezogen oder geschoben wird und fast alles macht Musik, bläst, trommelt, pfeift oder beschallt die Zuschauer per Lautsprecher. Von Westernreitern bis zu Hochradfahrern, von Tanzgruppen aus der Ukraine bis zur australischen Konzertband aus Sydney, von den berühmten Mounties im zackigen Schritt bis zu Schafe treibenden Border Collies ist alles vertreten. Indianerprinzessinnen und Rodeo-Missen vergangener Jahre, meist schon ein wenig in die Breite gegangen, reiten und fahren genauso mit wie Mitglieder diverser Vereine, kostümiert als alte Römer, Wikinger oder Westernhelden. Firmen nutzen bunte Wagen als Reklameplattform und die farbenfrohen Wagen von Klubs aus sämtlichen Ecken der Welt erinnern daran, dass Kanada ein Einwandererland ist. Die meisten Gruppen sind jedoch hoch zu Ross unterwegs. Die vielen Pferde lassen natürlich so einiges fallen, weshalb in regelmäßigen Abständen fantasievoll als Pferd oder Rind geschmückte Kehrmaschinen im Zug mitrollen. Dass auch die kanadische Armee aufmarschiert, ja sogar Panzer in der Parade mitrollen, hätten wir nicht erwartet, aber die Kanadier begrüßen ihre „Helden" mit frenetischem Jubel.

Heimwärts müssen wir ein paar Straßenbahnen abwarten, bis wir uns endlich in einen Wagon quetschen können. Was uns schon auf der Hinfahrt angenehm aufgefallen ist, bestätigt sich auch auf dem Rückweg. Nirgendwo sind die Fensterscheiben verkratzt, keine Sitze aufgeschlitzt, kein Dreck und Müll fliegt umher. In der Nähe der Tür ist ein Notknopf angebracht. Den soll man drücken, wenn man Vandalismus beobachtet, jemand belästigt oder bedroht wird, ein gesundheitlicher Notfall auftritt, sich Rauch oder Qualm zeigt, usw. Eine Idee, die auch in unseren Straßen- und U-Bahnen überdacht und eingeführt werden sollte.

Mein Bedarf an Großstadt ist schon wieder gedeckt. Ach so, da beginnt ja morgen dieses Rodeo. Müssen wir wirklich hin? Und unseren armen Hund in der mörderischen Hitze im Wohnmobil lassen? Welch ein Glück, dass Peter auch genug von Calgary hat. Im Nachhinein findet er sogar, dass das mit der Parade eigentlich auch nicht hätte sein müssen. Na, dann übernachten wir doch lieber im Heritage Park, dort ist es leise, unser Hund kann rennen und ins Wasser springen und am nächsten Tag sind wir unterwegs in Richtung Banff.

Wir stellen uns darauf ein, dass wir im Nationalpark kräftig für einen Campingplatz blechen müssen. Aber gleich beim Hineinfahren in die Stadt entdecken wir einen großen Parkplatz hinter dem Bahnhof. „*Free parking*" steht auf einem Schild – und weil da nichts von einem Übernachtungs-Verbot steht, betrachten wir das als erlaubt!

Noch einmal bummeln wir durch die „Hauptstadt der Japaner" – es wuselt und wimmelt und wir werden ganz nervös. Schnell steuern wir wieder den Bahnhof an. Kaum, dass wir stehen, füllt sich der Platz mit anderen Geizkragen. Zwar tutet und dröhnt ab und zu ein Zug vorbei – aber Peter behauptet, dass die in der Nacht ganz bestimmt nicht fahren würden. Von wegen! Die Canadian Pacific Railroad fährt die ganze Nacht. Die Loks fauchen, pfeifen ohrenbetäubend, die Räder quietschen auf den Gleisen, die Wagons rumpeln. Die Kanadier müssen taub sein. Wir stehen zwar besonders nahe an den Gleisen, aber der Lärm ist garantiert in ganz Banff zu hören. In Deutschland würden diese Höllenmaschinen einen Aufstand auslösen – aber die Kanadier sind stolz auf ihre Eisenbahn, schließlich wurde mit ihr das Land erschlossen.

Wir haben wenig Lust, noch einmal über den Icefields Parkway nach Jasper zu fahren. So atemberaubend schön die Landschaft dort ist, uns ist er einfach zu überlaufen. Wir wollen nur durch den Kootenay National Park noch ein kurzes Stück nach Westen, bevor unsere Hauptrichtung nach Norden führt.

Natürlich haben wir es wieder mal geschafft, an einem Sonntag durch einen Nationalpark zu fahren. Nicht nur Touristen sind unterwegs, sondern auch Tagesausflügler aus Calgary und Umgebung. Noch dazu bremst das trübe Wetter meine Fotografierwut. Doch so voll es in Kanadas Parks auch sein mag – wandern und spazieren gehen mit dem Hund ist kein Problem!

Die anschließende Fahrt durch das Columbia River Valley gefällt uns weit besser als der Nationalpark. Noch dazu finden wir in der Nähe von Spillimacheen jenseits des Flusses, im Bereich der Wetlands, einen angenehmen Stellplatz in himmlischer Ruhe!

Der Highway 95 trifft wieder auf den Trans-Canada Highway und wir überqueren damit die Grenze zu British Columbia. Wir wollen über den Rogers Pass in den Glacier National Park. Der Rogers Pass, benannt nach Major Albert Bowman Rogers, der im Auftrag der Canadian Pacific Railroad einen Weg über die unerforschten Selkirk Mountains gesucht und auch gefunden hatte, war 1910 Schauplatz einer Tragödie. Beim Versuch, die von einer Lawine verschütteten Gleise freizuschaufeln, kamen 62 Menschen ums Leben, als sie von einer zweiten Lawine verschüttet wurden. Wegen der Lawinengefahr wurde daraufhin die Strecke verlegt. Heute führt ein Eisenbahntunnel unter dem Pass hindurch. Der Highway, der über den Pass führt, wird im Winter immer wieder vorsorglich gesperrt.

Der Glacier National Park ist weit weniger frequentiert als Banff und Jasper und längst nicht so reglementiert wie manch ein Provincial Park. Dass wir an einem abgelegenen Platz, von dem aus Mehrtageswanderungen starten, ungeniert übernachten können, macht uns den Park besonders sympathisch. Nein, Mehrtageswanderungen sind nicht unser Ding, aber man kann im Park reizvolle kürzere Wanderungen unternehmen und es ist nur ein einziger Weg für Hunde

Sir Donald Wanderung im Glacier National Park

gesperrt, weil dort kurz vorher Bären gesichtet wurden. Wegen dieser Bären hat Eyleen jetzt übrigens eine spezielle Bärenglocke am Halsband. Die Glöckchen sind eigentlich nicht für Hunde gedacht, sondern für Wanderer. Es wird empfohlen, sie am Rucksack zu befestigen, um Meister Petz fernzuhalten. Wenn wir nun mit unserem lebhaften Hund unterwegs sind, hört sich das an wie beim Almabtrieb.

Die Rockies haben wir hinter uns gelassen; die Landschaft ist nicht mehr so schroff, die Berge sind runder. Aber die Anlieger des Trans-Canada Highways wollen natürlich auch ein Stück vom Tourismuskuchen abhaben. Wo die landschaftlichen Höhepunkte fehlen, wuchert der Kitsch am laufenden Highwaykilometer: Alice im Wunderland, verzauberter Wald, internationale Minidörfer – mit selbst gemachten Attraktionen sollen die Touristen zum Halten animiert werden. An den vielen RVs auf den Parkplätzen vor den *Attraktionen* kann man unschwer erkennen, dass der Kitsch ankommt. Aber jede Wertung ist eben doch immer subjektiv – was bei uns ein amüsiertes Kopfschütteln auslöst, wird von Amerikanern und Kanadiern dankbar angenommen.

Subjektiv sind auch unsere Empfindungen. Was man einst als schön erlebt hat, kann beim zweiten Mal, vielleicht bei miesem Wetter, ganz anders empfunden werden – oder auch umgekehrt. Jeder zukünftige Reisende sollte sich beim Planen einer Route ganz ehrlich selbst fragen: „Was will ich persönlich sehen? Was interessiert mich wirklich?“ Es gilt, verschiedene Beschreibungen abzuwägen, denn jeder Bericht gibt das persönliche Empfinden des Verfassers zum Zeitpunkt der Besichtigung wieder. (Sofern er nicht kritiklos die Werbeblätter der Tourismusbranche abgeschrieben hat.)

Im Ort Kamloops haben wir schon einmal übernachtet. Wir haben ihn trübe, kühl und kleinstädtisch in Erinnerung. Den stärksten Eindruck hat jedoch die lärmende Eisenbahn in unserer Erinnerung hinterlassen, weil wir in einem Park in der Nähe der Gleise genächtigt hatten und Kamloops ein Eisenbahnknotenpunkt ist. Die Eisenbahn ist auch jetzt noch da und lärmt wohl auch wie eh und je – obwohl wir das auf unserem abgelegenen Walmart–Campingplatz nicht so sehr mitbekommen. Aber sonst hat sich viel verändert. Als wir nach Kamloops hinunterfahren, glauben wir, in Nevada zu sein. Die Hügel ringsum sind braun verbrannt, viele Bäume durch Waldbrände verkohlt, andere braun und abgestorben. Kamloops liegt in einem Talkessel und es herrscht eine mörderische Hitze. Man kann es kaum glauben, aber die Gegend um Kamloops ist wirklich eine Halbwüste. Außerdem ist Kamloops stark gewachsen. Kauften wir bei unserem ersten Besuch noch in kleineren Läden ein, ziehen sich nun mehrere Malls entlang der Ausfallstraßen. An der großen Visitor Information wurde zu unserer Freude eine Dumpingstation installiert und nach längerer Suche finden wir auch einen Hundestrand. Allerdings ist Kamloops kein Ort, bei dem man sich großartig überlegt, ob man da nun hinfahren soll oder nicht. Man kommt eben durch. Wenn wir heute an Kamloops denken, dann nicht mehr an fauchende, lärmende Eisenbahnen, sondern an die 40 °C, die uns ziemlich zusetzten.

Nordkanada und Alaska

Am Cassiar Highway

North to Alaska

Beim Stichwort British Columbia denken wir persönlich weniger an die Rockies, sondern mehr an Weite, an leere Highways und an die reizvollen Campgrounds des BC Forest Service. Heute campen wir am Phinetta Lake, einem kleinen See unweit von Little Fort. Wir stehen ganz alleine direkt am See, haben die Markise ausgerollt, die Liegestühle aufgestellt und gehen mit dem Hund spazieren oder relaxen.

Der Forest Campground am Phinetta Lake

Auch hier am See fallen uns die braunen Bäume auf. Sie sind jedoch nicht unmittelbar durch Wassermangel abgestorben. Der *pine beatle*, ein Verwandter unseres Borkenkäfers, hat nahezu die Hälfte aller Nadelbäume vernichtet. Es war in Kanada in den vergangenen Wintern nicht mehr kalt genug, um den Schädling nachhaltig zu dezimieren. Waldbrände und die Forstwirtschaft geben Kanadas Wäldern den Rest.

Das wahre Kanada, das Kanada von dem wir in unseren Erinnerungen zehren, von dem wir schwärmen und in das wir immer wieder zurückkehren möchten, beginnt erst nach Prince George. Dort stocken wir noch einmal kräftig unsere Vorräte auf, denn ab jetzt heißt es: „North to Alaska!" Das mit Alaska dauert zwar noch ein wenig, aber auch der Norden BCs und der Yukon sind für uns Höhepunkte der Reise. Nach Prince George nimmt der Verkehr spürbar ab. Zwischendurch steht man auch mal an einer Baustelle. War der Straßenzustand im Osten Kanadas teilweise wirklich miserabel, ist er hier in BC, trotz der kurzen Sommer, tadellos in Schuss. Nördlich von Prince George wird es auch immer einfacher, idyllisch und kostenlos zu campen. Den Summit Lake mit seinem Forest Campground fahren wir noch am Abend nach dem Großeinkauf an. Was uns besonders gefällt: Der Strand des Sees wurde gekiest und von Unkraut befreit und man kann herrlich schwimmen. Das kosten wir zwei Tage lang aus, bevor wir nach Norden weiterziehen.

Wir haben ja alle Zeit der Welt. Auf dem Weg nach Alaska gilt für uns das Motto: Der Weg ist das Ziel! Gerne würden wir auch am Cameron Lake einen Badetag einlegen, aber es ist kühl und windig geworden. Die meisten Seen, die wir von nun an zum Campen anfahren, sind ohnehin keine Badegewässer mehr. Trotzdem ist am Inga Lake, dem nächsten Forest Campground, den wir ansteuern, ziemlich viel los. Es ist Wochenende. Schon am Morgen ist mächtig Betrieb – von allen Seiten wuseln Angler mit riesigen Eisboxen an, lassen Boote zu Wasser oder pumpen seltsame Wassersessel auf. Wir beobachten das Treiben vom „Wohnzimmerfenster“ aus, während wir unseren Kaffee und ein ausgiebiges Frühstück genießen. Die Kanadier laufen derweil mit der Kaffeetasse in der Hand auf dem Campingplatz herum, worüber wir uns köstlich amüsieren. Als wir später mit unserem Hund spazieren gehen, kommt uns ein Indianer im Wohnmobil entgegen, hält an und kurbelt die Seitenscheibe herunter. Ich erkläre ihm, dass der Campground auf der anderen Seite des Sees liegt. Aber nein, er will doch nicht wissen, wo der Campground ist, sondern ob auf der anderen Seite des Sees die Fische auch so schlecht beißen! So was fragt der uns! Guter Mann, die Fische, die bei uns in der Bratpfanne landen, kaufe ich im bereits getöteten Zustand, ausgenommen und filetiert im Supermarkt! Wir essen wirklich gerne Fisch und im Verlauf unserer dreijährigen Reise hatte Peter immer wieder mal überlegt, ob er sich nicht doch eine Angel kaufen sollte. Doch das, was dann im Falle eines Falles an der Angel gezappelt hätte, hätte noch gelebt und wäre auch noch nicht ausgenommen gewesen ...

Für die erste Teilstrecke bis nach Watson Lake hat der Alaska-Fahrer in Prince George zwei Möglichkeiten: Er kann auf dem Yellow Head Highway (Nr. 16) bleiben und dann kurz nach New Hazelton auf den Cassiar Highway einbiegen oder er nimmt den John Hart Highway (Nr. 97), der in Dawson Creek zum Alaska

Highway wird. Der Cassiar Highway streift die Coast Mountains, durchquert die Cassiar Mountains und ist noch etwas wilder und ursprünglicher. Inzwischen ist er fast durchgehend geteert. Wir wählten auf unserer ersten Alaskafahrt diese Variante und waren von der Einsamkeit und der Wildheit der Landschaft einfach hin und weg! Wegen der Lachswanderung und der damit verbundenen Bärenbeobachtung in Hyder ist es jedoch sinnvoll, diese Option für den Rückweg einzuplanen. (Dazu später mehr.) Auch wir wollen dieses Mal mit dem Alaska Highway starten.

Wären wir Amerikaner, müssten wir natürlich die gesamten 2.450 km von seinem Anfang in Dawson Creek bis Delta Junction abfahren, um beide Monumente, die Anfang und Ende markieren, zwecks Dokumentation fotografieren und hinterher einen großen Sticker ans Wohnmobil kleben: „I drove the Alaska Highway and I survived!" Oder wir könnten auch gleich im Konvoi fahren – mit einer Nummer am Wohnmobil, damit niemand verloren geht, mit einem Scoutfahrzeug vorneweg und dem Mechaniker- und Servicemobil als Schlusslicht ... (Genug gelästert. Einige Teilnehmer dieser Touren sind alt wie Methusalem und es ist bewundernswert, dass sie nicht daheim hinterm Ofen hocken bleiben.) Auch in Europa werden geführte Touren zunehmend beliebter, nur für uns ist schon allein die Vorstellung ein Graus.

Wir haben kurz nach Chetwynd, einer verrückten Stadt, die sich die Hauptstadt der Kettensägenschnitzer nennt, den Hudson's Hope Loop durch das reizvolle Peace River Valley genommen und stoßen erst nördlich von Fort St. John auf den Alaska Highway.

Ob Abenteuer oder nicht – die Tankuhr sollte man auf jeden Fall im Auge behalten. Tankstellen, besonders mit Diesel, sind dünn gesät. Und so wählerisch wie bisher – Peter hat nach Möglichkeit den hochoktanigen Ultra-Diesel von Shell getankt – darf man auch nicht mehr sein. Man muss nehmen, was man kriegt. Außerdem kommt hier ohnehin alles aus einem Topf! Wir kommen irgendwann an einer Raffinerie vorbei – und dort sind einträchtig nebeneinander alle Marken vertreten ...

Auf der unendlichen Weite des Alaska Highways empfinden wir ein erhebendes Gefühl der Freiheit, das bei uns in dieser Weise in den dichter besiedelten Gegenden Europas nicht mehr aufkommt. Man muss diese Weite buchstäblich *erfahren* haben, um ein Gefühl für die Größe und Ausdehnung dieses riesigen Landes zu bekommen. Einfach mal nach Anchorage fliegen – „Alaska, hier bin ich!" – Camper mieten und Highlights abhaken – das mag interessant sein, wenn man auf wenige Wochen Urlaub angewiesen ist, aber es wird dem Norden Kanadas und Alaska nicht gerecht!

Schmale Fichten säumen den Highway. Je weiter wir nach Norden vordringen, umso kleiner und schlanker werden sie. Diese Waldtundra gehört zum größten unzerstörten borealen Wildnisgebiet der Erde. Es erstreckt sich vom Yukon-Territorium bzw. nördlichen BC in Kanada bis zum Mittellauf des Yukon Rivers in Alaska und prägt diese unvergleichliche Landschaft.

Obwohl ich die Landschaft mit allen Sinnen genieße, will ich die vielen Eindrücke konservieren. Abends schreibe ich Tagebuch und während der Fahrt sitze ich meist mit schussbereiter Kamera im Wohnmobil. Wegen der Landschaft und natürlich wegen der Tiere: Büffel, Bergziegen, Dallschafe, Karibus, Elche – aber immer wenn der Bär über die Straße flitzt, liegt die Kamera irgendwo in der Tasche verpackt, ist ausgeschaltet oder ich bin zu langsam. Den Lux, der vor uns einen Seitenweg überquert, erwische ich natürlich auch nicht rechtzeitig. Außerdem identifizieren wir ihn erst später anhand eines ausgestopften Artgenossen einwandfrei als Lux.

Dank unserer alten Tagebücher und auch dank der Milepost, einem sehr genauen, jährlich neu erscheinenden Straßenlogbuch (☞ siehe im Infoteil unter „Freies und wildes Camping"), kennen wir die guten Übernachtungsplätze. Am Muncho Lake Provincial Park Campground sind alle Plätze längst belegt, deshalb campen einige Riesenmotorhomes idyllisch genau neben dem Highway. Wir brauchen zwar auch keinen Campingplatz, aber das fiele uns im Traum nicht ein. Nach einigen Kilometern liegt der Provincial Park Trailhead ein gutes Stück abseits. Auf dem großen Parkplatz können wir ungestört den Abend und die Nacht verbringen, die sagenhafte Aussicht genießen und unser Hund kommt zu einem letzten Abendspaziergang.

Leider entdecken wir hier zunehmend das gefährliche Foxtailgras. Es wächst an den Wegesrändern und Waldwegen. Für Eyleen bedeutet das: „An die Leine!" Wir möchten nicht, dass es ihr so geht, wie der armen Dobermannhündin Emma, der das Teufelsgras zum Verhängnis wurde. Das dekorative, an einen buschigen Fuchsschwanz erinnernde Gras bildet beim Reifen (solange es grün ist, ist es angeblich ungefährlich) kleine, sehr aggressive Samen, die über Augen, Ohren, den Rachen und auch über die Haut und die Pfoten bis in die inneren Organe des Hundes vordringen und mitunter tödlich sein können. Warnhinweise für Hundehalter entdecken wir allerdings erst in Dawson City.

Für viele sind sie *der* Höhepunkt des Alaska Highways: die Liard Hot Springs. Wir sind zwar keine ausgesprochenen Heißwasserfreaks, kommen an den naturbelassenen Quellen aber doch nicht vorbei. Sie liegen idyllisch in einem borealen Nadelwald und zu den verschiedenen Pools führen hölzerne Boardwalks. Der

Campground ist im Sommer schon früh am Tage belegt. Wer im Provincial Park campen will, muss zeitig aufkreuzen oder reservieren. Wir parken außerhalb. Unserem Hund bescheren die Hot Springs eine ungestörte Schlafpause, während wir im höllisch heißen Wasser relaxen. Der untere Pool ist an manchen Stellen bis zu 53 °C heiß – wohin sich einige Mutige tatsächlich wagen. Wir marschieren nach einigen Minuten zum oberen Pool hinauf. Dessen Wasser ist grau, 3 m tief und wir sind dort alleine. Peter behauptet, das läge daran, dass Kanadier und Amis nicht schwimmen könnten und hier außerdem kein Boot einsetzen dürfen.

Relaxed und müde vom heißen Wasser schaffen wir es nur noch bis zu einem wilden Campground am Liard River. Der Fluss, der hier heftige Whirlpools bildet, hat mächtig Treibholz angespült, sodass ich das ungeheure Ansinnen stelle, Peter könnte doch mal ein Lager- und Grillfeuer schüren, um Koteletts zu grillen ... Ach, da isst Peter doch lieber Spinat mit Spiegeleiern!

Man kann sich viel einbilden und einreden. Aber wir haben schon einige Male festgestellt, dass uns die starken Energien schnell fließenden, wirbelnden Wassers schlecht schlafen lassen. Ebenso ergeht es uns, wenn wir mal in der Nähe von Hochspannungsleitungen nächtigen. Mag sein, dass es nur die Erwartungshaltung war, aber wir haben in dieser Nacht am Liard River wirklich nicht sonderlich gut geschlafen. Das ist wohl auch der Grund, warum ich heute die Kamera nicht schussbereit habe. Ein großer Fehler, wie sich kurz darauf herausstellt, denn als wenige Meter vor unserem Wohnmobil plötzlich ein Bär über die Straße trabt, brauche ich viel zu lange, um alles startklar zu haben. Bis ich endlich „schussbereit" bin, ist der Bär längst im Gebüsch verschwunden. Von jetzt an sitze ich wieder mit ausgefahrenem Tele da und lauere auf alles, was da kreucht und fleucht – darum erwische ich auch die Büffel, die am Straßenrand grasen, wunderbar von der Seite. Wobei, wegen der Büffel ist keine Eile nötig. Die scheren sich nicht um den vorbeirollenden Verkehr. Längst sind sie geschützt und können sich wieder vermehren.

Lange Zeit galt der Alaska Highway als „letzte Herausforderung". Seine Entstehung verdankt er der Angst der US-Amerikaner vor einer japanischen Invasion. Im Kriegsjahr 1942 wurde er mit einem gigantischen Aufgebot an Mensch und Material in nur wenigen Monaten aus dem Boden gestampft. Über 10.000 Soldaten wurden für den Bau der 2.450 km langen Schotterpiste eingesetzt. Die ursprüngliche Route wies starke Steigungen auf und war sehr kurvenreich. Im Laufe der Jahre wurde die Strecke immer wieder begradigt, der Verlauf teilweise verlegt. Heute ist der Highway nicht nur um 60 km kürzer, sondern auch durchgehend geteert. Das eine oder andere Schlagloch schließt das natürlich nicht aus. Meist warnen orangefarbene Tafeln mit der Aufschrift „*SLOW*" vor Gravel, Schlaglöchern und Bumpern. Wie langsam ist *slow*? Nachdem wir trotz äußerster Vorsicht einige Löcher voll erwischt haben, wissen wir jetzt: *Slow* heißt nicht langsam, sondern gaaanz, gaaanz langsam.

Der Nachschub an Material und die Versorgung der Arbeiter mit Lebensmitteln waren zwei der größten Herausforderungen beim Bau des ursprünglichen Highways. Der Ort Watson Lake wurde daraufhin zum Versorgungszentrum. Abwechslung und Vergnügungen bot das Nest im Südosten des Yukon-Territoriums ganz sicher nicht, denn den US-Soldaten Carl K. Lindley aus Danville im US-Bundesstaat Illinois, abkommandiert zum Straßenbau, plagte das Heimweh. Er nahm ein Brett, pinselte darauf, „Danville, Illinois, 2.835 miles", und brachte es an der Abzweigung zum Campbell Highway an. Dass dies die Geburtsstunde der größten Attraktion Watson Lakes war, konnte er damals nicht ahnen. Aber andere folgten seinem Beispiel und bald entstand der berühmte **Sign Post Forest**. Heute sind es Touristen, die dafür sorgen, dass der Schilderwald wächst und wächst. Auch wir haben auf unserer ersten Alaskafahrt mit einem eigens für diesen Zweck mitgebrachten Kfz-Nummernschild für das Wachstum des Schilderwaldes gesorgt. Jetzt haben wir ein anderes Kennzeichen und selbstverständlich führen wir auch ein Schild mit dieser Autonummer mit uns. Logisch, dass es bei unserem Alten angebracht werden soll. Nur verflixt, wo ist das abgeblieben? „Wir haben Euer Schild entdeckt!", haben uns Reisende immer wieder berichtet. Also muss es doch noch da sein! Wir finden unser altes ERH-Nummernschild erst nach längerer Suche wieder, denn der Schilderwald hat sich mittlerweile zum reinsten Dschungel gemausert. Da

Sign Post Forest – unser neues Schild hängt jetzt unter dem alten

Watson Lake auch heute noch nicht allzu viel zu bieten hat, hegt und pflegt die Stadt ihre größte Attraktion. Ständig werden neue Pfähle aufgestellt und morsche Pfähle erneuert. Dabei werden die Schilder immer wieder umgehängt. Diesem Beispiel folgen wir jetzt auch, hängen das Schild unter unserem alten an einen anderen Pfahl und mittels Akkuschrauber und Edelstahlschrauben wird für nachfolgende Reisende kundgetan, dass wir hiermit bereits zum zweiten Mal dieser heiligen Touristenpflicht nachgekommen sind.

Seit wir im Yukon sind, ist weiterhin Slalomfahren angesagt. Schlaglöcher und geflickte Löcher zieren die Straße – leider sieht man den dunklen Flecken von Weitem nicht an, ob es ein „Flicken" oder ein Loch ist. Wir sind froh, über die hohe Tragkraft unserer Reifen, denn es lässt sich leider nicht verhindern, dass man trotz äußerster Vorsicht durch das eine oder andere Schlagloch rumpelt. Aber was sind schon ein paar Schlaglöcher – der Highway ist nach wie vor ein Erlebnis. Er folgt dem Lauf des Rancheria Rivers, überquert die Cassiar Mountains, den Swift River und unzählige Creeks. Wir könnten ewig durch diese Weite fahren. Nein, nicht ewig fahren. Einfach genießen, mal für eine Mittagspause und einen Mittagsschlaf am Rancheria River halten, einen Fotostopp an den Rancheria Falls einlegen, mit Eyleen bimmelnd einen Walk durchs Gelände machen. Beerenverzierte „Bärenhaufen" mahnen uns zur Vorsicht. Die Glocke am Halsband ist beileibe nicht überflüssig.

Wer hätte gedacht, dass eine Institution wie Mukluk Annie's Salmon Bake eines Tages schließt. Das Lokal, das kostenloses Campen am Teslin Lake offerierte, wenn man im Restaurant gebackenen Lachs verzehrt, ist geschlossen. Schade! Aber der riesige, glasklare See ist noch da – und es ist warm, herrlich warm! Ich kann nicht anders, ich muss da rein! Drei Züge, vier Züge oder ein paar mehr – brrrrr, ist das Wasser eisig! Aber schön war's und jetzt kann ich sagen, dass ich im Teslin Lake schwimmen war!

Zeit zum Weiterfahren, wir wissen noch einen anderen schönen See zum Übernachten. An einer kleinen Bucht des Marsh Lakes haben wir schon zweimal gecampt. Alles dicht – die Einfahrt ist nicht mehr auszumachen. Na dann, auf zu unserm nächsten Geheimtipp: dem Miles Canyon bei Whitehorse!

Auf den Spuren der Goldsucher

Weiß schäumend, mit fliegender Gischt, zwängte sich der Yukon einst durch den Miles Canyon. Wie die Mähnen weißer Pferde sollen diese Stromschnellen ausgesehen haben. Ihnen verdankt die Stadt ihren fantasievollen Namen. Bei den Goldsuchern, die anno 1896 in ihren selbst gezimmerten Booten den Yukon abwärts nach Dawson City paddelten, waren sie gefürchtet. Wer hier im eisigen Wasser kenterte, hatte wenig Chancen, aus dem Canyon mit seinen hohen Wänden zu entkommen.

Heute ist der Yukon aufgestaut, seine Kraft wird in der Stadt zur Erzeugung von Elektrizität benötigt, die Stromschnellen sind ertrunken. Allenfalls ein paar weiße, sich kräuselnde Streifen deuten noch darauf hin, dass der türkisfarbene Fluss in seinem Untergrund noch immer wild ist. Der farbliche Kontrast zu den steilen, rotbraunen Canyonwänden versetzt uns in Fotolaune. Eine Brücke überspannt den Canyon und auf beiden Seiten des Flusses laden Wanderwege zu ausgedehnten Spaziergängen ein. Abends ist der naturbelassene, kleine Parkplatz ein beliebter Treffpunkt der örtlichen Jugend. Wir schätzen ihn als inoffiziellen Übernachtungsplatz und wundern uns, warum so wenig Touristen den Weg hierher finden.

Whitehorse war schon während des Goldrauschs eine wichtige Versorgungsstation und ist es auch noch heute, denn die Touristen füllen auf dem Weg nach Alaska und nach Dawson City in der Stadt noch einmal ihre Vorräte auf. So ganz nebenbei ist Whitehorse natürlich auch noch die **Hauptstadt des Yukon-Territoriums**. Außerdem gibt es in der Stadt eine Tierklinik. Unser Hund braucht eine Auffrischung der Tollwut- und der Fünffachimpfung. Der Tierarzt ist Inder und bestaunt Eyleens blauen Heimtierausweis. In Kanada gibt es als Impfnachweis nur eine Art Quittung und eine Blechmarke fürs Halsband. Auf unseren Wunsch wird die Impfung natürlich auch in den Heimtierausweis eingetragen.

Der Klondike Loop, auf den wir kurz nach Whitehorse abbiegen, ist einsamer und wilder, was uns noch besser gefällt – auch wenn entlang des Klondike Highways fast alle Wälder abgebrannt sind. Meist entstehen diese Brände durch Blitzschlag – aber mitunter wird der Wald auch von unvorsichtigen Campern abgefackelt, denn sobald ein Ami oder Kanadier den Motor seines Campers abgestellt hat, wird ein Feuer angezündet. Einem Lagerfeuer am Klondike Highway fielen 1998 riesige Waldflächen zum Opfer. Das Feuer wütete den ganzen Sommer lang, schwelte während des Winters unter der Schneedecke weiter und musste im darauffolgenden Frühjahr aus- und umgegraben werden. Campingfeuer dauerhaft zu verbieten, funktioniert aber weder in Kanada noch in den USA – und schließlich brauchen ja viele Pflanzen und Bäume die Hitze des Feuers, um ihre Samen freizugeben. Nach einem Waldbrand erobert als erste Pflanze rosa blühendes Fireweed (schmalblättriges Weidenröschen) zwischen den schwarz verkohlten Stämmen das frische Terrain.

Am Klondike Highway sprießt natürlich längst wieder das frische Grün der Laub- und Nadelbäume in verschieden Entwicklungsstadien.

Straßenbau im Yukon, das bedeutet: kurze Sommer, Permafrost, abgelegene Routen mit zwar wenig Verkehr, die aber trotzdem befahrbar sein müssen – eine echte Herausforderung. Am Klondike Highway folgen langen Abschnitten mit staubigem Gravel und aufgebrochenem Teer kilometerlange, nicht minder staubige Abschnitte mit Straßenbauarbeiten. Bei diesem Straßenbau werden auf gewalztem Sand eine oder mehrere Schichten heißes Bitumen aufgebracht. Wie bei uns wird auch im Yukon dabei eine Straßenseite gesperrt. Damit niemand aus Versehen im heißen Teer landet, wird der Verkehr von einem Pilotfahrzeug mit der Aufschrift „*FOLLOW ME*" geleitet.

Die Abenteurer auf dem Weg zu den Goldfeldern des Klondike hätten Waschbrettrillen und aufgebrochenen Asphalt vermutlich liebend gerne in Kauf genommen. Aber 1896 gab es im hohen Norden so gut wie keine Straßen. Die Menschen wohnten entlang der Flüsse. Der Yukon war die Wasserstraße in den Norden. Hatten die Goldsucher den Miles Canyon bei Whitehorse unbeschadet überstanden, wartete flussabwärts eine weitere gefährliche Passage auf die zukünftigen Prospektoren: die **Five Finger Rapids**. Zerklüftete, mit Bäumchen bewachsene Felsen teilen den Yukon auf wie die Finger einer Hand. Unberechenbare Stromschnellen machen vier der fünf Finger unpassierbar. Sie wurden vielen zum Verhängnis. Wer dort in den „falschen Finger" hineingeriet und kenterte, verlor im günstigsten Fall seine überlebenswichtige Ausrüstung, meist jedoch im eisigen Wasser das Leben.

Wir verwöhnten Touristen, die wir im komfortablen Wohnmobil unterwegs sind, stehen oben auf der Aussichtsplattform, fotografieren, was das Zeug hält, und meckern, weil die Sonne nicht scheint. Die gäbe den Fotos von den rotbraunen Felsen, dem türkisen Fluss und dem dunkelgrünen Wald den letzten Touch. Macht sich doch blauer Himmel auf Fotos wesentlich besser als trübes Grau! Dabei müsste man innehalten und sich vorstellen, welche Strapazen und Risiken die Menschen damals auf sich genommen haben. Ganz sicher war auch Abenteuerlust dabei, aber meistens waren es pure Not und Perspektivlosigkeit, die Farmer, Angestellte, Arbeiter und brave Familienväter dazu trieben, ihr Glück im hohen Norden zu versuchen. Vermutlich wussten die wenigsten, was sie auf dem Weg zu den Goldfeldern erwartete.

Einst war die Stadt im hohen Norden eine Boomtown, konnte mit einem Opernhaus aufwarten und in diversen Etablissements sorgten die Damen des ältesten Gewerbes für Entspannung und Zerstreuung. Obwohl Dawson City mitten in der Wildnis liegt, gehörte sie zu den ersten vier Städten in Amerika, deren Einwohner über den Luxus elektrischen Stroms verfügten.

Der Kick ist beim zweiten Besuch zwar nicht mehr ganz so groß, trotzdem ist es faszinierend, noch einmal durch die Staubstraßen der ehemaligen Goldrauschstadt zu fahren. Natürlich ist auch Dawson City in der Zwischenzeit gewachsen. Es gibt mehrere neue RV Parks, die aber mit uns wie üblich kein Geschäft machen, weil wir lieber draußen am Bonanza Creek unser Nachtlager aufschlagen.

Als die Masse der Goldsucher, die 1896/97 die Strapazen und Gefahren des langen Weges mit heiler Haut überstanden hatten, in Dawson City ankamen, waren die meisten Claims – ein Claim beschreibt im amerikanischen und australischen Bergrecht das Recht, Bodenschätze auf öffentlichem Grund zu gewinnen – schon besetzt. Sie mussten sich entweder bei glücklicheren Claim-Besitzern verdingen oder später bei einer der großen Dredges anheuern. Diese Schwimmbagger wühlten sich wie riesige Maulwürfe durch den Boden und gruben im großen Stil nach Gold. Die letzte jener gigantischen Goldgräbermaschinen war bis 1959 in Betrieb. Danach lohnte sich für die Betreibergesellschaft das professionelle Goldgraben nicht mehr. Heute ist die Dredge restauriert und eine National Historic Site. Die Führung durch das alte Goldgräber-Monstrum sollte man sich nicht entgehen lassen.

Um in Dawson City reich zu werden, musste man nicht nach Gold buddeln. Den Prospektoren am Abend in Kneipen und zweifelhaften Etablissements die unter Mühen ausgewaschenen Nuggets und den Goldstaub abzuluchsen, war weit einträglicher und garantiert weniger schweißtreibend. Aber im Grunde hat der Goldrausch in Dawson City nie richtig aufgehört. Noch heute wird an den Bächen außerhalb der Stadt nach Gold gesucht. Mit verfeinerten Methoden und schwerem Gerät wurde die Erde auf den alten Goldfeldern zum Teil schon drei- bis viermal umgegraben. Angeblich werden den alten Halden noch immer erstaunliche Goldmengen abgetrotzt. Wirklich reich wird von den heutigen Goldgräbern vermutlich niemand, aber für die meisten reicht es ganz sicher aus, um den Winter bei angenehmen Temperaturen in einer der Longterm Camping Areas in den Wüsten Südkaliforniens zu verbringen.

Fragt man einen Yukon-Kanadier oder Alaskaner nach dem Wetter oder dem Zustand einer Gravel Road, dann erntet man meist Schulterzucken. Das Wetter? Das ist halt wie es ist – mal gut, mal schlecht und wenn es regnet, dann wird es schon irgendwann wieder aufhören. Mit den Schotterstraßen ist das geradeso.

Mal sind sie gut, mal weniger, mal richtig übel mit Waschbrettrillen und Schlaglöchern. Muss man halt langsam fahren, dann ist das schon okay.

Es hat in letzter Zeit viel geregnet und auch jetzt ist der Himmel grau in grau. Wir haben ja immer davon geschwärmt, noch einmal über den Dempster Highway bis nach Inuvik zu fahren. Das ist bei Sonnenschein ein Traum. Allerdings wissen wir, wie übel die Straße schon bei gutem Wetter sein kann und wie sie bei Regen ist, haben wir auch schon ausgekostet. Noch ein Blick zum Himmel, dann ist der Dempster Highway gestrichen und wir setzen stattdessen mit der Fähre über den Yukon über.

Übel ist die Gravel Road, wirklich übel. Wellblech, auf dem es nur so rüttelt und rappelt. Zwischendurch regnet es und die Landschaft verschwindet hinter grauem Dunst und dunklen Wolken, dann reißt es für ein paar Minuten wieder auf. Trotz dieser miesen Bedingungen zieht uns der Top of the World Highway sofort in seinen Bann. Die Kammstraße, die nach beiden Seiten immer wieder überwältigende Ausblicke in die unendliche Weite der Landschaft gewährt, entfacht in uns ein euphorisches Gefühl der Freiheit. Hier möchte man ewig so weiterfahren, die Einsamkeit genießen und am liebsten ein Stück davon mit nach Hause nehmen. Leider lässt sich diese offene, weite Landschaft nur bedingt mit der Kamera einfangen – man muss sie gleich hier und jetzt in sich aufsaugen und hoffen, dass sie auch im engen, gedrängten Europa noch in Erinnerung bleibt und nachwirkt. Und obwohl der Highway *nur* bis auf eine Höhe von 1.300 Metern hinaufführt, hat man wirklich das Gefühl, auf dem *Dach der Welt* zu sein. Es ist hier noch einsamer, als wir es vom Dempster Highway in Erinnerung haben.

Auch unsere Eyleen bleibt auf Spaziergängen immer wieder stehen und schaut wie gebannt in die Weite. Ist es die Landschaft ihrer Wolfsahnen, an die sie sich instinktiv erinnert? Vielleicht ist es auch nur der zwar abtrainierte, aber doch nie ganz zu unterdrückende Jagdtrieb, der natürlich auch ein Vermächtnis der Wolfsahnen ist. Denn als wir etwas später an einem weitläufigen Gravel Turnout die Handbremse anziehen und zum Übernachten ein wenig abseits des Highways stehen bleiben, ziehen Karibus vorüber. Erst in einiger Entfernung, später ganz in der Nähe unseres Wohnmobils. Das Erlebnis der Tierbeobachtung in freier Natur ist um ein Vielfaches höher als in einem Nationalpark oder gar in einem Zoo – noch dazu in dieser unvergleichlichen Abendstimmung mit ihrer vollkommenen Stille, die es nur weit abseits menschlicher Umtriebigkeit gibt. Schade nur, dass uns die kühle Witterung dann doch ins Wohnmobil treibt, wo der Backofen mit einem Roggenbrot für den nächsten Morgen wohlige Wärme verbreitet.

Alaska

Poker Creek, Alaska, das klingt nach einem verrufenen Nest im hohen Norden, ist aber der nördlichste Landgrenzübergang der USA. Uniformierte Beamte aus aller Welt verzieren gerne mit ihrer offiziellen Kopfbedeckung den amtlichen Raum. Viel los ist hier nicht, kann man doch die Fahrzeuge, die einem am Top of the World Highway begegnen, an einer Hand abzählen. Kanada und die USA benutzen hier ein und dasselbe Grenzgebäude. Kommt man allerdings von der kanadischen Seite, heißt die Grenze Little Gold Creek. Der gemütliche Beamte, der auf der Alaska-Seite Dienst tut, schiebt eine ruhige Nummer. Aber anscheinend hat er, obwohl es bereits Mittag ist, noch nicht richtig ausgeschlafen. Bis alle Daten auf dem Einreiseformular stimmen und auch das Datum passt, braucht es einige Anläufe – aber danach ziert unsere Pässe der schönste Stempel, den wir jemals in einem Reisepass hatten.

Kurz nach der Grenze erfreut uns doch tatsächlich für ein kurzes Stück relativ glatter Teer, danach wird die Schotterstraße wieder umso übler. 14 km nach der Grenze, an der Jack Wade Junction, mündet der Top of the World Highway in den Taylor Highway. Entlang beider Straßen trifft man immer wieder auf Zeugen des vergangenen Goldrauschs, verrottet hin und wieder malerisch eine alte Dredge vor sich hin oder rostet ein Automobil von anno dazumal fotogen zwischen buschigem Foxtailgras. Noch immer ist die Gegend geclaimt, noch immer wird nach Gold gegraben.

Am Taylor Highway

Teer, so glatt wie ein Babypopo! Nach dem Gerüttel der unbefestigten Straßen ist der Tok Cutoff, auf den wir kurz nach Tok eingebogen sind, die reinste Wohltat. Nicht für lange, denn kurz darauf biegen wir auf die Nabesna Road ab und haben wieder Schotter unter den Rädern – Schotter, der mit jedem Kilometer übler wird. Die Nabesna Road führt in den Wrangell St. Elias National Park hinein und wir ziehen an einer kleinen Campingstelle die Handbremse an.

Eyleen schnüffelt aufgeregt an den Wanderstiefeln, die Peter aus dem Außenstauraum geholt hat. Als er auch noch den Rucksack zu Tage befördert, ist sie vor Aufregung nicht mehr zu bremsen und rast vor Freude x-mal im Affenzahn ums Wohnmobil herum. Der Caribu Trail führt uns durch eine wilde, urwüchsige Landschaft und noch dazu werden wir vom Wetter verwöhnt. Dass es in Alaska, dem Land der extrem kurzen Sommer, recht viele Wildblumen gibt, ist uns nicht neu. Die langen Sommertage schaffen einen gewissen Ausgleich. Dass hier aber auch Pilze wachsen, wussten wir noch nicht. Was heißt Pilze – es sind riesige, handtellergroße Exemplare, die da am Wegesrand stehen. Nun ist es bei uns mit den Pilzen genauso wie mit den Fischen: Wir mögen sie, haben aber leider keine Ahnung, ob die appetitlich aussehenden Schwammerl essbar sind oder nicht. Natürlich weiß ich immerhin, dass fast alle Röhrlinge gute Speisepilze sind – aber gilt das auch für die Pilze, die hier wachsen? Vorsicht ist die Mutter der Porzellankiste. Die Pilze bleiben stehen, obwohl ich mir fast sicher bin, dass es essbare Exemplare sind.

Der erste Teil des Trails darf auch mit ATVs befahren werden. Dieses Teilstück endet an einer roh gezimmerten Schutzhütte. Innen sind vier hölzerne Pritschen angebracht, je zwei übereinander. „HONEYMOON SUITE“ hat ein Witzbold in großen Lettern auf die hölzernen Balken geschrieben. Weil wir zum Schlafen unser bequemes Wohnmobil vorziehen, kehren wir an der Schutzhütte um.

Der Glenn Highway nach Anchorage ist ein Scenic Highway. Aber Alaskas Gletscherwelt versteckt sich hinter tief hängenden, grauen Wolken. Es regnet. Uns dämmert die Einsicht, dass wir doch nicht alle Zeit der Welt haben. Mitte August soll es bereits die ersten Nachtfröste geben. Der Strom der Langzeitreisenden aus den südlicheren Staaten ist längst wieder auf dem Rückweg. Nur die Kurzurlauber in den Mietmobilen mit Alaska-Nummernschild kurven noch in Massen herum. Wir haben bisher einfach zu lange herumgebummelt. Jetzt müssen wir Gas geben und auch Abstriche machen. Der Dalton Highway zur Prudhoe Bay steht auf dieser Streichliste – der Top of the World und der Taylor Highway waren uns ruppig genug, da haben wir auf weitere 2.000 km Schotterpiste keine Lust mehr. Auch der ungeteerte Denali Highway, schon bei gutem Wetter als übel verschrien, fällt dem Rotstift zum Opfer. Selbst die Kenai-Halbinsel landet auf der Streichliste.

Kurz vor Anchorage beginnt eine dreispurige Autobahn, die in die Stadt hineinführt. Es ist mächtig Betrieb – und es wimmelt nur so von Mietmobilen mit Alaska-Nummernschild. Alaska ist bei Kurztouristen derzeit *in*. Am Walmart in der Dimond Mall parken zwar immer noch Wohnmobile, aber längst nicht mehr so viele wie früher. Außerdem steht da ein Schild: „Übernachten verboten!" Das Schild war zwar früher auch schon da, aber jetzt wird behauptet, dass die Stadt mitunter in der Nacht Wohnmobile abschleppt. Der neueste Tipp der Wohnmobil fahrenden Geizkragen lautet: Fred Meyer Supermarkt. Dort darf man 24 Stunden parken. Na dann, unser Kühlschrank muss ohnehin gefüllt werden. Auch der Tankstellenbesitzer nebenan ist schlau. Die Konkurrenz ist zwar groß, aber er lockt mit Sani-Dump und Frischwasser. Ein Angebot, das wir notorischen Wildcamper gerne annehmen.

Allen düsteren Vorhersagen zum Trotz reißt am nächsten Morgen der Himmel auf und die Sonne kommt zum Vorschein. Haben wir gestern tatsächlich die Kenai-Halbinsel vom Programm gestrichen? Was kümmert uns unser Geschwätz von gestern! Nach dem Frühstück rollen wir auf dem Old Seward Highway aus der Stadt hinaus.

Gletscher, Gletscher, Gletscher, noch dazu im strahlenden Sonnenschein! Welch ein Glück, dass man nicht wie früher teure Diafilme kaufen muss! 36 Bilder, die entwickelt werden mussten. Irgendwann bekam man die zurück und dann musste man überlegen: „Sag mal, welcher Gletscher war das denn?" Den Fotorausch des heutigen Tages verkraftet mein Gedächtnis. Als wir am Abend ein wenig außerhalb des Kenai Fjords National Parks an einem Trailhead campen, weiß ich noch genau, welches der Byron Glacier war oder der Portage Glacier Lake.

Früher schwammen in diesem See respektable Eisberge, aber die sind längst verschwunden. Die Gletscher ziehen sich immer weiter zurück. Besonders eindrucksvoll wird uns das am **Exit Glacier** vor Augen geführt, der zum **Kenai Fjords National Park** gehört. Auf dem Trail zum Gletschermund markieren Tafeln mit den jeweiligen Jahreszahlen den drastischen Rückzug.

Der Sonnenschein bleibt uns treu. Der Fotorausch hat sich auch in Seward an der malerischen Resurrection Bay noch nicht gelegt und der Sterling Highway mit seinen türkisen Seen lässt unser Herz höherschlagen. Auch die Herzen der Angler schlagen hier höher, denn am Sterling Highway dreht sich alles ums Fischen. Die Lachse ziehen zum Laichen den Kenai River hinauf und die Petrijünger stehen in ihren Anglerhosen im eisigen Wasser, um den begehrten Salmon vorher aus seinem angestammten Element zu holen.

Außer einer Tageslizenz und der Kenntnis der örtlichen Bestimmungen über Fangmenge und Hakengröße braucht man dazu keinen Angelschein als Befähigungsnachweis. Sobald nämlich kleine Amerikaner oder Kanadier selbst auf ihren zwei Beinen stehen können, werden sie von Vater oder Großvater in die Kunst des Fischens eingeweiht. Von da an verbringen sie so ziemlich jede freie Minute mit der Angel in der Hand. Nörgelnde Ehefrauen werden im gottesfürchtigen Amerika mit einem Hinweis auf die Bibel ruhiggestellt. In den Souvenirshops in Anchorage kann man deshalb T-Shirts mit folgendem Aufdruck kaufen: „Jesus sagte: ‚Geh' Fischen!' (Lukas 5,4) – Er sagte nichts von Spülbecken reparieren, Rasen mähen, Unkraut jäten, Garage aufräumen, Auto waschen oder mit dem Hund rausgehen!" Welche amerikanische Ehefrau könnte da noch gegen die Weisung allerhöchster Autorität ihren fischenden Ehemann dazu verdonnern, die Angelrute gegen den Schraubenschlüssel oder Rasenmäher zu tauschen?

Der Worthington Glacier

Im Petersen Lake gibt es keine Lachse. Das ist wohl der Grund, weshalb wir an diesem traumhaft schönen kleinen Campground fast alleine direkt am See stehen. Wir genießen das doppelt. Doppelt genießen wir auch den Richardson Highway. Wir hatten ihn wirklich nicht mehr im Programm. Schließlich sind wir ihn ja schon einmal gefahren – aber nicht bei solchem Wetter! Sonnenbeschienene

Gletscher und schneebedeckte Fünftausender versetzen uns in Euphorie. In voller Schönheit ragen Mount Drummond und der Vulkan Mount Sanford aus den Wolken heraus. Die Zacken der Sawtooth Mountains erheben sich dunkel gegen den blauen Himmel und den **Worthington Glacier** kann man bereits vom Highway aus sehen. Bei strahlendem Sonnenschein und nahezu wolkenlosem Himmel kann man gar nicht anders, als ihn in sämtlichen Brennweiten abzulichten. Ein großer freier Gravelplatz jenseits des Gletscherbachs lädt uns geradezu zum Campen ein. Die Aussicht vom *Wohnzimmerfenster* direkt auf den Worthington Glacier ist unvergesslich!

Auch der weitere Weg nach Valdez ist bei diesem Wetter ein Erlebnis. Valdez, der einzige eisfreie Hafen Alaskas, besticht durch seine traumhafte Lage am **Prince William Sound**. Trotzdem assoziiert man den Namen der Stadt mit Katastrophen. Am Karfreitag 1964 wurde die Stadt von einem Erdbeben heimgesucht und von der nachfolgenden Flutwelle vollständig zerstört. Danach wurde Valdez an gleicher Stelle in Rekordzeit wieder aufgebaut. Die fantastische Lage lässt die latente Gefahr vergessen, wären da nicht die vielen Warnschilder, die darauf hinweisen, wohin man im Falle eines Tsunamis flüchten muss.

Die Havarie des Tankers Exxon Valdez im Jahr 1989 ist noch fest im Gedächtnis der Menschen verankert. Das Öl verseuchte den Sound, erreichte aber das Stadtgebiet nicht. Heute gehört eine Bootstour in den Prince William Sound wieder zum touristischen Programm. Beim derzeitigen Traumwetter wäre das eigentlich auch für uns ein Muss – aber die Tour dauert 7 Stunden und solange wollen wir unseren Hund nicht im Wohnmobil einsperren.

Nun sind wir definitiv auf dem Rückweg nach Süden. Wir wollen uns die Orte an Alaskas Panhandle nicht entgehen lassen und auch den Cassiar Highway noch einmal genießen. Außerdem brauche ich immer meine zeitliche Sicherheitsreserven – sonst sehe ich mich im Geiste schon eingeschlossen von Schnee- und Eismassen und klirrender Kälte – brrr!

Zurück am Alaska Highway stellen wir uns auf den reizvollen, kostenlosen Lakeview Campground, der wie die meisten freien Plätze vom U.S. Fish and Wildlife Service unterhalten wird. Das sind die Plätze, die wir lieben und genießen. Weil in der Beschreibung des Platzes angegeben ist, dass er für Wohnmobile über 30 ft, was ca. 9,15 m entspricht, nicht geeignet ist, steht man auf diesen Plätzen fast alleine.

Das schöne Wetter scheint vorbei zu sein. In der Nacht regnet es und morgens um 6 Uhr rumpelt Peter plötzlich in die Höhe: „Da schmeißt jemand mit

Steinen auf unser Wohnmobil!" Ich bin noch ganz schlaftrunken und habe nichts gehört. Doch dann klackt es aufs Wohnmobildach und gleich wieder und noch einmal und immer wieder. Peter kurbelt die große Haube auf und entdeckt des Rätsels Lösung: Der große Baum über uns wirft seine harten, spitzen Zapfen ab! Das geht eine ganze Weile so und dann ist irgendwann wieder Ruhe.

Wir überqueren heute wieder die Grenze zum Yukon und damit nach Kanada – und augenblicklich wechselt der Straßenzustand: tiefe Schlaglöcher, Bodenwellen und Erhebungen, Schotterabschnitte mit scheußlichen Waschbrettrillen. Vor den schlimmsten Straßenschäden warnen Schilder mit der Aufschrift „*reduce speed*" oder „*slow*". Ja, das kennen wir schon. Im Schritttempo hoppeln wir über die Bumps, fahren Slalom um die Schlaglöcher und unser armer Hund marschiert hechelnd und sabbernd vom Fahrerhaus nach hinten, ums Tischbein rum und wieder zurück, nach hinten, ums Tischbein rum ...

Beaver Creek, ein Ort mit Tankstelle und ein wenig mehr als 100 Einwohnern. „Du solltest tanken. So schnell kommt kein Ort mehr!"

„Die Tankanzeige steht zwischen dreiviertel und halb voll!", stöhnt Peter. „Wenn's nach dir ginge, müsste ich spätestens alle 100 km den Sprit nachfüllen! Da kommt schon noch was!"

Stimmt! Es ist wieder eine Tankstelle angezeigt. Sie sieht zwar wild aus, aber Peter will nun doch tanken. Allerdings ist die Pumpe kaputt. 80 Meilen weiter wäre die nächste Tankstelle, behauptet der Besitzer, der genauso antik aussieht wie seine Zapfsäule. Die nächste Tankstelle ist jedoch geschlossen. Im nächsten Nest, in Burwash Landing, ist der Diesel ausgegangen. Der Tanklaster ist seit vier Tagen überfällig. Jetzt wird es sogar Peter langsam mulmig, auch wenn er mich damit beruhigt, dass wir ja noch einen 20-Liter-Reservekanister im Außenstauraum hätten. Erst in Destruction Bay kriegen wir endlich den Saft, den unser Wohnmobil zum Vorwärtskommen braucht. „Du hast bestimmt im Geiste schon das Wohnmobil geschoben!", spöttelt Peter. Aber ich weiß, auch er ist froh, dass der Tank wieder voll ist.

Wir haben in Haines Junction die Fähre Haines - Skagway gebucht. Damit ersparen wir uns, dass wir die 256 km Stichstraße des Haines Highways und die 175 km Klondike Highway von Skagway bis Whitehorse zweimal fahren müssen, nebst einer Strecke von 154 km auf dem Alaska Highway. Außerdem ist die Abkürzung mit der Fähre ein landschaftliches Erlebnis, das man sich nicht entgehen lassen sollte.

Ein landschaftliches Erlebnis ist auch der Highway nach Haines. Man kommt kaum vorwärts auf dieser Straße. Nicht weil die Fahrbahn so schlecht ist, sondern weil man ständig anhalten, fotografieren und die Landschaft genießen muss. Wir sind den Highway zwar schon einmal gefahren, aber in die andere Richtung. Richtung Haines ist er noch viel gewaltiger, als wir ihn in Erinnerung haben. Außerdem verwöhnen uns wieder ein blauer Himmel und Sonnenschein. Selbst unser Hund kommt auf seine Kosten, weil es immer wieder reizvolle Wege durch das wilde Terrain gibt. Kurz vor Haines überqueren wir wieder die Grenze nach Alaska.

Im Ort Haines zieht der Pink Salmon den Chilkoot River hinauf und alle wollen ihn fangen: Angler, Fischer, Seeadler und Bären. Vor der Kulisse der schroffen Elias Mountains drehen sich fotogen zwei Fishwheels im Fluss. Mit großen Netzen schaufeln sie die begehrten Lachse aus dem Wasser. Weiter oben, an einem kleinen Wehr, werden die stromaufwärts ziehenden Fische amtlicherseits gezählt und noch ein Stück weiter oben, am Statepark Campground, stehen die Angler bis zum Bauch im Wasser. Andere versuchen ihr Glück per Boot. Weil wir mehr auf der Jagd nach Fotomotiven sind, präsentiert sich mitunter auch gerne ein Angler mit seinem Fang.

In Haines

Am Abend wartet alles gespannt darauf, dass sich die Bären ihren Anteil vom Lachs holen. Touristenautos fahren am Fluss auf und ab, während wir uns die seichtesten Stellen im Fluss aussuchen und mit gezückter Kamera am Ufer warten. Aber weit und breit lässt sich kein Bär blicken. Langsam dämmert es. Die ISO der Kamera wird immer höher gestellt, da erbarmt sich wenigstens ein Weißkopfseeadler und posiert mit seinem gefangenen Lachs im letzten Fotolicht vor der Kamera. Später, als das Licht wirklich nicht mehr zum Fotografieren reicht, kommt auf der anderen Seite des Flusses ein Schwarzbär aus dem Dickicht. Doch gleich darauf nimmt er wieder Reißaus. Warum? Stören ihn die die vielen Beobachter jenseits des Rivers? Nein, zwischen den Bäumen ist ein Grizzly aufgetaucht! Erst als sich der mächtige Braunbär wieder trollt, traut sich auch der Schwarzbär wieder aus der Deckung heraus und marschiert bis in die Mitte des Flusses. Wir können uns von dieser aufregenden Tierbeobachtung erst losreißen, als man fast gar nichts mehr erkennen kann.

Auch die Alaska-Fähre zwischen Haines und Skagway ist ein Erlebnis für sich. Damit ist nicht nur die dramatische Landschaft gemeint, die im strahlenden Sonnenschein, der uns noch immer verwöhnt, besonders malerisch ist. Nein, es ist das Be- und Entladen der Fähre, das uns wieder einmal an der angeblichen Überlegenheit US-amerikanischer Technik zweifeln lässt. Wir sind ja in unserem Leben schon auf allen möglichen Fähren von A nach B übergesetzt. Nahezu alle hatten vorne und hinten eine Ladeklappe. Man fuhr vorwärts hinein und vorwärts wieder hinaus. Sicher, mitunter kam es vor, dass das eine oder andere Fahrzeug aus ladetechnischen Gründen rückwärts auf die Fähre fahren musste. Aber dass eine Fähre seitlich be- und entladen wird, haben wir nur auf der Haines-Skagway-Fähre erlebt. Ob das evtl. den Gegebenheiten im engen Taiya Inlet geschuldet ist, vermag ich nicht zu sagen. Auf jeden Fall ist der Ladevorgang jedes Mal eine zeitraubende Prozedur und wir sind an diesem Tag wieder einmal heilfroh über unser einigermaßen handliches europäisches Wohnmobil. Selbst riesige 5th-Wheel-Gespanne müssen im Bauch der Fähre wenden.

Immerhin können wir ganz bequem direkt vom Fährschiff auf festen Asphalt fahren. So einfach hatten es die Goldsucher, die ab 1897 in Massen in die Stadt strömten, nicht. Damals ankerten die Schiffe draußen im Inlet. Die Passagiere mussten bei Ebbe an Land waten, was aber mit Sicherheit nicht die größte Herausforderung war, die auf die zumeist unerfahrenen und schlecht ausgerüsteten Goldsucher wartete.

Bereits im August 1886 hatte ein gewisser George Carmack am Bonanza Creek, einem Nebenflüsschen des Klondike, Gold gefunden. Unter den Prospektoren in der näheren Umgebung verbreitete sich die Kunde vom großen Fund wie ein Lauffeuer und kurz darauf waren alle ergiebigen Claims besetzt. Bis jedoch der Rest der Welt vom Gold am Klondike erfuhr, verging fast ein ganzes Jahr. Als jedoch am 17. Juli 1897 folgende Meldung in einer Zeitung in Seattle erschien: „Heute Morgen um drei Uhr lief der Dampfer Portland aus St. Michael in den Sund von Seattle ein, an Bord über eine Tonne reines Gold!“, schlug die Nachricht ein wie eine Bombe. Brave Bauernsöhne stellten den Pflug in die Ecke, Fabrikarbeiter, die zumeist ein tristes Leben am Rande des Existenzminimums fristeten, witterten die Chance ihres Lebens, biedere Buchhalter ließen ihren Federhalter fallen. In Seattle stürmten die Goldhungrigen die Reedereien und stritten sich um die letzten Plätze auf den Schiffen, die durch das Beringmeer bis zur Mündung des Yukon fuhren. Von da aus übernahmen Flussboote die Passagiere und schipperten sie während der kurzen eisfreien Monate über 2.250 km den Yukon flussaufwärts. Eine kostspielige Reise, die mangels ausreichendem Angebot und ständig steigender Nachfrage mit jedem Tag teurer wurde.

Die billigere, aber weitaus gefährlichere und strapaziösere Route führte mit kleineren Schiffen die Küste entlang nach Norden bis Skagway, gelegen an Alaskas Panhandle. Von hier aus gab es zwei Möglichkeiten, das Küstengebirge zu überqueren. Entweder zu Pferd über den längeren und weniger steilen White Pass oder man musste zu Fuß die 35°-Steigung des Chilkoot Passes überwinden. Eine Tonne Ausrüstung pro Person musste über die Pässe geschafft werden, die oben von der kanadischen Mounted Police kontrolliert und gewogen wurde. Um im langen Winter in Dawson City eine Hungersnot zu verhindern, ließen die Mounties niemanden ohne ausreichend Vorräte ins Land. Im Klartext hieß das, wer kein Geld für Pferde oder Träger hatte, war gezwungen, ca. vierzigmal den Chilkoot Pass über die ins Eis geschlagenen Stufen zu erklimmen, bis er seine Mindestausrüstung oben hatte. Mehr als zwei Aufstiege pro Tag schaffte kaum jemand. War diese erste Hürde genommen, musste ein Boot gezimmert werden, um damit über eine Kette von Seen zum Yukon zu paddeln. Flussabwärts nach Dawson City mussten dann die bereits beschriebenen, tückischen Stromschnellen gemeistert werden.

Auf dem Höhepunkt des Goldrauschs war Skagway ein verrufenes Nest. Manch schräger Vogel versuchte, den Ankömmlingen Geld und Ausrüstung abzuluchsen. Inzwischen ist Skagway ein seriöser Touristenort, was aber nicht heißt, dass die Inhaber der ortsansässigen Geschäfte nicht hinter dem Geld der Besucher her wären. Die Passagiere der vier Musikdampfer, die bei unserer Ankunft bereits im Hafen von Skagway liegen, sind einer modernen Form des Goldrauschs erlegen. Sie müssen sich nicht über den Chilkoot Pass plagen, um an das begehrte Edelmetall zu gelangen, sondern können die dicken Nuggets und andere Goldklunker gleich in den zahlreichen Juweliergeschäften kaufen. Aber natürlich gibt es auch preiswertere Souvenirs in Skagway: kitschige T-Shirts, bedruckt mit Wölfen und Bären, Baseballkäppis und anderen Kram. Und damit man weiß, wie bequem unser heutiges Leben ist, kann man sich im Museum auch eine echte Blockhütte ansehen – mit Kanonenofen, gusseisernen Töpfen, blechernen Schüsseln, Spucknapf, Werkzeug und allem, was man sonst noch zum Überleben in der Wildnis benötigte.

Am South Klondike Highway

Der South Klondike Highway von Skagway bis zum Alaska Highway ist eine Straße der Superlative! Vor der atemberaubenden Kulisse der Küstenberge überquert er glasklare Bäche, führt vorbei an türkis schimmernden Seen und hält bei Carcross noch einen überraschenden Kontrast parat: Die kleinste Wüste der Welt! Genau genommen ist diese seltsame Sandwüste zwar nur eine Halbwüste, denn zwischen den Dünen wachsen nordische Nadelbäume, aber vor dem Hintergrund schneebedeckter Berge wirkt die Wüstenlandschaft so unwirklich wie eine Kulisse.

Kurz vor Whitehorse mündet der südliche Klondike Highway wieder in den Alaska Highway. Obwohl ja unsere Grobrichtung längst nach Süden führt, fahren wir noch einmal das Stück nach Norden, um in den Supermärkten der Stadt unseren Kühlschrank aufzufüllen, die Mails zu checken usw., denn bei Watson Lake werden wir den Cassiar Highway unter die Räder nehmen.

Cassiar Highway

Bei amerikanischen Wohnmobilisten hat der Cassiar Highway trotz seiner landschaftlichen Schönheiten einen schlechten Ruf. Er ist noch immer als rau und eng verschrien, obwohl er mittlerweile zu 90 % geteert und über weite Strecken so glatt wie ein Babypopo ist. Natürlich sind auch immer wieder Gravelabschnitte und Baustellen dabei, aber wir lieben den Cassiar. Wegen seiner Landschaft, seiner Einsamkeit – und wegen seiner Bären, auch wenn ich die zwei, die heute am Rand des Highways auftauchen, wieder nicht richtig mit der Kamera erwische.

Wir lieben auch die reizvollen kleinen Campingstellen des BC Forestry Service, die am Verlauf des Cassiar liegen. Das Camp am French Creek finden wir auf Anhieb wieder. Der schöne Platz am türkisen Creek, der eigentlich eher ein richtiger Fluss ist, ist noch genauso hübsch, wie wir ihn in Erinnerung haben. Ja, und auch die Moskitos sind noch da!

Der Cassiar Highway ist für uns auch beim zweiten Mal ein Genuss. Er führt vorbei an grün schimmernden Seen, windet sich durch die zerfurchten Cassiar Mountains und überquert rauschende Bäche mit so fantasievollen Namen, wie z. B. Baking Powder Creek. Aber es wird inzwischen spürbar Herbst. Es ist deutlich kühler geworden, die ersten Blätter färben sich gelb und leider hat sich auch der Himmel grau zugezogen. Eigentlich wollten wir ja zum Übernachten bis zum Morchuea Lake fahren, aber weil wir am Gnat Lake so einen schönen, weitläufigen Platz entdecken, bleiben wir spontan dort. Eine gute Entscheidung, denn hier gibt es keine Moskitos und man kann noch wunderbar spazieren gehen.

Dem Morchuea Lake statten wir am nächsten Tag trotzdem einen Besuch ab. Er ist noch genauso schön wie damals, als wir an seinem Ufer gecampt haben. Und wie wir sehr schnell feststellen, ist es uns damals doch nicht gelungen, sämtliche Moskitos zu erschlagen. Einige dieser Blutsauger müssen unsere nächtlichen Fliegenklatschen-Massaker überlebt und sich wieder gewaltig vermehrt haben.

Ein Hauptgrund, warum man die Alaskareise auf dem Hinweg mit dem Alaska Highway beginnen und den Cassiar Highway für den Rückweg im Spätsommer einplanen sollte, liegt am Ende der Stewart-Hyder-Road, weshalb auch wir an der Mediazin-Kreuzung nach Stewart abbiegen. Am Bear Glacier, der sich bis zur Straße hinunterzieht, schießen wir nur ein paar Pflichtfotos. Das Wetter ist trübe und das bisschen Sonne, das durch die dichte Wolkendecke blinzelt, kommt auch noch von der falschen Seite. Hinter uns liegen die schönsten sonnenbeschienenen Gletscher. Aber wegen des Bear Glaciers haben wir diese Stichstraße nach Stewart und Hyder nicht unter die Räder genommen.

Stewart-Hyder ist ein seltsamer Doppelort. Stewart liegt im kanadischen British Columbia und Hyder, ein Stückchen weiter die Straße entlang, ist das allerletzte südliche Zipfelchen an Alaskas Panhandle und im Grunde schon fast eine Geisterstadt. Eine US-Grenzstation existiert nicht, denn von hier aus kann man über Land nicht weiter auf Alaskas Gebiete vordringen. Mitunter wird man bei der Rückkehr vom kanadischen Zoll angehalten, weil man theoretisch Alkohol oder Elfenbein von Alaska nach Kanada schmuggeln könnte. Laut der letzten Volkszählung im Jahr 2000 gaben 97 Personen Hyder als ihren ersten Wohnsitz an, von denen mehr als die Hälfte unterhalb der Armutsgrenze lebte. Man kann getrost davon ausgehen, dass heute weit weniger als 50 Personen in Hyder leben. Die meisten Häuser sind längst verfallen. Die urige, mit Geldscheinen tapezierte Kneipe, die jeden Reiseführer ziert, wird vermutlich von den Männern Stewarts am Leben gehalten, weil Alkohol in Kanada hoch besteuert wird. Es existieren noch ein Souvenirladen und das Postamt und für die Autowerkstadt sucht ein Optimist einen Käufer. Aber vermutlich gammelt das „*for sale*"-Schild schon sehr lange vor sich hin. Als wir das erste Mal in Hyder waren, hatte die kleine, russisch-orthodoxe Kirche noch geöffnet. Statt mit Kirchengestühl war sie mit einem Sofa ausgestattet und wir konnten uns natürlich ein Foto nicht verkneifen. Inzwischen ist die kleine Kirche verwaist und mit Gestrüpp zugewuchert. Die Fenster wurden zugenagelt, die Tür mit einem Vorhängeschloss verrammelt.

Die landschaftliche Lage Hyders ist traumhaft schön – sofern man von der Landschaft etwas sieht, denn Hyder ist ein Regenloch. Trotzdem ist jetzt, Ende August, in diesem Nest am Ende der Welt erstaunlich viel los. Wegen der Landschaft sind die Besucher allerdings nur in zweiter Linie hier. Auch nicht wegen des Salmon Glaciers, denn die Piste dorthin ist so miserabel, dass wir nach der Hälfte entnervt umdrehen. Nein, alles dreht sich hier um die Lachse, bzw. die, die sich damit einen wärmenden Winterspeck anfuttern wollen.

So leicht wie am seichten Fish Creek kommen Meister Petz und Grizzly nirgends an die begehrten Proteine. Hier haben die Lachse Hyders das Licht der Welt erblickt und hierher sind sie nach ein paar Jahren im Meer zurückgekehrt, um zu laichen und danach zu sterben. Und weil man als Tourist oder professioneller Fotograf nirgendwo so einfach den Bären beim Lachse futtern zusehen kann, ist hier alles aufmarschiert, was eine wie auch immer geartete Kamera sein

Eigen nennt. Aus Sicherheitsgründen hat der USDA Forest Service eine Beobachtungsplattform installiert und kassiert einen geringen Obolus.

Wir sind stolze Besitzer einer digitalen Spiegelreflexkamera nebst einem ungeheuer praktischen Tamron Zoom-Objektiv. Aber angesichts der vielen Profifotografen, die die reinsten Kanonenrohre vor ihre Kameras geschraubt haben, kommen wir uns mit unserem Zoom-Objektiv direkt ein wenig „unterbelichtet" vor. Okay, stellen wir halt die ISO ein wenig höher, dann reicht das Licht für unser Tele auch.

Es raschelt im Gebüsch: Mama Schwarzbär ist mit zwei Sprösslingen im Anmarsch. Leider ist die Mama der Meinung, dass ihr Nachwuchs heute keine Proteine, sondern Vitamine bräuchte. Die Familie zupft äußerst fotounfreundlich im Gebüsch an roten Beeren herum und verdrückt sich wieder. Dann taucht ein junger Schwarzbär auf, holt sich einen riesigen toten Lachs aus dem Wasser und futtert ihn genau unter uns. Ungeachtet der ca. 30 Zuschauer, die seine Mahlzeit mit gezückten Kameras verfolgen, verdrückt er den Lachs bis auf die Gräten. Die Profis mit ihren fest auf stabile Stative montierten Monstergeräten haben das Nachsehen, denn dort, wo der junge Bär genüsslich futtert, können sie mit ihren Kanonenrohren gar nicht hin leuchten. Peter muss sich zwar ein wenig verrenken und über das Geländer beugen – aber der handlichen Kamera sei Dank kann er einige unserer schönsten Bärenfotos schießen.

„Morgens um sechs kommt regelmäßig eine Grizzlymutter mit ihren Jungen!", haben uns unsere Freunde Ria und Georg gemailt. Wir sind ja keine Frühaufsteher, aber das wollen wir uns nicht entgehen lassen und weil wir praktisch sind, campen wir gleich ein kleines Stück außerhalb in einer Parkbucht an der Piste zum Gletscher. Inzwischen ist uns auch klar geworden, wie gefährlich es hier für unseren Hund ist – und auch wie leichtsinnig wir manchmal sind. Aber Eyleen *muss* einfach noch einmal. Peter geht mit ihr raus – natürlich an der Leine – und 50 m weiter überquert ein Bär die Straße. Eyleen hat den Bären Gott sei Dank nicht gesehen. Peter dreht sich um und geht mit ihr langsam zurück – obwohl er ja am liebsten rennen würde.

Wir stehen Punkt 6 Uhr auf der Matte bzw. der Plattform. Die Ranger vom Forest Service kommen aufgeregt angestürmt – sie haben Mama Grizzly bereits auf der Straße gesichtet. Und wirklich! Pünktlich wie die Maurer kommt die Mama anmarschiert, im Schlepptau ihre drei *halbstarken*, 18 Monate alten Jungen! Leider, leider ist es noch nicht hell genug zum Fotografieren, denn Familie Grizzly zieht eine Show ab, die wir in dieser Form noch nicht einmal in Dokumentarfilmen gesehen haben. Die Bären schmatzen und schnaufen, futtern Fisch und traben

Ein hungriger Schwarzbär in Hyder

durchs Wasser, dass die Lachse nur so davonstieben. Als die Jungen den ersten Hunger gestillt haben, beginnen sie zu balgen und zu raufen, dass es nur so eine Freude ist. Langsam wird es heller, für ein normales Foto würde die Belichtung schon reichen – aber raufende Bärenkinder und lange Belichtungszeiten passen leider nicht zusammen. Jetzt würden wir uns auch so ein lichtstarkes *Kanonenrohr* wünschen, aber von den Profis ist seltsamerweise noch niemand zu sehen. 1 ½ Stunden lang verfolgen wir gebannt die Balgerei der Jungen und halten den Atem an, als sich die ca. 200 kg schwere Grizzlymutter in voller Größe aufrichtet und ihre mächtige Pranke auf die Plattform legt. Aber bevor sich die Familie wieder in den Wald verdrückt, gelingen uns doch noch ein paar Fotos.

Sommer ade! Das Wetter ist besch…eiden. Es regnet in Strömen und die Schönheit des Cassiar Highways versteckt sich hinter tief hängenden Wolken. Die Bären, die zu beiden Seiten des Cassiars ihr Revier haben, verstecken sich nicht – so viele wie heute haben wir auch am Straßenrand noch nie gesehen. Himmel, was waren wir in der Vergangenheit leichtsinnig, wenn wir mit dem Hund unterwegs waren! Trotzdem ist jetzt wieder ein Spaziergang an der Reihe – an der Flexileine entlang einer Forststraße. Mir ist unheimlich, denn auf der Straße liegen ziemlich frische Bärenhaufen. Ich singe aus voller Kehle und rede extra laut mit

Eyleen. Die sieht mich an, als wenn ich nicht ganz richtig im Kopf wäre. Und dann läuft doch tatsächlich ca. 100 m vor uns ein Bär über die Straße. Mein Bedarf an Spaziergang ist damit gedeckt. Außerdem regnet es in Strömen. Ich drehe um und gehe zügig zurück – nicht, ohne mich ständig umzusehen.

Unser Aufenthalt in Kanada neigt sich dem Ende zu. Wir arbeiten uns nach Südosten vor, nächtigen an kleinen Forest Camps und bedauern, dass wir bei dem miesen Wetter und den kühlen Temperaturen nicht mehr in den hübschen Seen baden können. 5 °C am Morgen – das sind Temperaturen wie im spanischen Winter. Wie die Temperaturen im nordkanadischen Winter sind, wollen wir lieber gar nicht wissen. Wider Erwarten kommt dann doch noch die Sonne durch und wir nehmen eine Dirt Road in den **Wells Gray Provincial Park** und absolvieren im Schnelldurchgang die reizvollen Wasserfälle. Nachts regnet es wieder und wir sind froh, dass wir ohne Probleme die steile, rutschige und holprige Dirt Road vom Campground zurück zur Straße meistern.

Wer in Kanada das schlechte Wetter satt hat, sollte einen Abstecher ins Okanagan Valley machen. Das Obstanbau- und Feriengebiet wird von der Sonne verwöhnt. Landschaftlich ist es recht hübsch, aber eben nicht für Kanada typisch. Braun verbrannte, kahlrasierte Hänge, die abgetragen und zersiedelt sind, erinnern teilweise eher an Spanien. Dazu herrscht ein höllischer Verkehr. Nein, das ist nicht das Kanada, das wir so sehr lieben! Schnell lassen wir das Okanagan Valley hinter uns. Natürlich muss ich erwähnen, dass der Verkehr und Betrieb auf das lange Labour Day Wochenende zurückzuführen ist. Damit ist auch die Ferienzeit zu Ende. Morgen beginnt in Kanada wieder die Schule.

Anmerkung zur Route durch Alaska und Nordkanada: Wer vorher noch nie in Alaska war, sollte unbedingt den Denali National Park einplanen, auch wenn man mit dem Wohnmobil nur bis Savage River in den Park hineinfahren darf. Wir sind ja keine Freunde von geführten Touren, aber die Fahrt mit dem Shuttlebus bis zum Wonder Lake und zurück hat sich gelohnt. Dies lässt sich gut mit einem Besuch von Fairbanks verbinden. Sofern das Wetter passt und die Reifen es zulassen, sind natürlich eine Fahrt über den Dempster Highway nach Inuvik oder über den Dalton Highway zur Prudhoe Bay ein Erlebnis. Den Dalton Highway kennen wir persönlich zwar noch nicht, aber man braucht ja einen Grund zum Wiederkommen!

USA von Nord nach Süd

Im Arches National Park

Washington und Oregon – östlich der Cascades nach Pendleton

Wir haben das Angenehme mit dem Nützlichen verbunden, standen drei Tage lang am Kettle River auf dem weitläufigen, kostenlosen Canyon Flat Forest Campground, haben relaxt und unseren Kühlschrank leer gefuttert. In die USA darf kein Rindfleisch eingeführt werden, weil es in Kanada immer wieder Fälle von BSE gab, und in Washington haben sie Angst vor den Fruchtfliegen des kanadischen Okanagan Valleys. (Umgekehrt übrigens auch – aber die anderen haben natürlich immer die schlimmeren Fliegen.) Unser Hund konnte sich auf den ausgedehnten Waldwegen austoben und in den Fluss springen und auch wir sind für zwei oder drei Züge in den türkisgrünen, aber leider eisigen Pool getaucht, den der Fluss hier bildet. Nun ist es an der Zeit, dass wir uns überlegen, wie wir unsere Route nach Süden angehen. Auf jeden Fall wollen wir uns einen kleinen Grenzübergang suchen, denn nach unserer Erfahrung sitzen dort die freundlicheren Beamten – meistens jedenfalls.

Der Grenzübergang Danville ist zwar klein, der Typ, der hier Dienst tut, aber recht arrogant. Misstrauisch mustert er uns und unsere Pässe. Vermutlich findet er es verdächtig, wenn sich Touristen nicht an die gängigen Routen halten. Er inspiziert unseren Kühlschrank – leer??? auch verdächtig –, akzeptiert, dass wir drei Tage lang am Canyon Flat Campground alles Gefährliche verputzt haben und nun zwecks Nachschub den nächsten Walmart aufsuchen müssen, öffnet Klappen und Türchen und entdeckt Eyleens Trockenfutter, das ich von einer Großpackung in eine handlichere Plastikbox abgefüllt habe. Ich bin gewappnet.

„Das ist Royal Canin, made in the USA!", erkläre ich.

„Haben Sie die Tüte aufgehoben?"

„Ja, die ist noch halb voll im Außenstauraum!"

Donnerwetter, das glaubt er mir, ohne es nachzuprüfen! Schließlich nimmt er unsere Pässe und verschwindet damit im Gebäude. Vermutlich fahndet er im Computer nach uns. Scheinbar werden wir aber weder als Terroristen, Drogendealer oder illegale Einwanderer gesucht, denn nach einer Weile kommt ein jüngerer Beamter, bringt uns unsere Pässe zurück und wünscht uns eine gute Weiterreise.

Durch Kanada und Alaska stand unsere Route so ziemlich fest – aber durch die USA nach Süden gibt es so viele Möglichkeiten, dass wir ständig neu planen und heute noch nicht wissen, wie wir morgen weiterfahren werden. Unsere Grobrichtung ist der Crater Lake in Oregon. Allerdings ist das eine sehr grobe Richtung. Erst einmal folgen wir der Scenic Route entlang des Columbia Rivers mit seinen vielen Stauseen. Am letzten südwestlichen Eck der verschlafen wirkenden Spokane Indian Reservation, dort wo der Spokane River in den Columbia River bzw. den Roosevelt Lake, den der Columbia dort bildet, einmündet, steht plötzlich wie eine Fata Morgana ein Spielcasino vor uns. Außerdem unterhält der Spokane Stamm einen riesigen, weitläufigen RV Park mit Marina nebst gigantischen Parkplätzen für die Bootstrailer.

Na, da schmeißen wir uns doch sofort in unsere Badeklamotten, marschieren zum Strand und wundern uns, warum auf dem Campingplatz so viele Golfcarts rumstehen, wo doch weit und breit kein Golfplatz in der Nähe ist. Der Sinn der Sache eröffnet sich uns jetzt: Amis sind zu faul zum Laufen! (Okay, das ist jetzt nicht unbedingt neu.) Der RV Park ist riesig und zum Strand, zu den Booten und auch zu den Duschen usw. ist es – für amerikanische Verhältnisse – zu Fuß zu weit. Und wo auf einem riesigen Campingplatz in Europa die Fahrräder herhalten müssen, benutzt man hier Golfcarts. Vor dem Zugang zum Strand ist zwar ein großes Schild angebracht, auf dem steht, dass dort unten *vehicles* verboten wären – aber hinter uns kommt ein telefonierender Ami in einem benzinmotorisierten Golfwägelchen heruntergedüst. Er ruft uns zu: „Nice day for a swim!", steigt in Badeshorts – was für Amerikaner ausgesprochen ungewöhnlich ist – von seinem Wägelchen, stakt bis zum Bauch ins Wasser, taucht einmal etwas tiefer ein – und düst wieder ab.

Na gut, dass die meisten Amis nicht schwimmen können und manchmal ein wenig spinnen, wissen wir ja schon länger. Wir wundern uns sogar, dass er mit Badeshorts und nicht mit Bluejeans oder ähnlichen Gewändern ins Wasser gestiegen ist. Wir genießen das Schwimmen jedenfalls wesentlich ausgiebiger – das Wasser ist einfach herrlich und erstaunlich warm, dafür, dass wir ja noch recht weit nördlich sind.

Langsam schob sich ein Finger der Kordilleren-Eiskappe nach Süden und blockierte den Abfluss des Clark Fork Rivers. Es entstand der gigantische Missoula Lake. Irgendwann hielt die Eisbarriere den gewaltigen Wassermassen nicht mehr stand und mit einer gewaltigen Erschütterung der Erde ergoss sich der größte und längste Wasserfall, den es auf Erden je gegeben hat, alles mit sich reißend zu Tal. Dieses erschreckende Szenario spielte sich zum Ende der letzten Eiszeit ab und wiederholte sich in den folgenden 2.500 Jahren noch mehrmals, denn die Eiskappe schob sich immer weiter nach Süden.

Das Ergebnis dieses zerstörerischen Naturereignisses heißt heute **Dry Falls** und die Landschaft aus dunklen Canyons und Basaltsäulen, die diese inzwischen

Die Dry Falls

trockenen Wasserfälle geschaffen haben, ist absolut spektakulär. Staunend stehen wir auf der Aussichtsplattform und sehen hinunter auf das wie ein Amphitheater geformte Gelände. Die eiszeitlichen Wassermassen haben dem Staat Washington einen einträglichen Statepark mit zahlreichen Campingplätzen beschert und an den Pools, die von den Fluten ausgewaschen wurden, tummeln sich Wassersportler und Angler. Wir jedoch sind hocherfreut, dass diese spontan eingeschlagene Route gleich solch eine spektakuläre Überraschung bereithielt.

Aber egal, welche Route man wählt, der Westen der USA ist immer für neue Überraschungen und Naturwunder gut. Man könnte hier ein Leben lang herumfahren und immer wieder Neues entdecken.

Der Highway führt auch weiterhin kilometerweit durch den schwarzen Canyon, vorbei an pittoresken Seen und trockener Wüstenvegetation. Unsere Freunde Ria und Georg haben uns eine Mail vom Soap Lake geschrieben. Der See in Washingtons Grant County ist ebenfalls ein Überbleibsel der großen Eiszeitflut. Gesättigt mit allen möglichen Mineralien sollen das Wasser und der Schlick gegen tausend Zipperlein helfen und weil er ja mehr oder weniger auf unserer Route liegt, statten wir diesem Natronsee einen Besuch ab. Die Einheimischen behaupten, getrunken würde das Seewasser sogar Tote aufwecken. Ich bin schon zufrieden, wenn ich schwimmen kann. Dazu muss ich allerdings durch eine zähe Pampe in tieferes Wasser gelangen, was gar nicht so einfach ist, weil meine Badeschuhe ständig im Schlick stecken bleiben. Die anderen Besucher entlang des Strandes finden den Schlick jedoch nicht lästig, schließlich wird ihm ja eine ganz besonders heilkräftige Wirkung nachgesagt. Rings um den See stehen und liegen schwarz gefärbte Gestalten, die sich mit der dunklen Pampe eingerieben haben. Auch Ria und Georg schwören auf den Schlick und fahren immer ein oder zwei Eimer voll mit diesem angeblichen Wundermittel in ihrem Wohnmobil spazieren. Ist man erst mal weiter drin im See, schwimmt es sich jedoch herrlich. Das Wasser hat eine hohe Tragkraft und sein Hauptbestandteil ist das, was in angelsächsischen Ländern *baking soda* und bei uns „Hausnatron" genannt wird.

Uns zieht es jetzt weiter Richtung Oregon. Die Staaten Washington und Oregon haben wir als Regenstaaten in Erinnerung. Damals fuhren wir auf der Pazifikseite des Kaskadengebirges nach Norden. Jetzt sind wir noch immer auf der östlichen Seite. Rechts und links des Highways dehnen sich gelbbraunes Grasland und abgeerntete Stoppelfelder aus. Staubige Windhosen tanzen über das trockene Land – High Desert. Die Niederschläge vom Pazifik bleiben westlich der Cascades hängen. Mitunter zeigt sich die Wüste auch immer wieder von ihrer interessanten Seite. Basaltsäulen und schroffes Lavagestein kontrastieren mit dem gelbgrünen Wüstengestrüpp und zwischendurch schimmert blau der eine oder andere Tümpel.

Wird diese Halbwüste bewässert, ergibt sie fruchtbares Land für den Obst- und Gemüseanbau. Und wo viel Obst und Gemüse angebaut wird, braucht man fleißige und natürlich möglichst billige Hände, um es zu hegen und zu ernten. Die fleißigen Arbeiter hier kommen nicht wie bei uns in Deutschland aus Polen und Rumänien und nicht wie in Spanien aus Afrika, sondern hier sind es Mexikaner, die den Betrieb aufrechterhalten. Und genau wie bei uns in Europa wird über die Zuwanderer gemeckert und gefrotzelt. In der Oregon Visitor Information, wo wir uns mit Karten eindecken und unsere Mails checken, beglückt man uns mit folgendem Rätsel: „Warum gewinnt Mexiko bei Olympischen Spielen nie Medaillen?" Als wir ein wenig ratlos dreinblicken, folgt die Auflösung: „Weil alle, die schnell rennen, hoch und weit springen und schnell schwimmen können, als Illegale hier in den USA sind!"

Die Witzereißer vergessen natürlich gerne, dass mexikanische Erntehelfer nicht nur Arbeiter, sondern auch Konsumenten sind. Der Handel hat sich längst auf sie eingestellt. Beim Walmart in Othello ist alles zweisprachig angeschrieben, es gibt Regale voll Tortillas und in der Fleischtheke entdecke ich Hühnerfüße und Rinderkutteln – was unseren Hund ganz besonders freut.

Das ungeplante Drauflosfahren hat uns nicht nur neue, atemberaubende Landschaften beschert, es hat uns auch nach Pendleton geführt – und in Pendleton ist Rodeo! Das Pendleton Round-Up ist angeblich das älteste Rodeo der USA und in den vier Tagen des großen Ereignisses drängeln sich in dem 16.000-Einwohner-Städtchen über 50.000 Besucher.

Kaum, dass wir die Stadtgrenze überquert haben, kommen auch schon die ersten Cowboys, jene lebendigen Mythen des alten Westens, über die Straßen geritten. Eigentlich sind die modernen Cowboys ja meist im Pick-up oder auf dem ATV unterwegs, aber in Pendleton bestimmen die Pferde das Bild, denn morgen beginnt das Rodeo – und deswegen sind wir hier!

Die Stadt ist von vorne bis hinten zugeparkt. Wir schaffen es trotzdem, in der Nähe des Round-Up-Geländes vor einem Supermarkt zu halten und auf die Schnelle für morgen Karten zu kaufen. Sofort werden wir von einem geschäftstüchtigen Typen angesprochen. Er will uns für $ 12 die Nacht einen Parkplatz vor seinem Geschäft zur Verfügung stellen. Guter Mann, bevor wir auf so was eingehen, schauen wir doch erst mal beim Walmart vorbei. Wir haben längst herausgefunden, dass er in der gleichen Straße liegt wie das Round-Up-Gelände. Die Frage ist nur noch, wie weit das weg ist, denn amerikanische Straßen ziehen sich mitunter mehrere Kilometer in die Länge. Doch wir stellen sehr schnell fest, dass dies für deutsche Füße nur ein Katzensprung ist. Es lebe der Walmart!

Als wir gegen 17:30 Uhr am Walmart eintreffen, haben wir Mühe, einen Platz zu finden, denn dieser Supermarktparkplatz sieht eher wie ein überfüllter Campingplatz aus. Die amerikanischen Walmart Camper haben ungeniert ihre Markisen und Slide-Outs ausgefahren, Liegestühle aufgestellt und auf dem Grünstreifen am Rand wurden sogar einige Zelte aufgebaut. Außerdem stehen riesige kombinierte Wohn- und Pferdetrailer auf dem Platz, die den Rodeoteilnehmern gehören. Bis zum späten Abend ist der Platz schließlich komplett mit RVs und Pferdetrailern zugeparkt. Weil die Pferde natürlich auch mal ins Freie müssen, hinterlassen sie so einiges auf dem Gelände. In unserem Wohnmobil riecht's nach Pferdestall und nachts fährt mit viel Getöse eine Kehrmaschine über den Platz.

Egal, ob Superbowl oder das Baseballspiel einer Schülermannschaft – ohne Nationalhymne geht nichts und beim Rodeo schon gar nicht. Trommelfellmalträtierend schrillt eine Frauenstimme die Hymne ins Mikrofon. Der heutige *seniors day* hat Peter eine Eintrittskarte zum halben Preis beschert. Aber zwischen den betagten Cowgirls und Cowboys, die auf den Rängen das Geschehen verfolgen und alle Wertungen sorgfältig notieren, ist er der reinste Teenager. Von der

Atmosphäre – und natürlich ganz besonders vom Rodeo – ist Peter sofort fasziniert. Zwischen Stierwrestling, Kälber mit dem Lasso fangen und Bullenreiten treten Indianer als Pausenfüller an, liefern sich wilde Rennen auf ungesattelten Pferden und später flitzen auch einige Cowgirls um einen Parcours aus Tonnen.

Rodeo

Die verschiedenen Rodeo-Disziplinen gehen auf die Arbeiten der frühen Cowboys zurück – besonders auf das spektakuläre Zureiten wilder Pferde, ein beliebtes Thema manch alten Wildwestfilms. Bucking Horse nennt man heute die wild ausschlagenden Rodeopferde. Echte Wildpferde gibt es natürlich kaum noch – zumindest nicht beim Rodeo. Folglich müssen die Pferde anderweitig zum Bocken gebracht werden. Neben einer negativen Konditionierung, also einem Training, das nicht aufs Reiten, sondern aufs Abwerfen des Reiters ausgerichtet ist, ist der Flankengurt *das* Mittel der Wahl. Tierschützer behaupten, dass man mit diesem Gurt den Pferden die Hoden quetscht, während Rodeoveranstalter argumentieren, die Pferde wären keine Hengste, sondern Stuten und Wallache. Schmerzhaft ist der Gurt mit Sicherheit, denn er wird nach dem Abwurf des Reiters sofort abgerissen. Auch den wilden Bullen bindet man diesen Flankengurt um. Ich konnte jedenfalls den Eindruck der Tierquälerei nicht abschütteln. Natürlich wird auch im Internet heftig darüber diskutiert, wozu nun dieser ominöse Gurt da ist. Dass es sich um ausgemergelte, schlecht ernährte Pferde handelt, wie von einigen Tierschützern behauptet wird, konnten wir mit unseren Laienaugen nicht bestätigen.

Interessierte finden hier weitere Informationen:

www.peta.de/rodeo#.VNKBAi4f1n

Natürlich tragen auch die Rodeoreiter mitunter heftige Blessuren davon – doch im Gegensatz zu den Pferden, tragen sie ihre Haut freiwillig und für Geld zu Markte. Aber ganz egal, ob das Rodeo nun Tierquälerei ist oder nicht, Peter ist von dem Geschehen und der Atmosphäre derart fasziniert, dass er sofort am nächsten Morgen, mit mir im Schlepptau, noch einmal loszieht und auch tatsächlich eine Karte ergattert. Außerdem hätte er auch gerne ein Souvenir vom berühmten Pendleton Round-Up. Aber aus allen Shops und Souvenir-Buden funkelt und flimmert der Kitsch: glitzernde Gürtel, Cowboystiefel in Rosa und Türkis, Cowboyhüte in allen Farben und natürlich auch in Rosa, Jacken mit Fransen und grässliche T-Shirts. Da beschränkt sich Peter dann doch lieber auf unsere Fotos als Souvenir. Denn für die heutige Veranstaltung hat er einen Platz auf der Tribüne ergattert, direkt über den Gattern, wo er nah am Geschehen ist und auch hinter die Kulissen fotografieren kann. Auf dem Rückweg hat er es eilig; er will vor dem Rodeo noch etwas essen. Um abzukürzen, lotst er mich über die Bahngleise – allerdings hat er nicht damit gerechnet, dass wir dabei vom Auge des Gesetzes beobachtet werden! Sofort erscheint ein Special Agent (so was kannten wir bisher nur vom Fernsehkrimi) der hiesigen Polizei und schreibt uns auf. Allerdings kassiert er keine Strafe. Wohl, weil wir Touristen aus Germany sind. Er begnügt sich damit, uns auf die Gefährlichkeit unseres Tuns hinzuweisen. Weil er uns nach erfolgter Belehrung eine goldbedruckte Visitenkarte überreicht, kriegt er auch von uns eine Karte. Denn Peter hat ihm sofort erzählt, wie weit wir gereist sind, und das hat ihn wohl sehr beeindruckt.

Ursprünglich wollten wir ja nur einmal das Rodeo sehen und danach sofort weiter. Okay, jetzt waren es zweimal Rodeo und morgen fahren wir weiter. Es ist höllisch heiß auf dem Walmart-Parkplatz und für unseren lauffreudigen Hund gibt es kaum Auslauf. Aber nein, Peter meint, wir können unmöglich weiterfahren, denn am nächsten Morgen findet in der Main Street die Wahl der Indianerprinzessinen statt und anschließend ist Parade.

Okay, noch eine Nacht! Eigentlich müsste ich ja Brot backen – habe bei der Hitze jedoch wenig Lust, das Wohnmobil noch zusätzlich mit dem Backofen aufzuheizen. Aber wozu stehen wir denn vor dem Walmart! Vielleicht finde ich unter den vielen Schaumgummibroten etwas Genießbares!

French Bread, Italian Bread und was es sonst noch an labberigem Gebäck gibt – sieht alles gleich aus und ist für deutsche Gaumen nicht geeignet. Aber dann entdecke ich eine Tüte mit abgepackten Brötchen. „*Crusty rolls*" steht drauf – was ja übersetzt „knusprige Brötchen" heißt! Sehen wirklich knusprig aus. Beim Aufschneiden und Aufstreichen drücken sich die Dinger jedoch von normaler Brötchengröße bis auf eine Höhe von ca. 3 mm zusammen. Zum Teufel, was backen die da rein, dass das Zeug in der Tüte so rösch und standfest aussah? „Vermutlich Viagra!", behauptet Peter.

Eigentlich ist es bis in die Main Street nicht weit. Aber der Shuttlebus kommt gerade vorbei – na, da steigen wir doch ein! Welch ein idiotischer Fehler! Der Bus fährt mit der Kirche ums Dorf, kurvt durch ganz Pendleton. Bis wir in der Main Street ankommen, sind die Prinzessinnen schon gekürt. Mann, so viele ausgesprochen schöne Indianerinnen haben wir noch nie gesehen. Im vollen Ornat sitzen sie auf ihren herausgeputzten Pferden, lassen sich bewundern und fotografieren. Die fantasievollen Gewänder sind zum größten Teil handbestickte Erbstücke von Großmüttern und Urgroßmüttern – und die Eltern der jungen Mädchen lassen sich die Wahl eine Stange Geld kosten.

Indianerin auf der Pendleton Parade

Die anschließende Parade ist viel lustiger und stimmungsvoller als die von Calgary. Farbenprächtig gewandete Indianer, alte Kutschen und Ochsengespanne, Cowboys und Cowgirls – wir sind begeistert. Und weil wir immer noch nicht genug haben, sehen wir am Nachmittag den Indianertänzen zu. Wir können trotzdem noch nicht weiterfahren, denn morgen beginnen um 9 Uhr in der Round-Up-Arena die offiziellen Zeremonientänze. Danach geht's aber wirklich weiter, denn das Rodeo-Finale am Nachmittag ist längst ausverkauft.

Es sind nicht sehr viele Zuschauer zu den Zeremonientänzen gekommen, fast nur Indianer. Die Veranstaltung beginnt mit einem Trauergesang für einen verstorbenen weißen Freund, dessen Familie anwesend ist. Der Trauergesang geht unter die Haut. Selten haben wir etwas Eindringlicheres gehört. Aber nach dem Gesang sind alle wieder fröhlich. Die Stämme des Nordwestens sind wirklich ein humorvolles Völkchen. Nie zuvor haben wir so viele Native Americans so oft und so herzhaft lachen sehen. Auch die Alten sind von Herzen vergnügt – und alle sind mit Feuereifer bei der Sache.

Jetzt könnten wir endlich weiterfahren – wäre da nicht das Finale. Zwar ganz offiziell ausverkauft, aber wenn Peter sich was in den Kopf gesetzt hat ... Er schafft es doch tatsächlich, vor der Arena noch eine einzelne Karte zu ergattern – noch dazu auf seinem bevorzugten Platz.

Mit der unvermeidlichen Nationalhymne begann jede Rodeoveranstaltung – das Finale wird zusätzlich mit Böllerschüssen eröffnet und zur ganz besonderen Feier des Tages fliegen zwei Düsenjäger im Supertiefflug über die Arena. Die Amerikaner bejubeln und beklatschen ihre lärmenden *Friedenstauben* und ich sitze im Wohnmobil und denke, die rasieren mir das Dach ab. Und weil das noch nicht genug Lärm ist, schalten sich durch die Erschütterung auf dem Walmart Parkplatz sämtliche Alarmanlagen ein ...

Durch die Cascades

High Desert, trockene Halbwüste, Stille – faszinierend fürs Auge, faszinierend für alle Sinne. Highways durch Einsamkeit und schroffe Wildnis ganz nach dem Motto: Der Weg ist das Ziel! Hier sollte man sich Zeit nehmen, irgendwo im National Forest campen und das John Day Fossil Monument genauer erkunden. Aber wir haben ein Ziel und das wollen wir erreichen, bevor uns der Schnee einen Strich durch die Rechnung macht. Der **Crater Lake**, hoch im Kaskadengebirge gelegen, steht schon seit unseren ersten Pkw-Reisen durch die USA auf unserer Wunschliste. Aber damals waren unsere Urlaubswochen zu kurz, um so weit nach Norden zu kommen – und auf unserer ersten großen Wohnmobilreise hätten wir Mitte Mai, nach einem extremen El Niño Winter, noch Schneeketten gebraucht, um dort hinaufzukommen. Jetzt haben wir bereits die zweite Septemberhälfte und kaum, dass wir das heiße, in Oregons **Low Desert** gelegene Pendleton verlassen haben, wird es zunehmend kälter. Also ignorieren wir die Überreste vulkanischer Aktivität, die es links und rechts des Highways zu besichtigen gäbe und düsen und klettern mit unserem Small Motorhome II zielstrebig hinauf in die Cascades.

Wenn wir unsere Reisen vor unserem geistige Auge Revue passieren lassen, so gibt es einige Orte, bei deren erstem Anblick es uns schier die Sprache verschlug

Der Crater Lake

oder man einfach nur noch „Wahnsinn!" sagen konnte. An erster Stelle steht dort auf jeden Fall der Grand Canyon, die Victoria Fälle in Zimbabwe gehören unbedingt dazu – und beim ersten Blick von der Rim Road nach unten auf den tintenblauen See nehmen wir auch den Crater Lake in diese persönliche Sprachlosigkeits-Skala mit auf.

Dass dieser faszinierende Anblick das Ergebnis eines Infernos ist, kann und will man sich angesichts der beeindruckenden Landschaft gar nicht vorstellen. Vor rund 7.700 Jahren brach der Vulkan Mount Mazama aus und schleuderte in einer gewaltigen Eruption rund 150 km^3 Gestein und Lava in die Luft. Als unmittelbare Folge des Ausbruchs brach der Dom des Vulkans ein und formte die Caldera, die sich kontinuierlich mit Regen- und Schmelzwasser füllte und so den Crater Lake bildete. Mit einer Tiefe von 350 bis 594 m ist er der zweittiefste See Nordamerikas. Die Wasserqualität des Sees, der weder Zu- noch Ablauf hat, ist angeblich die beste Nordamerikas. Die Sichttiefe beträgt mehr als 40 m. Es muss herrlich sein, in diesem See zu schwimmen! Normalerweise bin ich beim Anblick eines solchen Gewässers kaum zu bremsen – aber es ist lausig kalt hier oben auf knapp 2.000 m Höhe!

Auch wenn der erste Blick nach unten auf den tiefblauen See uns schier die Sprache verschlagen hat, der zweite Blick geht – welch schlechte Touristenangewohnheit – sofort durch die Fotolinse. Dieses Panorama müssen wir einfach mit nach Hause nehmen, damit wir später davon zehren können, und den Freunden und Verwandten müssen wir Briefe mit Bildern zumailen, damit sie sehen, was sie daheim hinter dem Ofen verpassen.

Unser dritter Blick gilt jedoch dem Wetter. Auch wenn heute die Sonne von einem strahlend blauen Himmel scheint – morgen soll es schlechter werden. In den Hochlagen der Cascades ist Schneefall angesagt. Also machen wir es wie die Schnelltouristen, düsen auf der engen, kurvenreichen Rim Road, die ohne Leitplanken und ohne Bankett direkt am Abgrund entlang führt, um den See und fotografieren, was das Zeug hält.

Es ist nicht mehr viel los im Park, die kurze Saison neigt sich dem Ende zu. Wir könnten hier oben locker an einem geschützten Platz abseits des Campingplatzes übernachten – aber es ist uns einfach zu kalt. Wir fahren hinunter bis kurz vor den Eingang und verbringen die Nacht ungestört auf einem abgelegenen Picknickplatz. (Das funktioniert vermutlich nur außerhalb der Saison!)

Sollten wir nicht doch einen weiteren Tag am Crater Lake verbringen? Die Entscheidung fällt uns nicht schwer – am nächsten Morgen ist es eisig kalt, grau und trübe. Höchste Zeit, die Grobrichtung Süd konsequenter einzuhalten. In der nächsten Nacht fällt in den Hochlagen der Cascades Schnee.

Heute überqueren wir die Staatsgrenze nach Kalifornien. Kalifornien – beim Klang dieses Namens denkt man automatisch an Sonne, Wärme, Strand und Meer, an Santa Monica, Santa Barbara, San Francisco, den Highway Nr. 1. Die Gegend, durch die wir jetzt fahren, ist ein anderes Kalifornien. Einsame Straßen und eine weite, von schwarzer Lava geschaffene Landschaft prägen das Bild.

Die 1.130 km lange Cascades Range, die sich vom südlichen British Columbia bis nach Nordkalifornien erstreckt, wo sie in die Sierra Nevada übergeht, ist ein wahres Pulverfass. Eine Kette von tätigen, ruhenden und erloschenen Vulkanen haben bei verschiedenen verheerenden Ausbrüchen ihre Spuren hinterlassen, die nun in Nationalparks und als Nationalmonumente geschützt werden.

Erkaltete Lavaflüsse, Aschekegel, zerfurchte Vulkanschlote, die endlos in die Tiefe gehen, Grotten und Höhlen aus erstarrter Lava, kaum Vegetation – so abweisend und lebensfeindlich die Landschaft im **Lava Beds National Monument** auch wirkt, so war sie doch seit Jahrtausenden bewohnt und im vorletzten Jahrhundert sogar heiß umkämpft. Eine Handvoll Modoc Indianer wollten nicht zusammen mit den verfeindeten Klamath in ein gemeinsames Reservat abgeschoben werden und lieferten sich mit der Armee monatelange Scharmützel. Dieser Krieg (60 Modocs gegen 600 Soldaten) endete erst mit der Gefangennahme ihres Anführers Captain Jack. Und wie allgemein üblich – kaum, dass Volksstämme, Tier- oder Pflanzenarten annähernd ausgerottet wurden, bekundet die Wissenschaft plötzlich ihr Interesse. Und so kann man heute in den Schaukästen des Visitor Centers die Überreste der Modoc Kultur bewundern. (1909 wurden die letzten 51 Stammesangehörigen in einem Reservat in Oregon angesiedelt.)

Schnee und schlechtes Wetter hängen uns zwar an den Fersen – aber beim Besuch der Parks haben wir unwahrscheinlichen Dusel. Obwohl es morgens ungemütlich kalt ist, sind die Temperaturen tagsüber angenehm. Noch dazu versetzt uns der Kontrast von blauem Himmel, schwarzer Lava und gelb blühenden Wüstensträuchern in eine euphorische Stimmung und die Kamera ist im Dauereinsatz. Später suchen wir uns einen wilden Stellplatz in einem State Forest und können bis zum Spätnachmittag noch vor dem Wohnmobil sitzen.

Cattle Land – hier reiten die *echten* Cowboys durch eine endlos weite Halbwüstenlandschaft und riesige Rinderherden weiden in spärlicher Vegetation. Von Weitem grüßt uns Mt. Shastas schneebedeckter Vulkankegel. Wir wollen in den Lassen Volcanic National Park mit seinem knapp 3.200 m hohen Lassen Peak. Auch sein Gipfel ist schneebedeckt. Selbst in den tieferen Lagen hat es geschneit. Doch trotz morgendlicher Kälte wird es tagsüber noch sommerlich warm und obwohl sich die Parkstraße langsam bis auf 2.600 m hinaufschraubt, können wir wieder in Shorts und T-Shirt aufmarschieren. Nur an der Nordflanke des Lassen Peaks entdecken wir während eines Spaziergangs noch vereinzelte Schneefelder.

Es ist ein Hochgenuss, diese faszinierende Gebirgslandschaft in der relativen Einsamkeit und Stille der beschaulichen Nachsaison zu erleben. Ganz besonders, wenn man mit Hund unterwegs ist. Wir wissen ja, im Grunde sind in allen Nationalparks und Nationalmonumenten Hunde auf den Wanderwegen verboten. Aber hier sind, genauso wie am Crater Lake und im Lava Beds National Monument, so gut wie keine Ranger zu sehen. Kein Hahn kräht danach, dass wir mit unserem unangeleinten Hund auf den Trails unterwegs sind und zu reizvollen Seen marschieren. Nur am Trail hinunter zu Bumpass Hell steht ein großes Verbotsschild. Aber über Stege zu heiß blubbernden Schlammtümpeln zu laufen, wäre uns mit dem Hund ohnehin zu gefährlich. Auch oberhalb von Bumpass Hell können wir sehr gut die dampfenden Fumarolen und das schroffe, schwefelgelbe Gestein bewundern.

Es ist das sprichwörtliche Pulverfass, auf dem wir hier stehen. Die Indianer erzählen in ihren Legenden vom Lassen Peak, dass der Berg voll Feuer und Wasser sei und sich eines Tages selbst zerreißen werde. 1914 und 1915 verwüstete er in mehreren Eruptionen das Land und noch immer kocht und brodelt es in seinem Inneren und es steigen stinkende Schwefelschwaden aus Fumarolen.

Richtung Südwest – der Wärme entgegen!

Grauer Himmel und Nieselregen – das richtige Wetter, um ein wenig *Strecke zu machen.* Wir halten nur für ein kurzes Mittagsmüsli an einem Walmart. Dabei stellen wir fest, dass Walmart-Parkplätze nicht nur beliebte Übernachtungsplätze für Wohnmobilfahrer sind. Auch die US Navy ist hier vertreten. Nein, nicht zum Übernachten und zum Einkaufen ganz sicher auch nicht. Sie sind mit einem riesigen Lkw hier und haben zusätzlich einen großen Informationsstand aufgebaut. Vorne am Lkw ist eine bewegliche Flugzeugkanzel angebracht, ähnlich den kleinen Wackelfliegern, die bei uns manchmal vor Einkaufszentren und Kaufhäusern für ein paar Cent kleine Kinder hin- und herschaukeln. Nur dass hier keine Dreijährigen einsteigen. Der Navy-Wackelflieger soll junge Männer anlocken. *Uncle Sam* braucht frisches Kanonenfutter für zukünftige *Heilige Kriege* – und natürlich auch Piloten, die in klinisch sauberen Hightech-Kriegen punktgenau ihre tödliche Ladung abwerfen. „Rattenfänger!", schnaubt da die Pazifistin in mir.

Kalifornien lassen wir hinter uns. Uns lockt der Highway 50, der **Loneliest Highway** in Nevada. Aber zuerst müssen wir durch **Reno** durch, das nicht einsam, sondern grässlich laut ist. Noch dazu findet am heutigen Samstag ein Harley-Treffen statt. Aus allen Löchern kommen die Biker gedröhnt, geknattert und geröhrt. Da gibt's nur eines: Augen zu und durch! Und wie war das mit dem einsamsten Highway? Bis Fallon führt er mehrspurig durch eine eintönige Wüstenlandschaft. Erst danach fahren wir durch ein Nevada wie wir es aus der Vergangenheit kennen. Nein nicht ganz – es hat auch im Wüstenstaat in den letzten Tagen leicht geschneit. Die kahlen Berge sehen aus wie mit Puderzucker bestäubt.

Der Highway 50, der auch hier nicht ganz so einsam ist (gemessen an den Nevada Highways, wie wir sie von unseren ersten Reisen kennen), führt wieder einmal beständig bergauf. Oben auf der Austin-Passhöhe entdecken wir einen reizvollen Forest Campground, komfortabel ausgestattet mit Spültoiletten und Wasserhähnen, der zu unserem Erstaunen jetzt außerhalb der Saison kostenlos ist. Ja, hier auf 2.500 m Höhe ist es lausig kalt. Was soll's! Für unseren Hund gibt es herrliche Wege zum Austoben und wofür sonst haben wir eine Heizung?

Am nächsten Morgen ist das Thermometer unter den Gefrierpunkt gefallen. Auf der Weiterfahrt auf dem Highway 376 staunen wir über den vielen Schnee auf den umliegenden Bergen. Man mag gar nicht glauben, dass es in dieser trockenen Wüstenlandschaft so stark schneit, dass man Schneeketten braucht – aber vor allen stärkeren Anstiegen sind dazu *chain-up areas* angelegt.

Ende September, Eiseskälte in den höheren Lagen – vermutlich ist es nun im **Death Valley** richtig angenehm. Wir haben nämlich **Scotty's Castle** und den **Ubehebe Crater** noch nicht gesehen. Na, dann biegen wir doch in Scotty's Junction auf den Highway 267 ab! Wieder einmal geht es beständig abwärts. Die knochentrockene Landschaft wirkt so unwirklich wie eine Kulisse und plötzlich taucht wie eine Fata Morgana ein Turm von Scotty's Castle auf. Der nie vollendete Bau im spanisch-maurischen Stil, den Anfang des letzten Jahrhunderts ein Börsenspekulant mitten in diese lebensfeindliche Wüste gesetzt hat, gehört jetzt zum Death Valley National Park. Man kann das Castle natürlich besichtigen, aber die Führung dauert eine Stunde und die letzte hat gerade angefangen. Na, so wild sind wir auf die Besichtigung auch wieder nicht. Im Grunde sind wir ja wegen der Landschaft hier. Also lassen wir das Castle sausen und rollen weiter abwärts.

Es wird ja immer behauptet, dass im Death Valley (und auch in anderen Wüsten) schon mehr Leute ertrunken wären als verdurstet. Angesichts der trockenen, bizarren Stein- und Geröllwüste mutet das dem unbedarften Touristen aus regenreichen europäischen Ländern wie ein Witz an. Immerhin ist das Death Valley der trockenste und heißeste Ort Nordamerikas. Doch immer wieder warnen gelbe Schilder vor potenziellen Flashflood Areas. Der Regen, der diese Blitzfluten

Der Ubehebe Crater im Death Valley

speist, muss nicht vor Ort fallen, sondern kann irgendwo in den umliegenden Bergen niedergehen. Die Steinwüste kann solche plötzlich auftretenden Wasser- und Schlammmassen nicht aufnehmen und diese überschwemmen in Sekundenschnelle tiefer gelegene Senken.

„Großer Korb im Fels“ bedeutet das indianische Wort Ubehebe. Und wie so oft sind die Bezeichnungen, die Naturvölker den vielfältigen Erscheinungen der Natur oder der Landschaft geben, überaus treffend. Mit etwas Fantasie könnte man die zerfurchten Wände dieses amphitheaterförmigen Halbrunds durchaus mit Korbgeflecht vergleichen. Aber natürlich haben keine urzeitlichen Korbflechter, sondern vulkanische Kräfte dieses Trockenmaar geformt. Wie gebannt schaut unser Hund in die Tiefe dieses Kraters, während wir nach den ersten Aaahs und Ooohs sofort die Kameralinse vor dem Auge haben, um diese unwirkliche Science-Fiction-Landschaft auf die Speicherkarte zu bannen.

Haben wir nicht vor zwei Tagen auf der Austin-Passhöhe die ganze Nacht die Heizung laufen lassen? Jetzt ist es schon wieder verdammt heiß geworden und mit jedem Meter, den wir abwärts rollen, steigt das Thermometer. Mittlerweile zeigt es 35 °C, was unsere Aktivitäten ziemlich bremst. Gehen wir erst mal auf einen Campground.

Der Furnace Creek Campground, der einzig geöffnete Campground, hat noch Nebensaisonpreise – hier ist der Winter die Hauptsaison! Aber auf dem schattenlosen Gelände ist es nicht auszuhalten. Zum Glück finden wir vor der Furnace Creek Ranch einen schattigen Picknickplatz, wo wir bis zum Abend bleiben. Erst nach dem Essen fahren wir zum Campground zurück. Natürlich hatten wir gehofft, dass es abends abkühlt, aber auch um 22.30 Uhr ist das Thermometer noch nicht unter 28 °C gefallen. Doch zum Trost erleben wir über dem Death Valley einen stimmungsvollen Vollmond.

Am nächsten Tag kehren wir dem Death Valley den Rücken, zum einen, weil wir es ja während zwei vorherigen Besuchen schon ausgiebig erkundet haben, und zum anderen, weil es uns und unserem Hund schlicht und einfach zu heiß ist. Auf dem Weg nach Death Valley Junction, wo im berühmten **Amargosa Opera House** eine hochbetagte Ballerina bis in ihre späten 80er über die Bühne hüpfte, sehen wir die Überreste der Blitzfluten, von denen wir bisher nur theoretisch gehört und gelesen haben. In den vergangen Tagen muss es sogar im Death Valley geregnet haben und in Death Valley Junction haben die Regenfälle besonders heftig gewütet. Noch immer stehen in den Straßensenken Wasser und Schlamm und vor dem Opernhaus, das öfters von diesen Fluten heimgesucht wird, kann man noch riesige Pumpen bewundern.

Anmerkung: Wer mit dem eigenen Wohnmobil das Death Valley besucht (mit dem Mietmobil ist es zumindest während der heißen Monate verboten), sollte bedenken, dass die ungemein langen Anstiege den Motor stark überhitzen können. Also unbedingt Klimaanlage ausschalten – auch wenn es noch so heiß ist – und notfalls die Heizung einschalten! Bekannte, die wir trafen, hatten mit ihrem Mercedes Sprinter ernsthafte Probleme!

„Das gibt's ja nicht, dass ihr zweimal in **Las Vegas** wart und noch nie eine der Shows gesehen habt!", hatte sich unser Sohn entrüstet. Nun, das liegt zum einem daran, dass wir gerne unabhängig und spontan sind und deshalb nicht gerne im Voraus buchen, und zum anderen, dass wir, und wohl ganz besonders ich, ziemlich kühl kalkulierende Menschen sind. Meine nüchterne Betrachtung geht dahin, dass ich mir sage: „Für das Eintrittsgeld kann ich mir etliche CDs in bester Qualität kaufen und die dann immer wieder anhören!" Und ganz ehrlich: Mit dem Show-Gehopse kann ich auch nicht viel anfangen. Aber Peter meint, dass es jetzt wirklich mal an der Zeit wäre, solch eine Show anzusehen. Las Vegas ist nicht weit und er will da jetzt hin.

Las Vegas, die Glitzermetropole, wächst wie ein Krebsgeschwür und streckt ihre hässlichen Krakenarme weit in die Wüste hinaus. Es wird auf Teufel komm raus gebaut. Zwischen Wüstengestrüpp und Geröll drängen sich frei stehende Eigenheime von der Stange. In einem Abstand von max. 3 m stehen sie dicht nebeneinander. Meilenweit ziehen sich die öden Boulevards in die Stadt hinein. Las Vegas glitzert nur am Strip, wo die Neonreklame flimmert, Wasserfontänen das kostbare Wasser des Colorado versprühen und verdunsten und der Verkehr sich im Kriechtempo mehrspurig in jeder Richtung quält. Zwischen den Hochhausbauten der Luxushotels recken sich riesige Baukräne in den Wüstenhimmel. Ständig werden alte Hotels abgerissen und neue gebaut. Sämtliche großen Casinohotels sind inzwischen in den Händen von zwei Großkonzernen – oder Mafia-Konzernen? Die Frau an der Touristen Information jammert, dass dieses Las Vegas schon lange nicht mehr das alte wäre und viel von seinem ursprünglichen Charme und Pepp verloren hätte. (Am Ende unseres kurzen Besuchs muss ich ihr recht geben!)

Wir, wie immer praktisch und manchmal ein wenig geizig, bezahlen nicht für einen teuren RV Park, sondern parken hinter dem Bally's und kaufen zwei Karten für die Jubilee Show.

He, wo sind wir hier eigentlich? In Peking oder Schanghai oder doch im Bally's? Wir sitzen umzingelt von einer kompletten Boeing-Ladung Volksrepublik-Chinesen. Wie brave Parteifunktionäre vom Land sehen die aus. Ob sie wohl auf

Geheiß der Partei das westliche Sündenbabel besichtigen sollen? Vermutlich hat jeder einen eigenen Aufpasser dabei, denn was die hier zeigen, kennen wir in dieser Form vom Rest des prüden Amerikas nicht: Oben-ohne-Tänzerinnen schmeißen die Beine und wackeln mit dem Hintern – alles in farbenprächtigen Kostümen. Die schrille, disharmonische Musik ist nicht nach meinem Geschmack, auch wenn die Sänger und Tänzer durchaus gut sind. Unser anschließender Strip-Bummel fällt kurz aus, der Funke Las Vegas will nicht mehr überspringen. Wir schießen nicht mal ein einziges Foto.

Jetzt brauchen wir dringend ein wenig Erholung, mal wieder richtig schwimmen und relaxen, vor dem Wohnmobil sitzen und alle Viere von uns strecken. Wo geht das besser als am **Lake Powell**, einem Stausee des Colorado? Außerdem warten hier Ria und Georg auf uns.

Am See waren wir ja schon oft, aber den Staudamm haben wir aus unerfindlichen Gründen noch nicht besichtigt. Also holen wir das mal nach und schauen uns das Informationszentrum an. Oh, halt! Stopp! So einfach geht das nicht! Es könnte ja sein, dass wir Terroristen sind! Und in den USA ist erst mal jeder – egal, ob harmloser Tourist aus Germany oder sonst wer – ein potenzieller Terrorist!

Lone Rock Campground am Lake Powell

Also Taschen, Beutel usw. im Auto lassen! Geldbeutel darf man mitnehmen, denn drinnen gibt's einen Giftshop und dort soll der Tourist, sofern er sich nach der gründlichen Sicherheitsüberprüfung, die der am Flughafen in nichts nachsteht, als harmlos erwiesen hat, sein Geld ausgeben. Aber vorher wird natürlich auch noch gründlich in den Geldbeutel geguckt, denn da könnte ja auch eine Bombe drin sein. Nachdem wir ja in Kanada eingereist sind, ist dies das erste Mal, dass wir direkt mit der amerikanischen Angst vor Terrorismus konfrontiert werden. Wobei – unter Terrorismus versteht wohl jeder etwas anderes. In den Giftshops der Navajos und später auch in denen der anderen Reservate entdecken wir ein schwarzes T-Shirt. Darauf ist ein altes, sehr bekanntes Foto abgebildet, das vier Apachen mit Gewehren zeigt. Der rechte Indianer ist unverkennbar der renitente Apachenführer Geronimo, dem trotz seiner begangenen Grausamkeiten vielleicht nicht unbedingt meine Sympathie, aber doch zumindest mein Verständnis gehört. Über dem Bild steht ganz groß: „*HOMELAND SECURITY*" und darunter: „*FIGHTING TERRORISM SINCE 1492*".

Nun stehen wir im Besucherzentrum und sehen fassungslos auf den See hinunter. Lake Powell, wo ist dein Wasser geblieben? Es wurde versprüht, um auf trockenen Wüstenböden Golfplätze zu begrünen, es ist in den unzähligen Swimmingpools der Wüstenmetropolen verdunstet, wird für künstliche Wasserfälle, Fontänen und albernen Schnickschnack in Las Vegas vergeudet, ist durch ineffiziente Klospülungen gerauscht, wurde in vorsintflutlichen Bottichwaschmaschinen verplempert, auf Baumwollfeldern versprüht, von gedankenlosen Amerikanern verschwendet – und in einer Folge von trockenen Sommern und Wintern sind auch Regen und Schnee ausgeblieben. Nun wachen auch die Amis langsam auf. Mehr und mehr werden statt ewig durstiger Rasenflächen und Blumenrabatten reizvolle Wüstengärten mit gekiesten Flächen und genügsamen Kaktus- und Wüstenbepflanzungen angelegt. Auf großen Schautafeln steht, was der Einzelne zum Wassersparen beitragen kann, z. B. Frontlader-Waschmaschinen kaufen, die es in den USA zwar vermehrt gibt, deren knappes 20-Minuten-Programm aber ebenfalls einen Großeinsatz an Waschpulver und Chlor erfordert. Hier brächte wahrscheinlich nur unsere sparsame deutsche Haushaltstechnik drastischen Erfolg. Allerdings bezweifle ich, dass Amerikaner bereit wären, eine Wasch- oder Spülmaschine zu kaufen, die zwar mit extrem wenig Wasser und ohne aggressive Chemie sparsam und sauber wäscht bzw. spült, deren Programm aber mehrere Stunden dauert.

Leider hat die Erkenntnis, dass Wasser nicht unerschöpflich ist, noch nicht alle amerikanischen Gehirne erreicht. Als wir vor ein paar Tagen an einem Truckstop

Wasser in unsere Tanks füllen wollten, schoss aus sämtlichen Wasserhähnen, die wir ausprobierten, in hohem Bogen eine Wasserfontäne ungenutzt davon. Aber das regt wohl nur uns auf. Und auch diese Szene haben wir öfters beobachtet: Ein amerikanischer Camper befüllt seinen Frischwassertank. Der Schlauch wird unbeaufsichtigt in den Einfüllstutzen gehängt, das Wasser aufgedreht und dann getratscht. Irgendwann rutscht der Schlauch heraus, das Wasser spritzt ungenutzt durch die Gegend, der Schlauch wird – gemächlich – wieder eingehängt und es wird weiter getratscht ... Auch so etwas stört nur uns. Um ohne Verschwendung alleine die Tanks befüllen zu können, haben wir vorne am Schlauch ein zusätzliches Absperrventil eingefügt.

Das Wasser des Lake Powell mag gesunken sein, zum Schwimmen reicht es aber allemal – und natürlich auch, um mit Hausbooten, Motorbooten und Jetskis über den zweitgrößten Stausee der USA zu düsen. Die verzweigten Canyons, die der aufgestaute Colorado geflutet hat, bilden bei Höchstwasserstand – das letzte Mal war der See 2001 vollständig gefüllt – eine Küstenlinie, die mit ihren 3.153 km länger als die gesamte Westküste der USA ist. Es ist eine unwirklich anmutende, trotzdem faszinierende Landschaft, die der Mensch da inmitten der knochentrockenen Wüste geschaffen hat. Der Anblick des blauen Sees, der von orangeroten Felsen gesäumt ist, lässt das Herz jedes Profi- und Amateurfotografen höherschlagen – auch wenn man weiß, dass sich dieser Frevel wider die Natur ganz sicher einmal rächen wird.

Der See und die Umgebung wurden zur offiziellen National Recreation Area erklärt. Es gibt Marinas, Resorts und komfortable RV Parks. Aber kein Platz ist so schön wie der Lone Rock Campground! Sein breiter Sandstrand bietet reichlich Platz für Wohnmobile und Zelte und die Aussicht ist einfach umwerfend. Inzwischen wurde der Campground auch mit Spültoiletten und einer Dumpingstation aufgepeppt. Und wie kein zweiter Platz im ganzen Südwesten zieht er magisch die Langzeitreisenden aus Germany an. Am Abend treffen sich sage und schreibe vier deutsche Wohnmobilbesatzungen zum Tratsch am Lagerfeuer!

Schwimmen, tratschen, grillen – und auch unser Hund kommt mal wieder voll auf seine Kosten. Ohne Leine durchs Wüstengestrüpp flitzen und Kaninchen jagen – was für ein Hundespaß! Und wir dachten doch tatsächlich, wir hätten Eyleen das Hasenjagen endgültig abgewöhnt!

Damit wir auch wirklich alle Facetten des Sees kennenlernen, treibt uns ein heftiger Sandsturm ins Wohnmobil. Obwohl wir alle Luken verrammelt haben und nur ab und zu mal zum Luftschnappen die Tür öffnen, kehren wir alle halbe Stunde eine Schaufel voll Sand zusammen. Das kennen wir bisher auch nur aus alten

Wildwestfilmen. Eine andere Facette des Sees ist uns bestens bekannt: Es ist Freitagnachmittag und langsam trudeln die ersten Wochenendausflügler ein – im Schlepptau die ATVs, die Jetskis, die PS-starken Wasserflitzer. Bis zum Abend dröhnen und röhren sie über den See und durch die Dünen – und am Abend werden in den Wohnmobilen die lärmenden Generatoren eingeschaltet. Lassen wir den See und die Dünen den Krachmachern! Am nächsten Morgen düsen wir ab.

Durchs Land der Pueblo-Indianer

Eigentlich dachten wir ja, wir kennen Arizona wie unsere Westentasche. Absoluter Blödsinn, denn in Arizona könnte man sich ein Leben lang herumtreiben und doch immer wieder Neues entdecken. War uns schon der atemberaubende Blick auf den Horseshoe Bend neu, weil dieser eindrucksvolle Mäander des Colorado erst seit ein paar Jahren vom Highway 89 aus zugänglich ist, so erfahren wir hier von zwei absoluten USA-Neulingen aus Franken, dass es in der Nähe im Navajo-Reservat einen absoluten Geheimtipp gäbe, den sie gänzlich ungeheim aus dem Internet hätten. **Coal Mine Canyon** heißt dieser Tipp und liegt unweit des Highway 264.

Die Qualität der Kohle soll schlecht sein, obwohl früher in Tuba City einige Häuser damit beheizt wurden. Aber wer denkt angesichts der paar schwarzen Kohleschichten in den farbenfrohen Pinnacles und Canyonwänden schon ans Heizen! Der Coal Mine Canyon ist ein echtes Highlight – selbst für so verwöhnte Weltenbummler, wie wir es sind! Die fantastische Mischung aus Grand Canyon, Bryce Canyon und Bisti Badlands versetzt uns nicht nur in Entzücken, sondern wieder mal in einen ausgemachten Fotorausch. Aber wie auf einen richtigen Rausch folgt auch auf den Fotorausch regelmäßig der Kater: Abends sitze ich, wie so oft, vor dem Laptop und will ausmisten. Aber ich weiß nicht, welches Foto denn nun schöner ist oder besser, und eigentlich sind ja fast alle zu schade zum Löschen!

Fuhr man früher durchs Navajo- und Hopi-Reservat, häuften sich links und rechts der Highways Dosen, Tüten, Flaschen und all die hässlichen Überreste unserer „Zivilisation". Jetzt ist der Müll verschwunden. Bei den Hopis wie bei den Navajos stehen jetzt die berühmten *„adopt a highway"*-Schilder am Straßenrand. Genau wie im restlichen Amerika bezahlen nun auch in den Reservaten engagierte Privatpersonen oder Firmen dafür, dass auf bestimmten Strecken der Wohlstandsmüll beseitigt wird. Vielleicht haben Amerikas „First Nations" aber auch dazugelernt und werfen ihren Dreck nicht mehr einfach aus dem Autofenster. (Nein, man darf die Tatsachen nicht verdrehen – es waren ja auch Weiße und vor allem Touristen, die durch die Reservate fuhren und ihren Müll per Autofenster entsorgten.)

Auch die vergammelten Behausungen, die noch Anfang der 90er-Jahre das Bild der Ortschaften bestimmten, sieht man bei den Navajos kaum noch. Selbst die uralten Rostlauben, mit denen früher die meisten Native Americans herumfuhren, sind zumeist verschwunden. Inzwischen besitzen viele nigelnagelneue Pick-ups.

Sie leben seit jeher auf Tafelbergen, den so genannten Mesas, und ihr Reservat ist von allen Seiten umgeben vom Reservat der Navajos, die von jeher ihre Feinde waren. Dank eines ausgeklügelten Trockenanbaus gelang es den Hopis in der Vergangenheit, sich autark zu ernähren. Lange Jahre haben sie sich erfolgreich gegen die Segnungen der Zivilisation gewehrt. Inzwischen ist aber auch in Old Oraibi, von dem die Hopis behaupten, es wäre die älteste dauerhaft bewohnte Siedlung Amerikas, die Moderne in Form von Solarstrom eingekehrt. Sogar einen Supermarkt gibt es in Keams Canyon. Die traditionellen, mehrstöckigen Adobebauten, für die die Pueblo-Indianer bekannt sind, haben wir auf den drei Mesas jedoch nicht gefunden.

Es ist Sonntag, als wir die Fahrt über die drei Mesas antreten. Vorher haben wir allerdings an einer Seitenstraße zum Dinnebito Damm übernachtet. Jedoch nicht, ohne vorher einen zufällig vorbeikommenden Indianer um Erlaubnis zu fragen. Außerdem sind wir mal wieder beständig aufwärtsgefahren. Hatten wir am Lake Powell noch Badewetter, so mussten wir hier wieder die ganze Nacht lang die Heizung durchlaufen lassen und am Morgen blühen auf unserer großen Dachluke Eisblumen.

Im Kulturzentrum auf der Second Mesa führen Kinder traditionelle Tänze vor. Noch mehr als alle anderen Stämme, die ihre alten Riten und Tänze zum Teil mühsam wiederbeleben müssen, sind die Hopis nach wie vor in ihren altüberlieferten Traditionen verwurzelt und geben diese gezielt an ihre Kinder weiter. Auch alte religiöse Riten werden noch immer gepflegt.

Im Kulturzentrum können wir auch die Kunsthandwerker bei der Herstellung ihres berühmten, aber leider sehr teuren Silberschmucks beobachten. Auch ihre Keramiken und die traditionellen Kachinapuppen gefallen uns. Gerne würden wir das eine oder andere Stück trotz der hohen Preise kaufen. Aber wir werden ja noch eine ganze Weile unterwegs sein und haben Bedenken, dass die hübsch bemalten, aber leider zerbrechlichen Gefäße das Gerüttel im Staukasten nicht überleben könnten.

Auf der Suche nach Gold marschierte im Jahr 1540 Francisco de Coronado von Süden her ein. Er unterwarf und versklavte die Hopis. Sie wurden zwangsbekehrt, die uralten religiösen Riten verboten, die heiligen Kivas zugeschüttet (eine Kiva ist ein runder, meist halb oder ganz unterirdischer Zeremonien- und Versammlungsraum der Pueblokulturen). Obwohl Hopis, wie die meisten Pueblo-Indianer, ausgesprochen friedliebend waren und sind, verbündeten sie sich mit den anderen Pueblostämmen und beteiligten sich schließlich 1680 am großen Pueblo-Aufstand. Sie töteten alle Mönche und zerstörten die Missionsgebäude. Auch auf zukünftige Versuche der Spanier, neue Missionen zu errichten, reagierten die Hopis feindselig.

Mehr über die Hopis, besonders auch über ihre Mythen und Weissagungen steht unter:

www.de.wikipedia.org/wiki/Hopi

„Land der Verzauberung" nennt sich New Mexico, der Staat mit den vielen Tafelbergen. Wir biegen von der I-40, die an Gallup vorbei nach Albuquerque führt, ab und nehmen die Straße zum **Acoma Pueblo** unter die Räder. Die tief stehende Sonne taucht die skurrile Felslandschaft in ein warmes Licht und lässt die knolligen Felstürme wie verzaubert rotgold glühen. Ob es dieser Anblick war, der zur Legende von den sieben goldenen Städten von Cibola führte? Bereits 1539 faselte ein gewisser Marcos de Nica, der auf einer Expedition von den Acoma zwar gehört hatte, ihnen aber nie begegnete, von einer Stadt voll Gold und Silber. Kein Wunder, dass dies die unersättliche Goldgier der Spanier weckte. Den Pueblo zu erobern war allerdings nicht ganz so einfach. Gelegen auf einer Mesa, die gut 120 m aus der Steppe ragt, war er relativ einfach zu verteidigen. Man konnte das Dorf nur über eine Treppe betreten. An der Felskante lagen stets Steine in verschiedenen Größen bereit, die auf Angreifer herabgerollt werden konnten, ohne dass sich die Verteidiger zeigen mussten.

Nach mehreren Scharmützeln wurde der Acoma Pueblo im Januar 1599 nach einem dreitägigen Kampf von den Spaniern erobert. 800 von schätzungsweise 6.000 Acomas verloren dabei ihr Leben. Aus Rache, weil bei vorangegangenen Kämpfen auch einige Spanier getötet worden waren, wurde allen männlichen Acomas über 25 Jahren ein Fuß abgehackt. Außerdem mussten sie 20 Jahre lang bei den Spaniern *Dienst leisten*. Auch alle männlichen Einwohner zwischen 12 und 25 wurden zum Dienst gezwungen, ebenso die Mädchen und Frauen, die älter als 12 Jahre waren.

Die Mönche und Missionare, die den Konquistadoren stets im Schlepptau folgten, *bekehrten* natürlich auch die Acoma, errichteten auf einer Kiva eine Kirche und verboten die Ausübung ihrer *heidnischen* Rituale. 1680 beteiligten sich die Acoma am großen Pueblo-Aufstand.

Heute nennt sich der Acoma Pueblo stolz **Sky City** und genau wie die Hopis in Old Oraibi behaupten die Acoma, dass er seit Mitte des 12. Jahrhunderts dauerhaft besiedelt und damit die älteste Ansiedlung Nordamerikas wäre. Ganz unbestritten liegt Sky City dramatisch auf einer Mesa, eingerahmt von bizarren, farbigen Felsformationen. Diese fotogene Lage verhalf den Acoma zu einer glatten, bequemen Teerstraße zum Pueblo hinauf, die von einer Filmgesellschaft bezahlt wurde. Bereits zu Stummfilmtagen wurde hier gedreht und natürlich benutzte auch der legendäre John Ford die Gegend als Naturkulisse.

Wer heute den Acoma Pueblo besichtigen will, muss nicht über Treppen hinaufsteigen. Er wird bequem mit einem Tourbus hinaufgekarrt, denn der Pueblo darf nur mit einem Führer besichtigt werden. Vorher muss allerdings kräftig Eintritt berappt und außerdem für eine Fotoerlaubnis gelöhnt werden. Man kann es ihnen nicht verdenken – die Acoma haben vom weißen Mann gelernt. Lebten sie vor noch nicht allzu langer Zeit am Existenzminimum, spielen heute Ackerbau auf kargem, trockenem Boden und der Verkauf von Schmuck und Töpfereien nur noch eine untergeordnete Rolle. Der Tourismus, und vor allem das Casino, das der Stamm unweit der Interstate betreibt, sind wesentlich einträglicher.

Der alte Pueblo mit seinen mehrstöckigen Lehmziegelhäusern, zu deren oberen Stockwerken weiße Leitern hinaufführen, ist jedoch ungemein sehenswert und bestens in Schuss gehalten – auch wenn er nur noch von wenigen Acoma bewohnt wird. Auf dem Tafelberg gibt es kein fließendes Wasser, keine Brunnen, sondern nur Zisternen. Statt einer Kanalisation stehen bunte Dixie-Klohäuschen vor der Kirche, Strom liefern ein paar Generatoren. Die Jungen sind längst nach unten in bequemere Häuser gezogen. Unser aufwändig mit Türkisen geschmückter Führer erzählt mit viel Pathos die Geschichte des Pueblos, berichtet von den Gräueln und Zwangsbekehrungen und die weißen amerikanischen Touristen müssen nicht mal ein schlechtes Gewissen haben. Sie haben zwar so manchen Stamm fast ausgerottet, aber das mit den Zwangsbekehrungen waren die Spanier. Die meisten Touristen sind ohnehin Deutsche. Wir Deutschen haben ja bekanntermaßen auch so allerhand auf dem Kerbholz – aber hier sind wir unschuldig und dürfen uns ehrlich entrüsten. Ja, und weil es schon reichlich spät ist, übernachten wir praktischerweise gleich unten am Casino.

Wir haben zwar noch den Taos Pueblo auf dem Programm, aber vorher wollen wir nach Albuquerque. Albuquerque hat eine reizvolle Altstadt – aber deswegen sind wir nicht hier. Wir wollen uns das jährliche Ballonfestival, das noch bis zum

Wochenende dauert, nicht entgehen lassen. Am Morgen stehen wir in aller Herrgottsfrühe auf, weil angeblich um 6 Uhr die ersten Ballons starten. Fehlgeleitet von unserer elektronischen Susi verpassen wir die Zufahrt zum offiziellen Gelände und erwischen durch Zufall, bevor er dichtgemacht wird, noch auf den letzten Drücker einen Platz am Ortsrand in der Nähe einer Tankstelle. Sind wir durch Zufall hier, so haben sich die Einheimischen diesen Platz mit Bedacht ausgesucht. Wir merken sehr schnell, dass dieser Platz noch besser als das offizielle Gelände ist, denn der Wind dreht und die zweite Welle der Ballons treibt fotogen genau über unsere Köpfe hinweg. Noch dazu landen mehrere Ballons in unserer unmittelbaren Nähe. Außerdem erfahren wir noch, dass die Hauptstarts am Wochenende vermutlich wegen starker Winde abgesagt werden. Deshalb startet heute außerplanmäßig die große Masse der Ballonfahrer. Peter fotografiert wie wild und erst als die letzten Ballons gestartet und abgetrieben sind, gönnen wir uns ein zweites Frühstück.

Länger als ein bis zwei Tage halten wir es in den großen Städten nicht aus, schon gar nicht, wenn wegen des Festivals so viele Menschen unterwegs sind. Die schwirren jetzt auch durch Santa Fe, tappen durch jedes Fotomotiv und natürlich bevölkern sie auch die Hauptstraße von Madrid! Nicht Madrid in Spanien, sondern Madrid, New Mexico, eine ehemals blühende Bergwerksstadt, die schon zur Geisterstadt geworden war. Eine ganze Reihe mehr oder weniger verrückter Künstler haben den Ort zu neuem Leben erweckt. Es muss wohl nicht extra erwähnt werden, dass Madrid heute genauso ausgeflippt aussieht wie seine Bewohner. Türkise Türen, farbige Dekorationen, Harleys in Reihe – da lacht das Fotografenherz!

Das knauserige Travellerherz lacht, weil es am Santa Cruz Lake einen traumhaft schönen, ruhigen und noch dazu kostenlosen Campground gibt, den wir trotz Susi und trotz der fehlerhaften Wegbeschreibung in **Don Wright's Guide to Free Campgrounds** finden. Leider ist das Schwimmen im See wegen starker Unterwasserströmungen verboten.

Ausgeruht und entspannt können wir unserem Lieblingspueblo einen zweiten Besuch abstatten. Auch der Taos Pueblo wurde auf der Suche nach den goldenen Städten von Cibola entdeckt. Er liegt malerisch beidseitig des glasklaren Willow Creeks, der auch im Winter nicht ganz zufriert und von jeher die Wasserversorgung sicherte. 1992 erklärte die UNESCO den Taos Pueblo zum Weltkulturerbe. Die mehrstöckigen Lehmziegelbauten, die regelmäßig mit Lehmschlamm verputzt werden, sind bestens gepflegt und noch heute bewohnt. Als Tribut an die veränderten Zeiten wurden in den einstmals fensterlosen Gebäuden, die mittels Leitern

Taos Pueblo

über die Dächer betreten wurden, Fenster und Türen eingefügt. Die Leitern werden jedoch auch heute noch benutzt.

Natürlich wurden auch die Bewohner des Taos Pueblos *bekehrt* – ob freiwillig oder nicht, sei dahin gestellt. Allerdings sind sie auch heute noch zu 90 % römisch-katholisch – unter Beibehaltung und Integration überlieferter Riten, die gegenüber Außenstehenden jedoch geheim sind. Die ebenfalls aus Adobe-Mauern erbaute Kirche darf von innen nicht fotografiert werden.

Wenn man durch den Pueblo geht, fallen die vielen kuppelförmigen, aus Lehm gebauten, ganz offensichtlich afrikanischen Backöfen auf. Wie kommen afrikanische Backöfen in einen indianischen Pueblo in New Mexico? Ganz einfach: Mit den spanischen Missionaren, die neben dem Christentum ausnahmsweise auch etwas Brauchbares mitbrachten. Die Technik des Ofenbaus hatten die Spanier von den Mauren gelernt, die Jahrhunderte in Andalusien geherrscht hatten. So etwas Ähnliches wie Globalisierung gab es also damals schon.

Der Taos Pueblo, von dem selbstverständlich auch behauptet wird, die älteste, dauerhaft besiedelte Ansiedlung der USA zu sein, darf ohne Führer besichtigt werden. Verständlicherweise erst nachdem man für Eintritt und Foto gelöhnt hat. So manche Küche oder Wohnstube ist mit einem Laden kombiniert. Als wir 1992 das erste Mal mit einem Pkw hier waren, hatten wir uns ein wenig geniert, das fremde Exotische so zu bestaunen. Wir erinnern uns an einen älteren Indianer, der sich mit fotogener Zöpfchenfrisur und mit Türkisen geschmückt vor seinem Haus in Positur gesetzt hatte. $ 2 hatte es gekostet, ihn zu fotografieren. Peter, der zwar ein Foto von dem Alten wollte, sich aber komisch dabei vorkam, einen Menschen wie einen Affen im Zoo zu fotografieren, hatte den Obolus gelöhnt und einmal kurz und diskret abgedrückt. Wir waren schließlich Touristen und der Alte lebte davon. Der japanische Profifotograf, der zur gleichen Zeit wie wir fotografierte, hatte da weniger Skrupel: Mit gezücktem Belichtungsmesser maß er sämtliche Ecken aus, bis der Alte meckerte, dass er für nur $ 2 nicht so viel Aufwand betreiben und auch nur einmal abdrücken dürfe.

Wir erinnern uns noch an den Hauseingang, in dem der alte Indianer saß. Heute verkauft der Sohn dort *Indian jewelry*. Ja, seinem Vater ginge es noch recht gut, erklärt er uns, aber zum Modellsitzen wäre er wirklich schon zu alt.

In einem unserer alten Reiseführer hatten wir damals von der angeblichen Arroganz der Pueblobewohner gelesen. Wir können das wirklich nicht bestätigen. Wir empfinden die Menschen als freundlich, aber zurückhaltend. Die Ladenbesitzer sind unaufdringlich – und letztendlich bewahrheitet sich der Spruch: Wie man in den Wald hineinschreit, so schallt es auch wieder heraus. Und dass man, auch wenn man für den Eintritt gelöhnt hat, die Privatsphäre der Menschen, die dort ja schließlich leben, berücksichtigt, versteht sich für uns von selbst.

Am Abend genießen wir wieder einmal einen *wilden Campground* – eine riesige Rest Area direkt an der **Rio Grande Gorge**. Der Rio Grande ist hier zwar noch nicht *grande*, aber die Schlucht, die er gebildet hat, ist ungemein beeindruckend. Außerdem führt an der Gorge ein 9 Meilen langer Rim Trail entlang. Wir wollen zwar keine 18 Meilen laufen, aber unser Hund kommt mal wieder zu einem ausgiebigen Spaziergang ohne Leine. Später sitzen wir im Wohnmobil und genießen etwas ganz Besonderes: Baguette mit Brie und Emmentaler Käse – Köstlichkeiten, die wir in Santa Fe bei Trader Joe's gekauft haben.

Trader Joe's ist übrigens ein echter „Aldi Ableger" mit dem Hauptaugenmerk auf Feinkost und Biolebensmittel. War er bisher nur in den Städten des Westens vertreten, so arbeitet sich Trader Joe's inzwischen auch langsam nach Osten vor.

💻 www.traderjoes.com

Snowbirds

Der Highway 64 windet sich aufwärts durch National Forest und Ranchland. Der Herbst hat das Laub der Birken leuchtend gelb gefärbt, dazu scheint die Sonne von einem tiefblauen Himmel, der mit weißen Wolken gemustert ist. Es sind diese satten Farben, die wir bei uns zu Hause vermissen. Nie haben die Fotos von unserer so wunderschönen Fränkischen Schweiz dieses kräftige Leuchten der Farben, nie diesen blauen Himmel – da helfen weder Polfilter noch Tricksen mit der Bildbearbeitung. Hier in diesem weiten, dünn besiedelten Land ist die Luft frei von Industrieabgasen und vermutlich trägt auch die extreme Höhe das Ihre dazu bei. Man könnte glatt schon wieder in einen Fotorausch verfallen. Zwar war am Morgen das Thermometer auf -2 °C gefallen und auf unserer Dachluke blühten die Eisblumen, aber demnächst soll es ja endgültig nach Süden gehen. Demnächst – denn zuerst führt uns der Highway nach Colorado, das mit seinem bunt gefärbten Laub seinem Namen alle Ehre macht. Es ist eine wahre Freude, über einsame Landstraßen durch diese Landschaft zu fahren. Einmal mehr gilt für unsere Reise der Spruch: Der Weg ist das Ziel! An einem kleinen Trailhead an einer Forststraße beenden wir den Tag, gönnen uns und unserem Hund einen ausgedehnten Spaziergang durch herrlich frische Luft – und müssen natürlich wieder mal die ganze Nacht durchheizen, denn morgens ist das Thermometer auf -3 °C gefallen.

Dunkle Wolken ziehen von allen Seiten auf, ein heftiger Wind schüttelt unseren Camper und nun mischen sich auch noch Schneeflocken zwischen die Regentropfen. Wollten wir nicht nach Süden? Ja schon, aber jetzt fahren wir eindeutig nach Norden. Wir haben Colorado hinter uns gelassen und wollen zum **Arches National Park**. Klar, da waren wir schon mal – damals mit dem Miet-Pkw. Wir hatten bedauert, dass wir diese großartige, exotische Landschaft im Schnelldurchgang absolvieren mussten und uns vorgenommen, dereinst mit viel Zeit wiederzukommen – zum Wandern und Genießen.

Bei diesem Wetter, so hoffen wir, ist vermutlich nicht mehr viel los und nach unserem Hund kräht kein Hahn! Denkste! Zuerst bessert sich das Wetter, es wird wärmer und gleich am Eingang fragt uns eine strenge Rangerin, ob wir einen Hund dabeihätten. Sie drückt uns auch gleich ein Merkblatt in die Hand. Hunde dürfen hier nämlich gar nichts! Gut, sie dürfen mit in den Park hinein und am Parkplatz an der Leine laufen, aber keinesfalls auf die Trails – wobei ein knapp 100 m langer Betonweg zu einem Viewpoint bereits ein Trail ist.

Schneller als der schnellste japanische Schnelltourist absolvieren wir den Park. Wir flitzen ohne Hund über ein paar kürzere Wanderwege oder Peter bleibt genervt bei seinem Vierbeiner und ich sprinte mit der Kamera los. Das macht Spaß! Natürlich will ich am Spätnachmittag unbedingt noch einmal ein Foto vom berühmten Delicate Arch machen! Ja, in einem unserer zahlreichen sperrigen

Alben kleben schon ein paar – aber ich will da noch mal rauf. Peter weigert sich, den armen Hund noch einmal alleine zu lassen, drum schlüpfe ich draußen heimlich in meine Wanderschuhe – unsere Eyleen verstünde die Welt nicht mehr, wenn sie mich so sähe und sie dürfte nicht mit – schleiche mich davon und flitze im Affenzahn zum Arch hinauf. Hier ist inzwischen deutlich mehr los als 1992 und den berühmten Bogen ohne darin herumtappende Touristen vor die Linse zu kriegen erfordert Geduld.

Auf den Campingplatz des Nationalparks dürfen Hunde – aber warum sollen wir dafür Geld bezahlen, wenn wir wissen, dass man draußen am Slick Rock Parkplatz, wo wilde Mountainbike-Touren starten, umsonst stehen kann. Und dort muss unser Hund nicht an der Leine im Kreis herumgeführt werden, sondern kann sich austoben. Noch dazu stehen wir hier mit unserem Wohnmobil in wilder Kulisse. Sehr schnell merken wir auch, dass hier die *Hunderennstrecke* der Einheimischen wie auch der Touristen beginnt, denn als Peter am nächsten Morgen mit Eyleen zu einer ausgedehnten Runde unterwegs ist, steht plötzlich der riesige Rottweiler eines kanadischen Ehepaars im Wohnmobil und leert in Sekundenschnelle Eyleens Futterschüssel.

Am **Dead Horse Point** darf auch Eyleen den dramatischen Blick auf die 180°-Kehre des Colorados bewundern. Das auf 1.730 m Höhe gelegene Plateau ist mittlerweile ein State Park – mit Visitor Center, Eintrittsgebühr, geteertem Parkplatz, Picknicktischen, Toiletten und Campingplatz. Bei unserem ersten Besuch war dies noch Wildnis, was uns persönlich besser gefallen hatte. Aber immerhin – unser Hund wird nicht zum Wohnmobil-Arrest verdonnert.

Das Hochplateau mit den allseits steil abfallenden Kanten wurde im 19. Jahrhundert als natürliche Pferdekoppel genutzt. Da es mit der restlichen Hochebene nur durch eine schmale, an der engsten Stelle gerade mal 27 m breite Landbrücke verbunden ist, konnte man diese leicht mit Gestrüpp und Ästen verbarrikadieren. Die wilden Mustangs wurden dort hingetrieben und die besten zur Zucht aussortiert. Niemand machte sich die Mühe, die restlichen Pferde wieder freizulassen. In dem knochentrockenen Gebiet gab und gibt es weder Wasser noch Futter und keinerlei Schatten. Die bedauernswerten Tiere mussten beim Anblick des 600 m tiefer liegenden Colorados verdursten.

Auch den **Canyonlands National Park** haben wir damals im Schnelldurchgang absolviert. Nun freuen wir uns auf einen Besuch mit viel mehr Zeit, denn in unseren Unterlagen steht, dass Hunde nur im *backcountry* verboten wären. Na, damit haben wir kein Problem, denn für die großen Mehrtageswanderungen, die dort beginnen, sind wir nicht ausgerüstet. Nur müssen wir sehr schnell feststellen, dass

Der Dead Horse Point

das Backcountry dort anfängt, wo der schwarze Teer aufhört. Selbst auf den ganz kurzen Strecken, die nur 50 m weit zu einem View Point führen und mit rosa Beton befestigt sind, stehen die berühmten Schilder mit dem Hundeverbot. Da könnte man schon ausflippen. Trotzdem bleiben wir bis zum Abend, denn wir werden von super Wetter verwöhnt. Allerdings schenken wir uns den nördlichen Teil des Canyonlands National Parks – wenn unser armer Hund nicht mal auf die kürzesten Wege darf, haben wir keine Lust dazu.

Glücklicherweise entdeckt man bei der Suche nach Auslauf für den Hund auch immer wieder so einsame und wilde Plätze wie das Recapture Reservoir. Richtung Monticello folgen wir der Abzweigung zu einer Recreation Area. Von Weitem sehen wir einen See, in dem doch tatsächlich die Straße endet. Des Rätsels Lösung: Als das Reservoir gefüllt wurde, ertrank der alte Highway in den Fluten – und wie uns von Anglern erzählt wird, landete auch das eine oder andere Auto unfreiwillig im Wasser. Inzwischen versperrt eine Barriere das unbedachte Hinunterfahren und der ertrunkene Highway dient als Bootslaunch. Wir erklären das Gelände sofort zum wilden Campingplatz – ganz für uns alleine – und auch unser Hund kommt hier mal wieder richtig auf seine Kosten.

Gerne wären wir länger geblieben. Aber obwohl es gestern ungewöhnlich warm war, schafft das Thermometer morgens nur mickerige 2 °C. Nun hält uns nichts mehr. Auf in die Wärme! Durch Wüste und das Land der roten Felsen düsen wir Richtung Arizona, streifen das Monument Valley und widerstehen der Versuchung, es ein drittes Mal zu besuchen. Wir haben die 17-Meilen-Runde durch die Wildwestfilmlandschaft bereits mit dem Miet-Pkw und einmal mit den Fahrrädern erkundet. Fürs Wohnmobil ist die Abfahrt zu steil, Fahrräder haben wir keine dabei, zu Fuß kommt man nicht weit – und uns mit einem Touristenvehikel durchschleusen zu lassen, haben wir wirklich keine Lust.

Wir sind wieder in Arizona. Beim Klang des Namens denkt man automatisch an Wüste, an Kakteen und flirrende Hitze. Aber hier auf ca. 2.100 m Höhe wachsen keine Kakteen, sondern Kiefern. Und jetzt, Ende Oktober, ist es bereits lausig kalt. Wir haben uns zum Übernachten eine wilde, aber durchaus legale Stelle im **Coconino National Forest** kurz vor **Flagstaff** gesucht. Schon zum Abendessen müssen wir die Heizung anschalten und morgens zeigt das Thermometer mal wieder frostige -1 °C. Zusätzlich pfeift uns ein derart eisiger Wind um die Ohren, dass es sich anfühlt wie -10 C°. Nichts wie raus aus der Kälte! Die Wärme ist nicht mehr weit! Von Flagstaff nach Phoenix sind es auf der I-17 nur schlappe 144 Meilen.

Auf dem Freeway rollen wir abwärts – Meile um Meile geht es mit 6 % Gefälle kontinuierlich nach unten und man kann regelrecht zusehen, wie das Thermometer steigt. Auch die Vegetation ändert sich. Die Kiefern verschwinden, machen Platz für niederen Wacholder und Mesquite-Sträucher. Dazwischen wachsen die ersten kleinen Prickly Pear Kakteen, und von rechts leuchten die roten Felsen des Oak Creek Canyon herüber. Als der erste Wüstenbergzug vor uns auftaucht, ist das Thermometer bereits auf 16 °C geklettert, obwohl wir noch immer auf über 1.300 m Höhe sind. Beim Überqueren des Höhenzuges fällt das Thermometer kurzfristig wieder. Dann rollen wir weiter abwärts. Bei 1.000 m wachsen an den Südhängen die ersten großen Kandelaberkakteen, die Saguaros, und kurz vor **Phoenix**, nicht mehr als 200 km südlich von Flagstaff, jedoch rund 1.760 m tiefer, schaltet Peter die Klimaanlage an. Die Hitze hat uns wieder! Bis wir in **Yuma** sind, einer rasant wachsenden Wüstenstadt an der Grenze zu Kalifornien und Mexiko, klettern die Mittagstemperaturen auf annähernd 40 °C. (Im Sommer soll es hier so heiß sein, dass man auf dem Asphalt Eier braten kann …)

Genüsslich rekeln wir uns im Schatten des Wohnmobils in unseren Liegestühlen, ziehen uns einen Schmöker rein oder genießen es, einen ganzen See für uns alleine zu haben. Keine 5 m entfernt plätschern leise die Wellen des **Senator Wash**

Lakes ans Ufer. Wir machen Urlaub vom Reisen! Da wird sich nun vermutlich so manch malochender Leser an den Kopf fassen und denken: „Jetzt machen die schon seit Monaten nichts anderes, als im Wohnmobil herumzukurven – und davon müssen die sich jetzt auch noch erholen und *Urlaub* machen?"

Camping am Senator Wash Lake

Ja, immer wenn wir lange Zeit herumgezogen sind, dann brauchen wir das. Einfach mal stehen bleiben, mal nicht den Motor anwerfen, morgens nicht aufwachen und überlegen: „Wo sind wir eigentlich gerade?" Vor allem einer braucht diesen Urlaub von der ständigen Fahrerei: unser Hund. Unsere Eyleen, die sich bisher tapfer geschlagen hat, hat sich zusehends gegen das tägliche Fahren gesträubt. Wie früher saß sie jammernd und hechelnd im Wohnmobil, sabberte die Schaltung voll, marschierte nach hinten, rum ums Tischbein, wieder zurück ins Fahrerhaus, sabberte wieder die Schaltung voll … Auch ihr zuliebe müssen wir nun eine deutliche Pause einlegen.

Wir sind nicht die Einzigen, die vor dem beginnenden Winter in wärmere Gefilde geflüchtet sind. Aus Kanada, Washington, Oregon, Idaho und Montana, aus allen kalten Staaten rücken jetzt die *Snowbirds* an – mit überdimensionalen 5th-Wheel-Gespannen, kleinen Pick-up-Campern, luxuriösen Riesenmotorhomes, alten Klapperkisten und sogar mit Zelten. Viele bleiben gleich in Yuma auf den zahlreichen privaten RV Parks. Die sind zwar eng und hässlich, bieten aber den Luxus des *full hook-up*, das heißt, viele Ampere aus der Steckdose für Klimaanlage, Mikrowelle, TV, Toaster usw. und Wasser- und Abwasseranschluss direkt am Wohnmobil. Aber die *richtigen* Snowbirds suchen Yuma nur zum Einkaufen auf. Ihr Winterdomizil liegt gut 25 km außerhalb, draußen am Imperial Dam, in der kalifornischen Wüste. Gegen eine Gebühr von $ 180 können die Snowbirds jenseits des Colorados, der hier die Staatsgrenze bildet, das Winterhalbjahr über campen. Das Büro für Landmanagement hat Dumpingstationen und Wasserzapfstellen eingerichtet, an einigen Stellen Toilettenhäuschen aufgestellt und sogar eine Kläranlage installiert. Wir jedoch stehen unten am Senator Wash Lake, einem Reservoir, das natürlich ein Ableger des Colorados ist. Das hat nicht nur den Vorteil, dass es direkt am Wasser kühler ist und wir zum Schwimmen keine 10 m laufen müssen, sondern wir haben unter der Woche wirklich einen ganzen See für uns alleine! Die amerikanische Rentner oben amüsieren sich über die verrückten Germans da unten, die ständig in dem kalten (ca. 21-22 °C) Wasser herumschwimmen. Ab und zu kommt mal von oben jemand runter, steigt in voller Montur bis zu den Oberschenkeln oder manchmal sogar bis zum Bauch ins Wasser und verduftet dann wieder. Am Wochenende kommen einige Familien aus der Umgebung mit ihren Krachmaschinen angerückt, knattern auf ATVs (all-terrain vehicles) über die Wüstenberge (selbst 6-jährige Kinder düsen schon motorisiert durchs Gelände) oder dröhnen mit Jetskis auf dem See herum. Aber weder die jungen Leute noch ihre Kinder können schwimmen! Wenn die Kinder mal im Wasser plantschen, dann nur mit Schwimmweste – und natürlich immer mit T-Shirt und Shorts oder Jeans. Obwohl wir das ja von vergangenen Reisen kennen, wundern wir uns jedes Mal darüber.

Montags herrscht wieder Ruhe am See. Morgens, wenn die Temperaturen noch erträglich sind, unternehmen wir ausgedehnte Spaziergänge durch die Wüste, tagsüber schwimmen wir und abends steigen wir auf einen der Wüstenberge hinauf, genießen das Panorama und den Blick auf unseren geliebten Wüstensee. Nachts hören wir die wilden Esel schreien. Auch am Tag sieht man sie manchmal, gelegentlich auch einen Kojoten. Wenn die wilden Wüstenbewohner in der Nacht allerdings näher an unser Wohnmobil herankommen, fängt Eyleen wütend an zu bellen.

Auch sie genießt diesen *Urlaub* und taut wieder richtig auf – obwohl es teilweise über 40 °C heiß ist. Aber wie heißt es doch so schön: „Es gibt kein schlechtes Wetter, sondern nur unzureichende Bekleidung!“ Bei diesem Spruch denkt

Abendstimmung über der Long Term Camping Area Winterhaven

man ja eher an unser heimisches Schmuddelwetter – hier in der Wüste hat der Spruch eine andere Bedeutung. Ein zäher, alter Ami, der bei dieser Affenhitze mittags in der Gegend herumwandert, erklärt uns: „Ein wenig warm ist es schon. Man braucht halt einen guten Hut."

Sehr schnell merken wir auch, dass unsere Wetteregeln, die sich 100 %ig auf fränkisches Sauwetter anwenden lassen, in der Wüste keine Gültigkeit haben. Vor ein paar Tagen zogen am Himmel erst Zirren und dann Schäfchenwolken auf, Sonne und Mond umgaben riesige Halos. „Untrügerische Anzeichen für Sturm und Regen", hatten wir als Segler mal gelernt. Das gilt ganz sicher an Nord- und Ostsee, am Atlantik und an fränkischen Baggerseen – aber nicht in der kalifornischen Wüste! Nach wie vor erfreut uns schönstes Wetter. Die Schäfchenwolken haben sich verzogen und die Sonne strahlt von einem tiefblauen Himmel – es ist nur nicht mehr ganz so heiß.

Wenn der Winter naht, ziehen die amerikanischen und kanadischen Snowbirds nach Süden. Die meisten zwar nur bis in die kalifornische Wüste oder nach Südarizona, aber manche ziehen weiter bis nach Mexiko. Die deutschen Snowbirds müssen nach Mexiko. Das Visum für die USA gilt in der Regel nur sechs Monate, dann muss man über die Grenze – nach Kanada oder im Winter nach Mexiko.

Unser Visum gilt zwar bis Februar, aber das bringt uns nicht weiter, weil wir spätestens ab März wieder in den USA sein wollen und uns so langsam Richtung Nordosten, West Virginia und Baltimore oder Halifax vorarbeiten müssen. Mit Rücksicht auf unseren Hund, der sich zunehmend gegen das viele Fahren wehrt, haben wir inzwischen das *mainland* Mexikos aus unserer Reiseroute gestrichen und werden uns auf die mexikanische Halbinsel Baja California beschränken.

Nach sage und schreibe vier Wochen Relaxen am Senator Wash Lake verlassen wir Winterhaven bei Yuma und nehmen die Interstate. Sie führt durch eine Landschaft, die zwar durchaus interessant, aber zugleich abweisend und lebensfeindlich ist. Zuerst ziehen sich ausgedehnte Sanddünen entlang der Fahrbahnen. Hier finden sich immer wieder freie Campingmöglichkeiten des BLM (Bureau of Land Management) und auch wir nutzen die Möglichkeit für eine Nacht. Vor allem aber werden diese freien Plätze in der Wüste von jenen genutzt, die mit ihren ATVs lärmend und knatternd über die Dünen pflügen.

Dann geht es für uns durch knochentrockene Wüste aufwärts. Waren es zuerst noch Sanddünen, so fahren wir heute durch eine Geröllwüste. Zwischen den Steinen wachsen kleine Kakteen und auch hin und wieder ein paar dürre Ocotillostangen und Agaven. Langsam und kontinuierlich zieht sich die Interstate zu einer Passhöhe hinauf. In regelmäßigen Abständen stehen Behälter mit Kühlerwasser am Seitenstreifen, schließlich wird es im Sommer hier locker an die 50 °C heiß. Derart lange Anstiege kennt man bei uns nicht. Innerhalb weniger Meilen klettern wir von Meereshöhe auf über 1.200 m. Oben auf der Passhöhe drehen sich riesige Windrotoren und verwandeln den heißen Wüstenwind in elektrischen Strom. Sie versorgen das nahe Casino des El Campo Indianerreservates mit der nötigen Energie. Dann geht es wieder abwärts. Die Wüste wird zur Halbwüste mit Buschwerk, hartblättrigen Bäumen und sogar vereinzelten Kiefern.

Bevor wir die Grenze überqueren, müssen wir noch zwei wichtige Dinge erledigen: eine Kfz-Versicherung für Mexiko abschließen und einen großen Sack Royal Canin kaufen, was dummerweise das einzige Trockenfutter ist, das unser Hund akzeptiert. (Okay, ich weiß, daran sind wir selbst schuld, hätten halt den Köter nicht so verwöhnen sollen …)

Das mit der Versicherung ist relativ schnell erledigt. Calexico, wo der Versicherungsmakler Oscar Padilla sein Büro betreibt, liegt quasi am Weg bzw. nur wenige Meilen von der I-8 entfernt. Nun könnten wir eigentlich bei Tecate über die Grenze fahren, was am einfachsten und stressfreiesten wäre. Nur haben wir dummerweise noch immer kein Royal Canin gefunden. Nie hatten wir Probleme, das Zeug zu kaufen – es wird schließlich in den USA hergestellt –, aber jetzt sind entweder die Läden geschlossen (es ist Thanksgiving) oder es wird nicht geführt. Also weiter nach Chula Vista. Dort ergattern wir endlich bei Petco einen großen Sack.

Es ist ziemlich spät geworden. Der Einfachheit halber wollen wir gleich am Walmart übernachten – aber was zum Teufel ist hier los? Morgen, am Tag nach Thanksgiving, beginnt die größte Einkaufsschlacht des Jahres. Um 5 Uhr morgens öffnen die Geschäfte – und die besten Schleuderpreis-Schnäppchen sind wahrscheinlich schon kurz darauf ausverkauft. Nach dem Motto „Wer zu spät kommt, den bestraft das Leben!" rücken die Schnäppchenjäger mit Decken und Schlafsäcken an und nächtigen vor dem Walmart, vor dem Elektronikriesen Best Buy, vor den Klamottenläden. Aber nicht etwa wild durcheinander, sondern gesittet in eigens mit gelben Bändern abgesteckten Reihen.

Es wird eine unruhige Nacht, denn laufend kommen neue Autos an, heulen Alarmanlagen auf und Peter schielt immer wieder auf die Uhr und zum Fenster hinaus, denn er will den Sturm auf die Läden miterleben. Aber der Sturm, so wie man ihn bei uns von früheren Schlussverkäufen kennt, wo zu allem entschlossene Hausfrauen punkt 8 Uhr die Läden stürmten und sich an den Wühltischen um die Angebote rauften, bleibt aus. Amerikanische Schnäppchenjäger stehen mit ihren Einkaufswagen gesittet in der Schlange, niemand schubst, niemand drängelt sich vor. Anschließend wird die Beute, hauptsächlich Elektronik und Kinderspielzeug, zu den Autos geschleppt.

Wir haben vor dem Grenzübertritt noch eine wichtige Amtshandlung zu erledigen. Damit man uns in Mexiko nicht mit den unbeliebten US-amerikanischen *Gringos* verwechselt, wird die Motorhaube unseres Wohnmobils mit einem großen **Alemania** versehen. Den Aufkleber haben wir uns bereits zu Hause anfertigen lassen. Kanadier kleben zu diesem Zweck ein großes Ahornblatt an die Windschutzscheibe.

Baja California

El Requesón

Um 1.000 *curvas peligrosas* nach Süden

Damals, auf unserer großen Wohnmobilreise, wurden wir in San Ysidro die weißen Sticker in unseren Pässen nicht los, was uns hinterher ziemliche Scherereien bereitete. Das ist der Grund, weshalb wir heute in Otay Mesa die Grenze überqueren wollen. Aber es ist wie verhext – genau wie in San Ysidro findet sich keine Möglichkeit, beim amerikanischen Zoll zu halten, und ehe wir uns versehen, sind wir schon drüben bei den Mexikanern, die sich aber auch nicht für uns interessieren. Schließlich hält Peter irgendwo am Zaun und ich laufe verkehrswidrig zu Fuß zu den Amis zurück. Die schauen mich groß an, kapieren erst nicht, was ich will, nehmen dann aber doch unsere weißen Sticker an sich und ich hoffe, sie tun damit, was nötig ist.

Auch bei den Mexikanern muss man sich um alles selbst kümmern. Wir brauchen eine Touristenkarte, die wir aber nicht automatisch bekommen, sondern erst bei der Migracion beantragen müssen. (Wehe, man wird südlich von Ensenada ohne diese Karte angetroffen!)

Dann stürzen wir uns in das Abenteuer **Tijuana**! Die meisten Touristen kommen eben doch bei San Ysidro über die Grenze – von dort ist nämlich die MEX 1 beschildert, aber nicht von hier! Irgendwie halten wir uns zu weit links und müssen mitten hindurch durch die schlimmste und schrecklichste Stadt, die wir jemals gesehen haben. Über hohe *topes*, jene gefürchteten Rüttelschwellen, die das Tempo der rasenden Mexikaner drosseln sollen, und durch brutale Schlaglöcher hindurch, tasten wir uns voran. Vorbei an verwahrlosten Favelas, den Elendsvierteln aus Brettern, Wellblech und Pappe, die an steilen Hängen kleben. Vermutlich leben hier jene Mexikaner und auch Mittelamerikaner, die den Sprung über die Grenze ins gelobte Land wagen wollen – oder ihn nicht geschafft haben. *Uncle Sam* ist wachsam, schottet sich ab gegen die Habenichtse aus dem Süden, beobachtet mit elektronischen Argusaugen die Grenzen, kontrolliert mit Straßensperren die Highways, sorgt mit Zäunen und Mauern dafür, dass keine illegalen Einwanderer ins Land kommen. Oder zumindest nur so viele, wie als billige Arbeitskräfte auf den Obst- und Gemüsefeldern, bei den Hamburgerbratern und Putzkolonnen gebraucht werden.

Im harten Überlebenskampf stürmen an jeder roten Ampel fliegende Händler auf die haltenden Autos zu, bieten nicht nur Schokoriegel und Getränke feil, sondern mitunter auch kleine Hundewelpen – ein Anblick, der deutschen Hundehaltern an die Nieren geht. Bei der Fahrt durch die entsetzliche Stadt mit dem klangvollen Namen danken wir einem gnädigen Schicksal, das uns im noch immer einigermaßen sozialen Deutschland zur Welt kommen ließ. Unsere heimatliche Wohnung wissen wir nach solchen Stadtrundfahrten doppelt zu schätzen. Kurzfristig kommt mir der Gedanke, aus dem Auto heraus zu fotografieren – aber das traue ich mich dann doch nicht – und außerdem brauchen wir unsere geeinte Aufmerksamkeit für den Verkehr und die scheußlichen Straßen.

Gott sei Dank reicht mein bescheidenes Spanisch so weit aus, dass ich nicht nur nach dem Weg fragen, sondern auch einigermaßen die Antwort verstehen kann. Mexikaner sind freundliche Menschen und honorieren meinen Versuch, ihre Sprache zu sprechen. Auch winken viele freundlich aus dem Auto. Das große **Alemania** auf der Motorhaube wirkt Wunder. Letztendlich schaffen wir es doch irgendwie, die MEX 1 zu finden, lassen irgendwann auch Tijuana hinter uns und halten erst wieder südlich von Ensenada am La Jolla Beach Camp in Punta Banda.

Die Baja California, die in ihrer Form und Länge dem italienischen Stiefel ähnelt, lebt in erster Linie vom Tourismus. Der nördliche Teil hat im Sommer Hochkonjunktur, im südlichen überwintern die Snowbirds aus den USA und Kanada – und die aus Germany natürlich auch! Eine 1.700 km lange Straße, die MEX 1, verbindet Tijuana im Norden mit Cabo San Lucas im Süden. Stichstraßen gibt es nur einige wenige. Bei unserem ersten Besuch war die MEX 1 in der nördlichen Hälfte ein einziger Albtraum aus tiefen Schlaglöchern und abgebrochenen Seitenrändern, die ohne Bankett in die Tiefe gingen.

Wir haben es ja kaum zu hoffen gewagt, aber inzwischen ist die Straße bis auf wenige Ausnahmen glatt wie ein Babypopo und um Klassen besser als die Straßen im Osten Kanadas. Ein Vergnügen ist sie trotzdem nicht. Die MEX 1 ist zwar nicht mehr so löchrig wie früher, aber im Zuge der Ausbesserungsarbeiten wurden ständig neue Teerschichten aufgetragen. Da der Straße jegliches Bankett fehlt, wuchsen die Abbrüche an den Seiten immer weiter in die Höhe. Einfach von der Straße runterziehen ist unmöglich. Noch immer ist sie extrem schmal, mit halsbrecherischen Kurven und steilen Senken. Außerdem hat der Verkehr gewaltig zugenommen. „Curva peligrosa!", warnen Schilder vor besonders gefährlichen Kurven. Andere Schilder bringen immer wieder in Erinnerung, dass diese Straße nicht für hohe Geschwindigkeit geeignet ist, dass man die Verkehrszeichen beachten soll usw. Dass die Mahnungen nicht unbegründet sind, zeigen die vielen Kreuze und Altärchen am Straßenrand – oder noch schlimmer: die Wracks der Fahrzeuge, die die Kurven zu schnell angegangen sind und nun im Abgrund vor sich hin rosten. Außerdem weht meist ein starker, böiger Wind, der die enge Straße zusätzlich gefährlich macht. Die erlaubte Höchstgeschwindigkeit liegt ohnedies bei 80 km/h. Vor den schlimmsten Kurven sind Rüttelstreifen auf die Straße asphaltiert, um die wildesten Kamikazefahrer abzubremsen. Auch der Lastwagenverkehr ist nicht zu unterschätzen. Die Trucker fahren zwar sehr zivilisiert, aber sie nehmen die gesamte Fahrbahnbreite ein und erzeugen einen gefährlichen Sog. Noch dazu haben sich die Laster im Gegensatz zu früher zu ausgewachsenen, amerikanischen Trucks gemausert. Peter bremst jedes Mal stark ab, wenn uns so ein Riesenbrummi entgegenkommt.

Die Topes, früher brutale, gut getarnte Achsenkiller, haben Gott sei Dank ihren größten Schrecken verloren. Sie werden durch Schilder und flachere Rüttelstreifen angekündigt und sind wesentlich sanfter und abgerundeter als früher. Die Ortschaften sind jedoch noch genauso staubig und trostlos wie damals. Auch die Landschaft ist noch immer vermüllt, wenn auch nicht mehr ganz so schlimm. Große Schilder am Straßenrand verbieten, den Müll auf die Straße zu werfen, oder sie mahnen: „Halte die Straße sauber“ – mit mäßigem Erfolg. Im Gegensatz dazu sind die Felder picobello gepflegt. Kein Schnipselchen fliegt herum und kein Unkräutchen lugt aus der Erde.

Die Baja ist ein wildes, raues Land, fast durchweg Wüste oder Halbwüste. Durch ihre abgeschiedene Lage hat sie einige eigenwillige, endemische Pflanzen hervorgebracht. An manchen Stellen, wie z. B. im Naturschutzgebiet **Desierto Central de Baja California**, wachsen Palmen und riesige Kakteen in trauter Eintracht nebeneinander. Inzwischen wird dieses Naturschutzgebiet besser vermarktet. In Cataviña gibt es mehrere Campgrounds und auch Wanderwege sind ausgeschrieben. Wir aber fahren lieber weiter und campen am altbekannten Rancho Santa Inés. Auch hier gibt es einen Weg durch die dramatische Wüstenlandschaft mit ihren endemischen Kakteen und Elefantenbäumen, den Palmen und Felsen. Außerdem sind wir hier fast alleine und es ist wesentlich ruhiger als direkt an der Straße. Die nehmen wir am nächsten Morgen wieder unter die Räder – steil auf und ab, um tausend *curvas peligrosas* herum und durch viele Vados hindurch, die jetzt Gott sei Dank alle ohne Wasser sind.

Inzwischen haben wir festgestellt, dass die Mexikaner nicht nur ihre Straße aufgepeppt haben, sondern auch einen wesentlich besseren Diesel machen als ihre Nachbarn in den USA und Kanada. Mit dem Mexiko-Diesel schnurrt unser Iveco wie eine Nähmaschine und ist so genügsam wie zu Hause in Europa. (Aber auch der US- und Kanada-Diesel ist besser geworden.) Die lästigen Militärkontrollen, bei denen früher alle 100-200 km Soldaten ins Wohnmobil getrampelt kamen, um nach Waffen und Drogen zu suchen, sind fast gänzlich verschwunden. Wenn, dann wird meist nur noch höflich von außen nach dem Woher und Wohin gefragt. Erst einmal verlangte ein Soldat Zutritt zu unserem Wohnmobil. Er traute sich allerdings erst herein, nachdem Peter mit dem Hund nach draußen gegangen war. Innen öffnete er pflichtschuldig zwei Türchen, bedankte sich und verschwand. Einfach Gas geben und durchfahren ist bei diesen Militärkontrollen allerdings nach wie vor nicht angebracht. Einer dieser Knaben ist stets bis an die Zähne bewaffnet und ein anderer steht wie früher mit dem Nagelbrett an der langen Leine Wache. Auch kurz vor Guerrero Negro ist mal wieder eine dieser Militärkontrollen. Allerdings bleibt der Soldat außen stehen und fragt nur noch nach dem üblichen Woher und Wohin. Vermutlich haben sich in der Vergangenheit viele Amerikaner und Kanadier beschwert und sind evtl. sogar ganz ausgeblieben.

Schaut man in die Landkarte, dann teilt kurz vor Guerrero Negro ein dicker Strich die Baja in die Baja California Norte und die Baja California Sur. Außerdem muss hier die Uhr von Pacific Time Zone auf Mountain Time Zone umgestellt werden, was uns gemächlich Reisende weniger tangiert. Beachten sollte man als Reisender allerdings, dass hier aus Furcht vor eingeschleppten Fruchtfliegen die berüchtigte Fruchtkontrolle stattfindet. Ich habe rechtzeitig mein gesamtes Grünzeug verschwinden lassen. Aber auch deswegen kommt niemand mehr ins Wohnmobil herein. Dafür wird unser rollendes Haus von unten besprüht und desinfiziert!

Eine Desinfektion hätte auch die Dusche des San Lucas Cove Campgrounds, auf dem wir die Nacht verbracht haben, nötig gehabt. Ein Schrubber nebst einem Putzmittel für den Fliesenboden und ein Eimerchen Wandfarbe hätten vermutlich auch ausgereicht …

Dumm ist, dass es jetzt zu regnen beginnt. Bis wir unsere Wassertanks gefüllt haben, sind wir klitschnass. Aber das Wasser hier soll gut sein – behaupten zumindest die Kanadier, die hier campen. Hauptsache, es ist nicht salzig – den Rest besorgt unser Filter.

Vorbei an rostigen Schrotthalden tuckern wir nach Mulegé. Langsam beginnen sich die Vados mit Wasser zu füllen. Man muss höllisch aufpassen, dass man keine Schlaglöcher übersieht, denn in diesen Senken bilden sie sich am ehesten. Es regnet auch noch, als wir in Mulegé ankommen. Auf der Suche nach einem Supermarkt kurven wir langsam durch enge Einbahnsträßchen. Wir haben zwar reichlich Vorräte dabei, auch Roggenvollkornmehl haben wir gebunkert, aber wir benötigen frisches Grünfutter. Endlich entdecken wir einen kleinen Laden. Vom Auto bis zur Ladentür muss ich durch eine tiefe, trübe Brühe waten, denn längst steht der Ort mit seinen krummen und schiefen Sandpisten unter Wasser. Die Gemüseauswahl ist, wie überall abseits der großen Supermärkte, bescheiden – und notgedrungen muss ich mich mit damit zufriedengeben. Wir nähern uns schließlich der Bahia Concepción mit ihren Postkartenmotiv-Stränden und den reizvollen, aber abgelegenen Campingstellen und wollen dort einen längeren Zwischenstopp einlegen.

Playa Santispak

Ein Südseeparadies könnte nicht schöner sein! Schroffe Bergzüge umrahmen die Bucht, kleine vorgelagerte Inselchen erheben sich aus dem blau und türkis schimmernden Wasser, weiter draußen liegen ein paar weiße Jachten vor Anker. Nur die Vegetation erinnert daran, dass wir hier in einer trockenen Halbwüste sind. Statt üppig wucherndem Grün bestimmen Kakteen und Mesquitesträucher das Bild. Wären wir hier jedoch wirklich in der Südsee, müssten auch wir draußen mit einer Jacht vor Anker liegen oder in einem Hotel logieren. So aber können wir mit unserer Landjacht direkt am Wasser stehen. Genüsslich rekeln wir uns im Schatten eines mit Palmwedeln gedeckten Sonnendachs, Palapa genannt, im Liegestuhl und genießen die Flugschau der diversen Pelikan-Jagdgeschwader, die hier in den

Am Playa Santispak

fischreichen Gewässern ihr Revier haben. In spektakulären Formationen gleiten die Fischjäger knapp über der Wasseroberfläche dahin, um sich dann urplötzlich, wie die Kamikaze, kopfüber nach unten auf ihre schwimmende Beute zu stürzen.

Wir lieben auch Fisch, müssen den aber Gott sei Dank nicht selbst fangen, nicht selbst töten und auch nicht ausnehmen. Er wird uns fangfrisch und bereits filetiert von den Fischern direkt ans Wohnmobil gebracht. Diese „anonymen" Filets belasten unser Gemüt weit weniger, als wenn wir sähen, wie der köstlich schmeckende Yellowtail zappelnd und glitschig an einem Angelhaken hängt ...

Unser Hund, gestresst von der kurvenreichen Berg- und Talfahrt, genießt es, dass das *rolling home* nicht rollt, sondern steht. Weil erst Anfang Dezember ist und der Zug der Schneevögel gen Süden noch nicht richtig eingesetzt hat, sind noch nicht sehr viele Wohnmobile hier. Aber fast jeder Camper hat einen Hund dabei. Die wuseln nun ganz entspannt, genau wie die halbwilden Strandhunde, ohne Leine herum, was auch unsere dominante Eyleen relativ zahm werden lässt. Wo sich keine hysterischen Hundehalter einmischen, besinnen sich auch verzärtelte Hätschelhunde wieder auf ihre angeborene Hundesprache.

Camper mit autark eingerichteten Wohnmobilen können am Playa Santispak eine ganze Weile stehen, ohne den Motor anwerfen zu müssen. Es gibt einen Sanidump, Unerschrockene können das skurrile Plumpsklo benutzen, die Sonne liefert genügend Energie, um die Batterien zu laden, für das leibliche Wohl sorgt ein Restaurant und geschäftstüchtige Mexikaner bringen Fisch, Tomaten und Brot ans Wohnmobil. Einzig Wasser gibt es in diesem Wüstenparadies nicht. Auch die schicken Ferienhäuser, die sich reiche *Gringos* in der Nachbarbucht gebaut haben, sind auf Wasserlieferungen per Tankwagen angewiesen. Es sind letztendlich unsere sich zusehends leerenden Frischwassertanks, die uns zum Weiterziehen veranlassen.

Entlang der Bahia Concepción hat sich viel verändert. Die meisten Buchten sind bereits bebaut, Ferienhäuser, Hotels und Restaurants sind wie Pilze aus dem Boden geschossen. Bald wird man hier überhaupt nicht mehr campen können. In Ciudad Constitución steuern wir einen relativ neuen Campingplatz an. Wir kennen zwar in der Nähe einen Platz mit einem großen Pool, aber heute ist es kühl und windig und der Himmel ist bedeckt. In der Nacht schüttet es dann wie aus Gießkannen. Der Platz verwandelt sich in eine glibberige, morastige Rutschbahn. Wir sind heilfroh, dass wir am nächsten Morgen die Ausfahrt meistern, ohne im Matsch stecken zu bleiben.

Die enge, kurvige MEX 1 ist schon bei gutem Wetter kein Vergnügen – bei Regen ist sie eine Katastrophe. Die mit Wasser gefüllten Straßensenken und Furten, Vados genannt, durch die wir immer wieder durchmüssen, sind das kleinere Problem. Anhalten, weil der Hund mal raus muss, das größere. Schon bei Trockenheit ist es wegen der steilen Abbrüche problematisch, irgendwo von der Straße herunterzuziehen – nun ist es nahezu unmöglich. Rechts und links des Asphalts ist die Erde weich und matschig, steht alles unter Wasser und man kann nicht abschätzen, wie tief die Abbrüche sind und welche Reifenkiller unter der Oberfläche lauern. Gott sei Dank finden wir kurz vor La Paz eine Tankstelle mit einer einigermaßen passablen Auffahrt.

Playa El Tecolote

Wann immer wir in den vergangenen Jahren im dicht besiedelten Europa unterwegs waren, während des Winters in Spanien gar hin und wieder mal auf einem engen Campingplatz standen, träumten wir vom **Playa el Tecolote** bei **La Paz**: einem öffentlichen Strand mit feinstem Sand und türkisem, glasklarem, angenehm warmem Wasser. Dahinter erstreckt sich ein weitläufiges, von schroffen Wüstenbergen umgebenes Gelände, auf dem man ungeniert campen kann. Meist sind es Kanadier, die hier – nur wenige Kilometer nördlich des Wendekreises des Krebses – überwintern. Im Gegensatz zu früher stehen allerdings wesentlich weniger Camper hier. Ein Kanadier, der seit sieben Jahren hierherkommt, erzählt uns, dass jedes Jahr weniger Camper kämen, weil es nur noch sehr wenige frei zugängliche Plätze in der Baja gäbe. Vermutlich sind auch die Tage von Tecolote gezählt. Ferienhaussiedlungen sind wie Pilze aus dem Boden geschossen, weitläufige Kakteenwälder wurden eingezäunt. Große Tafeln weisen darauf hin, dass dies Privatgelände wäre. Aber immerhin, El Tecolote ist noch immer ein *playa publica* – ein öffentlicher Strand. Man kann immer noch hinter der Düne relativ windgeschützt kostenlos campen. Dieses Paradies gilt es zu genießen, solange es noch existiert. Schließlich gehen bereits Gerüchte um, dass der Playa Santispak an der Bahia Concepción für schlappe US $ 22.000.000 an einen Hotelkonzern verkauft worden wäre …

Unsere Eyleen, die in den vergangenen Tagen beim Fahren schon wieder nervös hechelte, quittiert den Anblick des Strandes mit übermütigen Freudensprüngen. Die ausgedehnten Fußmärsche, die man hier unternehmen kann, gefallen ihr noch besser. Die wilde Landschaft um Tecolote könnte es mit ihren zerfurchten Bergen und den riesigen Kandelaberkakteen locker mit jedem US-amerikanischen Kaktus-Nationalpark aufnehmen – würde man nicht immer wieder auf Schritt und Tritt über zerbrochene Glasflaschen, verrostete Dosen, ausrangierte Autositze

Wanderung durch Tecolotes Wüstenlandschaft

oder Plastikmüll stolpern. Flaschen, Dosen, Müll – alles landet in der Landschaft. Zwar mahnt an der Zufahrt zu den Stränden ein riesiges Schild mit der Aufschrift „Dieser Stand gehört dir, halte ihn sauber!“ und auf den zahlreichen Mülleimern steht „Du magst deinen Strand sauber? Deponiere den Abfall hier!“, aber mit der Umerziehung müsste bereits im Kindergarten angefangen werden. Hilfreich wäre es auch, der Müllabfuhr beizubringen, dass sie den von den Abfalltonnen in schwarze Plastiksäcke umgefüllten Müll möglichst sofort mitnehmen sollte. So machen sich wilde Hunde, Geier, Möwen usw. sofort über die Säcke her, reißen sie auf und der allgegenwärtige Wind verteilt den Müll wieder schön gleichmäßig in der Landschaft …

Nein, ich will nicht meckern. Man wirft uns Deutschen ja immer gerne vor, dass wir zwar überall in der Welt herumkurven, am liebsten in exotischen Ländern, dann aber erwarten, dass alles so ist wie bei uns zu Hause. Längst haben wir gelernt, mit solchen Dingen umzugehen. Egal, ob in Spanien, Griechenland oder hier in der Baja – notfalls helfen ein großer Müllsack, ein paar Gummihandschuhe und der gute Wille, selbst für Abhilfe zu sorgen.

Und während ich hier wieder in Deutschland vor meinem Laptop sitze und unsere Erlebnisse niederschreibe, kommt Peter von der sonnigen Terrasse ins Arbeitszimmer und meint: „Jetzt hör endlich mit der Tipperei auf. Wir fahren zum

Baggersee und schwimmen eine Runde!" Gute Idee. Aber am Baggersee angekommen, stelle ich fest, dass ich neben dem Badeanzug auch hier einen Müllsack und Gummihandschuhe gebraucht hätte. Gäbe es nicht Freiwillige, die regelmäßig die Pizzaschachteln, Getränkedosen, Chipstüten, die leeren Bier- und Schnapsflaschen usw. aufsammeln und wegschaffen würden, sähe es rund um den kleinen See aus wie auf einer Mülldeponie. Nein, wir Deutschen sind mehrheitlich wohl auch nicht besser. Wir sind nur daran gewöhnt, dass andere zuverlässig den Dreck hinter uns wegräumen.

Es ist nicht nur die wilde Landschaft Tecolotes, die wir so sehr lieben. Man kann hier auch wesentlich besser schwimmen als an den Stränden der Bahia Concepción, wo das Wasser fast durchwegs sehr seicht ist. Doch als mir dann beim Baden ein seltsames Gebilde auf der Wasseroberfläche entgegen gesegelt kommt, das wir später mit Hilfe des Internets als eine, wenn auch sehr kleine, Portugiesische Galeere identifizieren, gehe ich nur noch sehr halbherzig ins Wasser. Ich verspüre wenig Lust, mit den giftgrünen Nesselarmen dieser gefährlichen Qualle Bekanntschaft zu machen.

Eyleen hat währenddessen mit dem Nachbarhund eines amerikanischen Campers unangenehme Bekanntschaft gemacht. Der Rüde, der ungeniert immer wieder ihr Territorium vor dem Wohnmobil verletzte, hat sie in die Kehle gebissen. Die heftig blutende Wunde heilt zwar schnell und problemlos, aber kurze Zeit später stellt Peter an Eyleens linker Seite eine Geschwulst fest. Augenblicklich fallen ihm die schlimmsten Dinge ein und im Geiste bucht er bereits einen Flug nach Deutschland. Der Gedanke, dass evtl. ein mexikanischer Tierarzt seinem Hund einen Tumor oder Ähnliches herausoperieren muss, versetzt ihn in Panik.

Bei der Touristeninformation in La Paz nennt man uns eine Tierarztpraxis. Die Praxis sieht für deutsche Augen ein wenig gewöhnungsbedürftig aus: Die Steinfliesen sind am Bröckeln, die Wände bräuchten dringend einen neuen Anstrich, es hängen nackte Kabel aus der Wand und alles wirkt ein wenig schmuddelig. Vor der Praxis liegt ein Garten mit Swimmingpool, dessen grünes Wasser auch schon ewig nicht mehr gewechselt wurde. Aber der Arzt selbst ist nett, macht einen guten Eindruck – und zum Glück spricht er Englisch!

Er spricht es zwar nicht aus, aber man spürt, dass auch er zuerst an einen Tumor denkt. Er muss der Geschwulst Flüssigkeit entnehmen und rasiert außenrum das Fell ab – und entdeckt die Spuren einer weiteren kleinen Bisswunde. Die Wunde hatte sich schnell geschlossen, aber infiziert und einen Abszess gebildet. Der Abszess wird geöffnet und desinfiziert, Eyleen bekommt zwei

Spritzen – von Beyer aus Deutschland, wie uns der Arzt voll Stolz erklärt – und wird locker verbunden. Der kleine Schnitt muss offenbleiben, damit die infektiöse Flüssigkeit abfließen kann. In den nächsten Tagen muss sie weitere Spritzen bekommen. Zurück am Strand bekommt Eyleen ein großes T-Shirt angezogen, das vor den Hinterbeinen modisch mit einem Gürtel festgehalten wird. Die Gefahr, dass Sand und Schmutz in die nur locker verbundene Wunde eindringen, ist sonst zu groß.

Neben den Touristenhunden gibt es am Playa Tecolote natürlich auch die *Strandhunde*, kleine Schnorrer, die sich mit Charme und einem unwiderstehlichen Hundeblick in die Herzen der sonnenhungrigen Gringos einschleichen. Auf einem Spaziergang beobachtet Peter, wie eine Kanadierin einem dieser Schnorrer einen Napf voll Trockenfutter hinstellt. Aber anstatt sich hungrig auf die Leckerei zu stürzen, düst der Hund ab und kommt kurz darauf mit seinem *Kumpel* wieder, um sich mit ihm gemeinsam über das Futter herzumachen. Kurz darauf ziehen die Kanadier weiter und überlassen uns das restliche Futter und die beiden Kostgänger.

Es bleibt nicht bei drei Hunden vor unserem Wohnmobil. Ein paar Tage später kreuzen Ria und Georg samt ihrer Australian-Kelpie-Hündin Mädi auf. Wir haben Ria und Georg ein paar Jahre zuvor in Spanien kennengelernt, haben einige Zeit zusammen am Lone Rock und am Senator Wash Lake verbracht und nun bilden wir zusammen mit deren Bocklet-MAN und unserem *Italiener* eine Wagenburg. Ria tauft die Streuner umgehend Bubi und Bärli. Gemeinsam erstehen wir im Supermarkt für die Strandstreuner einen riesigen Sack preiswertes Hundefutter, woraufhin unsere verwöhnten Hätschelköter von Stund an ihr Luxusfutter verweigern. Zusammen mit Bubi und Bärli lassen sie sich lieber das mexikanische Billigfutter schmecken! Die Streuner übernehmen daraufhin die nächtliche Wache vor unserer Wagenburg. Als eines Nachts eine Diebesbande den Strand unsicher macht und Grills, Liegestühle und andere Campingutensilien klaut, bleiben wir verschont.

Wir schätzen an Tecolote nicht nur den Strand, sondern auch die relative Nähe zu La Paz mit seinen vielfältigen Einkaufsmöglichkeiten. Die großen Supermärkte glänzen mit einem riesigen Angebot an preiswertem, fangfrischem Fisch und das Obst und Gemüse ist sagenhaft günstig. Außerdem können wir den vielen verschieden Kuchenvariationen nicht widerstehen und schlagen kräftig zu.

Auch Gas aufzufüllen ist kein Problem. Während sich in den USA oder Kanada mitunter Tankstellenmitarbeiter weigerten, unsere deutschen Flaschen, die ja kein Überdruckventil besitzen, zu befüllen, lassen sich die Arbeiter an der großen Füllstation in La Paz deswegen keine grauen Haare wachsen. Wir erklären zwar haarklein, dass wir 10 kg Propan wollen, aber irgendwie wartet der gute Mann wohl darauf, dass endlich das überschüssige Gas aus dem Überdruckventil strömt. Bis er endlich auf die Idee kommt, den Hahn abzudrehen, sind 24 kg in unserer Flasche.

Wir sind nicht die einzigen Deutschen, die Tecolote einen Besuch abstatten. Zeitweise stehen vier Mobile aus Alemania hinter den Dünen. Angelockt von meiner begeisterten Beschreibung in **„Tausend Tage Wohnmobil“** campen auch Rainer und Gabriele mit ihrem „Wombat“ am Strand. Nachdem wir ein wenig ins Tratschen gekommen sind, stellen wir fest, dass wir uns schon einmal in Australien über den Weg gelaufen sind. (Stimmt nicht ganz, sie hatten uns wegen unserer deutschen Autonummer mit ihrem Mietmobil ganz einfach ausgebremst.) Udo und Christine, die in La Paz einen Sprachkurs absolvieren wollen, vervollständigen unsere Wagenburg. Und weil wir beim Kuchen ein wenig zu kräftig zugeschlagen haben, halten wir alle zusammen einen nachmittäglichen Kaffeeklatsch. „Leider kann ich euch keine Sprühsahne zum Kuchen anbieten“, bedauere ich. „Ich konnte im Supermarkt keine finden und fragen konnte ich leider auch nicht, weil ich mein Wörterbuch im Wohnmobil vergessen hatte. Ich weiß zwar, dass 'Sahne' auf Spanisch '*crema*' heißt, aber wie man ‚sprühen‘ übersetzt, weiß ich nicht. Drum konnte ich das auch nicht erklärend umschreiben!“ Über so viel Naivität kann sich Udo nur wundern. „Na, das ist doch ganz einfach: Du machst die Bewegung des Sprühknopfdrückens und sagst dazu ‚crema psss psss!‘“ Unnötig zu sagen, dass Sprühsahne bei uns bis heute ‚crema psss psss‘ heißt.

Es war einmal eine traumhaft schöne Bucht, umgeben von Bergen und Kakteenwüste. Allerdings hatte sie einen ziemlich makaberen Namen: Ensenada de los Muertos – die Bucht der Toten. Am Eingang der Bucht lebte seit 50 Jahren eine Fischerfamilie und entlang der weitläufigen Bay standen im Winter die nordamerikanischen Camper. Auch wir campten dort einst für ein paar Tage. Dann streckte ein Hotelkonzern seine Greifer nach der schönen Bucht aus – es hieß, die Eigentumsverhältnisse wären nicht wasserdicht. Die Fischer verscheuchten daraufhin aufgeschreckt alle Mann aus ihrem Reich – auch die Camper.

Nach ein paar Wochen Tecolote und einer weiteren Woche am Campingplatz La Ventana packt uns wieder die Unruhe. Die Neugier treibt uns noch einmal zu dieser paradiesisch schönen Bucht. Aber verflixt – irgendwie stimmen Karte und Wegweiser nicht überein. „Bahía de los Sueños“ steht auf dem Schild, wo es meiner Karte nach zur Ensenada de los Muertos gehen müsste. „Kartenlesen wirst du vermutlich in diesem Leben nicht mehr lernen“, lästert Peter. Aber dann kapieren wir: Die Bucht hat ihren makabren Namen abgelegt und heißt jetzt Bahía de los Sueños – „Traumbucht". Die Häuser der Fischer existieren nicht mehr, an ihrer Stelle steht ein Beach- und Jachtklub. Der Weg ans Ende der Bucht, den früher die Camper nahmen, ist mit einem Schlagbaum bewehrt, der rund um die Uhr bewacht wird und der Strand ist mit Stacheldraht eingezäunt. Am Ende der „Traumbucht" liegt, wie eine Fata Morgana in der Wüste, eine protzige Hotelanlage, die von einem sattgrünen Rasen umgeben ist. Weil zu einer Traumbucht keine Kakteen, sondern Palmen gehören, wurden auch diese zahlreich angepflanzt. Träume hinter Stacheldraht! Das können doch nur Albträume sein! Auch am Hügel entlang der anderen Seite der Bucht wird kräftig gebaut und parzelliert, werden Straßen angelegt und Palmen gepflanzt, die mangels Wasser schon wieder gelb werden und eingehen. Für die schöne Bucht soll irgendwer irgendwem $ 6.000.000 gezahlt haben. Hoffen wir, dass für die Fischer mehr blieb als nur ein Tritt in den Hintern.

Wir übernachten, gut bewacht von den Securities, direkt vor dem Jachthafen. Länger als eine Nacht möchten wir in dieser Stacheldraht-Traumbucht nicht bleiben. Ohnehin treibt es uns jetzt wieder nach Norden. Unsere Grobrichtung heißt West Virginia!

Zurück nach Norden

Wer am **Puerto Escondido** mit Millionen um sich geworfen hat, wissen wir nicht. Fest steht, dass hier irgendwer irgendwann sehr viel Geld in den Sand gesetzt hat. Der rundum geschützte, natürliche Tiefwasserhafen liegt südlich von Loreto. Die schroffen Gipfel der Sierra de la Giganta ragen unmittelbar dahinter eindrucksvoll in den Himmel. Zusammen mit dem satten Türkis des Golfs von Kalifornien wirkt diese dramatische Landschaft beinahe unwirklich. Kein Wunder, dass dieses spektakuläre Stückchen Erde einst ein Ferienkomplex hätte werden sollen. Leider – wir finden ja eher: Gott sei Dank – ist er nie fertig geworden. Auf den großzügig parzellierten Grundstücken hätten vermutlich Hotels und Ferienhäuser gebaut werden sollen. Die Straßen und Gehsteige verlieren sich im Nirgendwo, Gras und Wüstengestrüpp haben den Asphalt zurückerobert, die stilvollen Straßenlaternen spendeten niemals Licht, denn die runden Schächte liegen offen, in demolierten Schaltkästen spreizen dicke Kabel unangeschlossen ihre farbigen Adern von sich. Vereinzelt gammeln unfertige Bauruinen vor sich hin. Im Hafenbecken liegen einige Jachten vor Anker. Einst gab es hier einen Jachtklub, ein Café, ein Restaurant. Jetzt ist alles mit Spanplatten vernagelt, Reste der Inneneinrichtung liegen kreuz

Camping am Puerto Escondido, im Hintergrund die Sierra de la Giganta

und quer durcheinander, kistenweise stehen leere Bierflaschen herum. Einzig eine kleine Bücherei hat überlebt, die vermutlich von den Jachties frequentiert und gepflegt wird.

Auch der RV Park existiert noch. Aber wozu Geld für einen ringsum eingezäunten und mit hohen Hecken dicht gemachten Campingplatz bezahlen, wenn man im weitläufigen Gelände direkt am Kai stehen kann? Nun genießen wir von einem Fenster den Blick auf das Wasser und die Segelboote und vom anderen die schroffen Felsen der Sierra de la Giganta, die als besondere Dreingabe in der Morgensonne rot glühen. Unnötig zu sagen, dass auch unser Hund die ausgedehnten Spaziergänge durch das weitläufige, wilde Gelände schätzt und wir länger bleiben, als ursprünglich geplant.

Durch Schlaglöcher, tiefe Senken und um tausend Kurven herum rumpeln wir weiter. Eyleen hechelt nervös wie eh und je. „Gebt ihr doch Baldrian!“, hatten die Holländer Klaas und Willi geraten. „Bei unserem Hund hat das geholfen!“ Mag sein, aber bei Eyleen wirkt weder Baldrian pur noch das Kombipräparat mit Passionsblumen. Es helfen auch nicht zwei Kapseln statt einer und die Bachblüten, die ich immer dabeihabe, zeigen auch keine Wirkung. Aber gottlob sind nur noch wenige Teile der MEX 1 so schlecht wie dieser Abschnitt.

Nein, die Straßen der Baja California mit unserem Hechelhund zu befahren, ist kein Vergnügen. Wir brauchen schon wieder eine Verschnaufpause, die wir am **Playa El Requesón** einlegen. Die Zufahrt ist halsbrecherisch, aber der Strand ist so traumhaft schön wie eh und je. Schade ist nur, dass das Wasser hier so extrem seicht ist. Aber wer denkt bei dem eisigen Wind, der über den Strand pfeift, ans Baden. Allenfalls unser Hund, der froh ist, dem schaukelnden, rumpelnden Wohnmobil und der nervigen Straße entronnen zu sein.

Böse Zungen behaupten: Wenn zwei Deutsche zusammenkommen, gründen sie einen Klub. Das mag ein wenig übertrieben sein, aber wenn zwei Deutsche ein nicht ganz so häufiges Fahrzeug ihr Eigen nennen, trifft das sicher zu. Aber nicht nur die Deutschen, auch Amerikaner tun sich gerne zusammen, wenn sie Fahrer ausgefallener Vehikel sind. In den USA sind das die silberfarbenen Aluminium-Wohnwagen der Marke Airstream, die ihre Eigner zur Klubbildung und Konvoifahrt animieren. Am nächsten Nachmittag trudeln an die 20 *Silberzigarren-Gespanne* ein und stellen sich ordentlich in Reih und Glied auf. Damit nicht genug: Das Treffen dieses exklusiven Zirkels muss entsprechend untermalt werden. Wie? Mit einer Mariachi-Gruppe! Schließlich sind wir ja in Mexiko! Stilvoll gewandet, in dunkelroten, mit Silberkordeln verzierten Hosen und passenden Boleros, baut sich die sechsköpfige Truppe mit ihren Instrumenten auf. Aus voller Kehle schmettern sie: „Granaaaaadaaaa!“ Ein Stilbruch, okay, aber vermutlich denken die stimmgewaltigen Mexikaner, dass die reichen Gringos ja ohnehin keinen blassen Schimmer haben, wo Granada liegt. Mexikanisch wird es aber doch noch. „Aaajajajajaa-aaaaa!“, tönt es über den Strand. Das, was dann nach der Küchenschabe „La Cucaracha“ folgt, kommt uns ja eher amerikanisch vor. Den Gringos ist das egal. Sie fangen sogar an, zu tanzen. Ami-Rentner sind eben doch mehr auf Zack als ihre deutschen Altersgenossen.

„Almost free! Almost free! Almost free!“, tönt es am nächsten Morgen von allen Seiten über den Strand. Drei Männer, die bunte Teppiche und Decken über die ausgebreiteten Arme gehängt haben, preisen lautstark ihre handgewebte Ware an.

„Sag mal, das ist doch ...“

„Aber ja, das ist Miguel!“ Peter hat ihn sofort erkannt. Als wir auf unserer großen Reise in der Baja überwinterten, hatten wir Miguel fünf seiner kleinen Teppiche abgekauft. Miguel stammt aus Oaxaca, wo die gesamte Großfamilie den ganzen Sommer mit dem Weben der bunten Wollläufer verbringt. Die Wolle wird von den Frauen dabei noch immer nach alter Sitte mit Pflanzenfarben gefärbt und auch die Muster sind, mit wenigen Ausnahmen, alt überlieferte Tradition. Mit den Teppichen grast Miguel dann im Winter die gesamte Bahia Concepción ab.

Miguel, der sich angeblich noch an uns erinnern kann, hat dieses Mal neben seinem Sohn Jesus, der damals noch ein Junge war, auch seine Frau, seine Tochter und einen Schwiegersohn dabei. Jesus ist zwar nicht mehr viel gewachsen, mit seinen 23 Lenzen ist er aber ein ausnehmend hübscher Kerl geworden. Er hat die seltene Gabe, sich mit mir so langsam und deutlich zu unterhalten, dass es mir nicht nur gelingt, Vokabular und Grammatik aus den hintersten Gehirnwindungen hervorzuholen, sondern auch, ihn einigermaßen zu verstehen. Das ist bei Spanisch mein größtes Problem. Außerdem kann er mir unbekanntes Vokabular verständlich umschreiben. Vermutlich liegt das daran, dass er selbst nur ein paar Brocken Englisch spricht und in seiner Heimat neben der offiziellen Landessprache Spanisch viele verschiedene Indianersprachen gesprochen werden. Seine Mutter, eine kleine, indigene Frau, spricht nur Zapoteka.

Außerdem ist Jesus auf Brautschau. Zwar hat er derzeit fünf Freundinnen – behauptet er zumindest –, zum Heiraten hat er aber immer noch nicht die Richtige gefunden. Wenn man genug Geld hat, erklärt uns Jesus, dann kann man in Oaxaca auch zehn Frauen haben – auch wenn man nur eine mit Brief und Siegel heiraten kann. Aber für 25.000 Pesos (ca. US $ 2.500) kann man eine 15-Jährige kaufen. Eine 20-Jährige bekommt man schon günstiger und eine 30-Jährige gibt es richtig billig ... Na, ich glaube, wenn Jesus keine alte 30-Jährige haben will, wird er noch eine Menge Teppiche weben und verkaufen müssen. Dumm nur, dass die reichen Gringos, die mit ihren Luxus-Motorhomes im Konvoi durch die Baja ziehen, so geizig sind, beklagt er sich.

Jetzt marschiert die Familie unter Aufbietung ihres ganzen Charmes jeden Tag an uns vorbei und schwenkt auffordernd ihre Waren, obwohl wir jeden Tag versichern, dass wir wirklich *nada* brauchen. Aber Miguel und Jesus sind hartnäckig. Außerdem gefällt mir der alte Berberteppich, der im Arbeitszimmer liegt, schon lange nicht mehr. Und an uns soll es schließlich nicht liegen, wenn Jesus keine passende Frau findet ...

In der sonnigen Baja California verbringen neben sonnenhungrigen Deutschen nicht nur amerikanische und kanadische Schneevögel den Winter, sondern auch Bewohner der kalten Gewässer Alaskas. Jedes Jahr bringen die Grauwale in der weitläufigen, geschützten **Laguna Ojo de Liebre** ihre Jungen zur Welt und paaren sich erneut, um anschließend wieder nach Alaska zu ziehen. Es ist die längste Säugetierwanderung der Welt. Die Lagune nebst dem umliegenden Gelände gehört zu der staatlichen Salzgewinnungsanlage. Vom hässlichen Ort Guerrero Negro kann man sich mit einem Touristenboot in die Lagune schippern lassen. Sonst ist sie nur über eine 25 km lange Rüttelpiste zu erreichen. Die ist zwar normalerweise für die Allgemeinheit gesperrt, aber zwischen Anfang Januar und Ende März hebt sich alljährlich der Schlagbaum am Beginn der Piste und die Lagune wird für den Tourismus geöffnet. Besonders angenehm ist, dass man in der Bucht für einen geringen Obolus sogar campen kann.

Die Piste zur Lagune ist schlechter, als wir sie in Erinnerung haben. Nur die steile Abfahrt von der Straße hinunter wurde etwas aufgeschüttet. Sorgen machen uns auch die dunklen Wolken. Bei Regen möchten wir auf dieser Piste nicht herumrutschen. Der Wachmann am Schlagbaum behauptet jedoch, dass es in nächster Zeit nicht regnen würde. „No problema!" Na, dann glauben wir's halt mal. Eyleen, trotz zwei Baldriankapseln nur unzureichend beruhigt, nervt das Gerüttel gewaltig – aber endlich in der Bucht angekommen, ist sie happy. Sie kann hier rennen, durchs seichte Wasser düsen und lange Spaziergänge machen.

Die Bootsführer, die die mit Schwimmwesten und Kameras gewappneten Touristen in die Bucht hinausschippern, wurden zum Schutz der Wale von der staatlichen Naturschutzbehörde eigens für diesen Job ausgebildet. Auch wir sitzen heuer wieder mit schussbereiter Kamera in solch einem Boot und warten darauf, dass einer der ca. 900 Wale, die angeblich in der Bucht sein sollen, vor uns aus dem Wasser steigt. Die Walkälber sind mittlerweile gut einen Monat alt und der Bootsführer manövriert beängstigend nahe an die Tiere heran. Eine Mutter schwimmt samt ihrem Nachwuchs sogar unter unserem Boot durch. Kurz kommt mir der Gedanke, was wohl wäre, wenn die Walmutter nur mal so zum Spaß mit einem kurzen Schubs ihrer Schwanzflosse das offene Bötchen umschmeißen würde … Es ist wirklich ein aufregendes Gefühl, wie sie so hautnah unter uns schwimmt – nur leider nicht sehr fotogen. Auf das Porträt eines aufsteigenden Wales müssen wir heute leider verzichten. Die mächtigen Schwanzflossen können die Wale in der Bucht ohnehin nicht zeigen, dazu ist es hier zu seicht.

Es ist in dieser Bucht so schön und ungewöhnlich ruhig, dass wir noch einen Tag bleiben. Selten gibt es Plätze, wo unser Hund so unbekümmert laufen und wo wir so ausgedehnt spazieren gehen können. Später, als wir die Campinggebühr bezahlen, weiß der Mexikaner erstaunlicherweise sofort, dass wir aus Deutschland sind. Woher? „Weil die Deutschen im Gegensatz zu den Amerikanern Spanisch sprechen", erklärt er uns. Also was mich betrifft, so halte ich das für stark übertrieben – aber ich versuche es zumindest und das wird freundlich honoriert.

Dass wir wieder im nördlichen Teil der Baja sind, ist nicht nur an den kühleren Temperaturen zu spüren. Es ist trübe, der Himmel ist bedeckt. Vor uns liegt eine der längsten Strecken, die wir in einem Stück überwinden müssen. Alleine für die 25-km-Rüttelpiste brauchen wir eine geschlagene Stunde. Kurz nach Guerrero Negro hält uns mal wieder eine Militärkontrolle an und ein junger Soldat begehrt Einlass in unser Wohnmobil. Nun haben wir ja mal in irgendeinem Reiseführer gelesen, dass man die Soldaten bitten soll, vorher die Schuhe auszuziehen. Angesichts der umständlichen Verschnürung der hohen Stiefel würden die Militärs dann lieber darauf verzichten, hereinzukommen. Das mag in orientalischen Ländern funktionieren, weil Moslems niemals mit Straßenschuhen einen Wohnbereich betreten, aber hier könnte der Schuss gewaltig nach hinten losgehen. Wir machen lieber gute Miene zum lästigen Spiel und erklären, dass wir aus Alemania sind und die Baja so wunderschön finden. Der junge Mann öffnet pflichtschuldigst ein paar Klappen und interessiert sich in erster Linie für unsere vielen Fotos, die an allen Wohnmobiltürchen angebracht sind. Kurz darauf wird von einer Patrouille unsere Touristenkarte kontrolliert, die man, wie schon erwähnt, nicht automatisch an der Grenze bekommt.

Nördlich von Villa Jesus Maria wird die MEX 1, die seit Guerrero Negro schnurgerade verlief, wieder kurvig. Hier beginnt die zentrale Wüste mit ihrer zum Teil endemischen Vegetation. Leider hängen in den Bergen dichte, graue Wolken und bis wir in Cataviña am Rancho Santa Inés ankommen, beginnt es zu nieseln und es ist kalt geworden. Welch ein Jammer – denn hier hat inzwischen die Frühjahrsblüte eingesetzt. Zwischen den Palmen und Kakteen blühen Lupinen und sonnengelbe Stauden – und wir können nicht fotografieren. Auch für morgen ist Regen vorhergesagt. Natürlich wissen wir, dass sie hier das lebensspendende Nass dringend brauchen. Aber wir verwöhnten Touristen denken eben immer nur an unsere Fotos.

Zu unserem Erstaunen strahlt am Morgen die Sonne von einem blauen Himmel – auch wenn es so kalt ist, dass wir erst einmal die Heizung anschalten müssen. Wir beschließen, noch einen Tag zu bleiben, denn wir wollen endlich die wilde Landschaft des **Parque Natural del Desierto Central** bei Sonnenschein vor die Linse bekommen. In den vergangenen Monaten hat es hier viel geregnet. Feines Gras wächst dort, wo es sonst nur Steine und Sand gibt. Die Ocotillos, die im Herbst nur ihre dürren, braunen Stachelstangen in den Himmel reckten, haben nun grüne Blättchen bekommen und überall blühen gelbe Stauden. Das Naturschutzgebiet kann es mit seiner exotischen Vegetation und der bizarren Felslandschaft locker mit den Saguaro National Parks bei Tucson aufnehmen – mit dem

Vorteil, dass man hier nicht, wie in den amerikanischen Nationalparks, gegängelt wird und mutterseelenallein durch die einsame Wüstenlandschaft streifen kann. Und natürlich darf auch unser Hund ungehindert auf den Wegen unterwegs sein.

Mächtige Kandelaberkakteen, die Cardónes – die angeblich die höchsten Kakteen der Welt sind, sich erst nach ca. 100 Jahren das erste Mal verzweigen, mehrere Hundert Jahre alt und bis zu 20 m hoch werden –, wachsen neben schlanken Cirios. Die skurrilen Gewächse sind hier endemisch und bringen es auch auf 15-20 m. Nicht weniger exotisch sind die bizarren, ebenfalls nur hier vorkommenden Elefantenbäume. Angesichts der blühenden Wüstenvegetation geraten wir mal wieder in einen Fotorausch. Nebenbei erfahren wir äußerst lehrreich, wie sich diverse Wüstengewächse vermehren. Eyleen flitzt wie immer wild durch die Gegend – bis sie plötzlich mit lautem Schmerzensgeschrei angerannt kommt. Ein großes Stück eines langstacheligen, mit feinen Widerhaken bewehrten Kaktus hängt ihr zwischen den Hinterläufen. Nur mit Mühe kann ich es herausziehen. Kurze Zeit später hat sich solch ein Stacheldinganihrer Schnauze festgekrallt. Auch Peter bleibt nicht verschont. Der Übeltäter ist ein vielgliedriger Kaktus, der sich auf diese praktische Weise vermehrt. Streift ihn ein Mensch oder Tier, krallen die Stachel sich fest und es bricht ein Glied vom Mutterstrauch ab,

Ein riesiger Cardón

das dann an anderer Stelle Wurzeln schlägt. Wir bekommen auch demonstriert, wie die Tierwelt gelernt hat, mit den stacheligen Herausforderungen umzugehen. Ein Hund, vermutlich ein herrenloser Streuner, hat sich uns auf unserer Wüstenwanderung angeschlossen. Auch er wird von den Stacheln nicht verschont, hat aber gelernt, diese schmerzhaften Anhängsel mit der Schnauze selbst herauszuziehen.

Die Baja hat im Norden ihr Gesicht verändert. Verschwunden ist das abweisende, staubige Graubraun, stattdessen sprießt auf den Feldern die neue Saat. Am Straßenrand wächst gelber Raps, die Wüstenberge tragen frisches Grün und von den Hängen leuchtet das kräftige Orange wilder Blumen. Es muss in der letzten Zeit stark geregnet haben. Noch immer erinnern uns die ungeteerten Seitenstraßen der Ortschaften an aufgewühlte afrikanische Schlammpisten.

Gott sei Dank wird nach San Quintin die Straße ein klein wenig breiter. Der Rest ist wie gehabt. Aber nun haben wir sie ja bald hinter uns, die ungezählten *curvas peligrosas*, die ohne Leitplanken an steilen Abhängen vorbeiführen und die halsbrecherischen Abfahrten zu irgendwelchen Tankstellen, Ausweichstellen usw. Meistens fehlen Ausweichstellen gänzlich. Irgendwo, auf einer kurvenreichen Bergstrecke, stand einmal plötzlich ein Lastwagen mitten auf der Fahrbahn. Das Führerhaus war aufgeklappt, ein Werkzeugkasten stand herum und die einzige Absicherung nach hinten war ein kleiner Farbeimer ca. 20 m vor dem Hindernis. Vom Fahrer war weit und breit nichts zu sehen. Wenn man in solchen Situationen 20-30 cm hohe Abbrüche überwinden muss, ist das mit einem Wohnmobil kein Vergnügen.

Den nervigen Topes, auch *reductor de velocidat* (Geschwindigkeitsverringerer) genannt, meist angekündigt, jedoch beileibe nicht immer, weinen wir auch nicht hinterher. Obwohl, wenn man ehrlich ist, wären diese Geschwindigkeitsverringerer auch bei uns in Wohngebieten, vor Schulen oder Spielstraßen weit sinnvoller als unbeachtete Verkehrsschilder oder andere hirnrissige Maßnahmen. Angekündigt durch ein paar kräftige Rüttelstreifen brächten sie selbst jene Zeitgenossen in ihren tiefergelegten, mit Alufelgen aufgemotzten Karossen, die glauben, dass Geschwindigkeitsbeschränkungen nur für Leute sind, die nicht richtig Autofahren können, zuverlässig zum Abbremsen.

Südlich von **Ensenada** bietet die Natur ein Schauspiel, das sich trefflich vermarkten lässt: Das Blowhole **La Bufadora**. Durch ein Loch im Felsgestein der Küste lässt die Brandung bei Flut das Meerwasser in einer Fontäne, die wie ein mächtiger Geysir aussieht, emporschießen. Busweise werden die amerikanischen und japanischen Touristen, die in Ensenada mit den vielen Kreuzfahrtschiffen

Der Norden der Baja ist grün geworden

anlegen, angekarrt. Denen will man natürlich nicht nur das Blowhole zeigen, sondern auch was verkaufen. Laden reiht sich an Laden und alle verscherbeln so ziemlich den gleichen Ramsch: billige T-Shirts, Sonnenbrillen, Plastikhandtaschen mit Gucci-Emblem, Keramik usw. Wir Touristen aus Alemania kommen im Wohnmobil und nächtigen für $ 5 auf dem großen Busparkplatz. Beim Frühstück schaue ich zum Fenster hinaus und sehe – ein Zebra! Na gut, es ist ein wenig klein und auch die Farbe der Musterung geht mehr ins Braune – ganz so wie bei den Bergzebras in Südafrika, die ja auch etwas kleiner und brauner als ihre Verwandten in der Savanne sind. Peter meint, dass es vielleicht ein angemaltes Zebra ist – aber nein, wer soll denn auf so eine Idee kommen?! „Ich verrate Ihnen ein Geheimnis", sagt ein Mexikaner zu mir, „das ist ein angemalter Esel. Es ist eine alte mexikanische Tradition, Esel als Zebra anzumalen!" Aha! Und wozu braucht man in Mexiko auf Zebra getrimmte Esel? Ganz klar: um damit Touristen abzulichten. Und ehe wir uns versehen, bekommen wir Sombreros aufs Haupt gedrückt und Schärpen umgehängt. „Nein, nein, das ist doch eher was für Japaner und außerdem haben wir nur noch 20-Dollar-Scheine und unsere letzten Pesos haben wir auch schon verbraten!" Nein, er will wirklich kein Geld von uns, wir kämen von so weit her, da will er für uns zur Erinnerung ein Foto mit unserer Kamera machen. Spricht's und manövriert uns auf den Pseudo-Kutschbock, vor den der Zebra-Esel gespannt ist. Und deshalb haben wir nun so ein schönes Foto, um das uns garantiert jeder Japaner beneiden wird!

Foto mit dem Zebra-Esel

Um viele Schlaglöcher herum – mitunter auch mittendurch – kurven wir durch das gewaltig angewachsene Ensenada. Wir entdecken ein amerikanisches Einkaufszentrum nebst Walmart-Supercenter, Home Depot und C&A! Ich kaufe noch einmal günstigen Fisch und Kuchen und endlich sind wir aus Ensenada draußen! Kurz danach biegen wir auf die MEX 3 nach Tecate ab. Tecate haben wir als einen kleinen, angenehmen Grenzübergang in Erinnerung.

Kleiner Grenzübergang? Verflixt, wir haben schon Schwierigkeiten, die richtige Zufahrt zu finden. Der kleine Grenzübergang ist zwischenzeitlich nicht nur mächtig gewachsen und ausgebaut worden, sondern auch gesichert wie Fort Knox. Fahrzeuge werden nur einzeln per Ampelschaltung durchgelassen.

„Haben Sie Obst?", fragt uns eine gestrenge Beamtin, die dem Aussehen nach mexikanischstämmig ist. Ja, wir haben noch zwei Äpfel, die wollten wir eigentlich unterwegs noch essen – oder wenn es sein muss gleich hier. Verboten! Peter beißt demonstrativ in seinen Apfel, aber die Beamtin knöpft uns die verbotenen Früchte sofort ab und will uns postwendend weiterschicken.

„Halt, wir brauchen neue Einreisestempel, müssen einen neuen weißen Wisch ausfüllen usw.!" Die Hüterin der Grenze verschwindet mit unseren Pässen. Als sie nach einiger Zeit wieder aufkreuzt, hat sie zwei Einreisestempel hineingedrückt. „Das ist alles? Das reicht nicht. Wir müssen das weiße Einreiseformular ausfüllen!"

„Aber nein, Ihr habt doch ein Visum. Mehr braucht Ihr nicht!", erklärt sie kategorisch und gibt uns zu verstehen, dass wir jetzt augenblicklich weiterzufahren hätten. Verflixt und zugenäht, was machen wir jetzt? Wir wissen ganz genau, dass der Stempel nicht reicht, dass wir wirklich diesen weißen Wisch ausfüllen müssen. Wir erinnern uns an Klaas und Willi, denen es an der Grenze genauso ging. Kurze Zeit später wurden sie dann von der Border Patrol, die im Grenzgebiet überall mit Straßensperren und -kontrollen präsent ist, angehalten und wegen des fehlenden Papiers über die Grenze zurückgeschickt. Aber was sollen wir machen? Wir können der Grenzbeamtin ja schlecht mit vorgehaltener Pistole dieses wichtige Einreisedokument abpressen. Unser einziger Trost ist, dass wir die USA nicht mit dem Flugzeug verlassen werden. Denn dort muss das weiße Stückchen Papier zuverlässig abgegeben werden.

Wenige Tage später werden wir wirklich von der Border Patrol angehalten. „Wo haben Sie den Abschnitt des Einreiseformulars?", will der Grenzbeamte wissen, der unsere Pässe kontrolliert. Wir atmen tief durch – hoffentlich müssen wir nicht zurück! „Wir haben keinen. Die Beamten in Tecate haben uns erklärt, dass wir das nicht brauchen, weil wir ein Visum haben!"

„Ach so!" Man sieht ihm an, dass er in seinen Gehirnwindungen nach der korrekten Gesetzeslage kramt, zu der Erkenntnis kommt, dass er sie wohl nicht so genau kennt, und wünscht uns eine gute Weiterreise.

Anmerkung: Das Einreiseformular I-94 (weiß bei Inhabern eines Nichteinwanderungsvisums, sonst grün) muss bei der Einreise per Flugzeug oder Schiff nicht mehr ausgefüllt werden. Die I-94 Automatisierung betrifft allerdings ausschließlich Personen mit einem Visum, die per Flugzeug oder Schiff in den USA ankommen. Visuminhaber, die auf dem Landweg in die Vereinigten Staaten (über Kanada oder Mexiko) einreisen, müssen weiterhin ein I-94 in Papierform ausfüllen und dieses bei Verlassen der USA abgeben. Seit September 2016 haben Reisende auf dem Landweg die Möglichkeit, im Vorfeld der Reise ein vorläufiges I-94 auf elektronischem Wege zu beantragen. So kann auch die Einreise auf dem Landweg schneller und komfortabler gestaltet werden. An der Grenze wird der Beamte mittels Ihres Reisepasses Ihren Datensatz aufrufen und Ihnen einen Ausdruck des vorab ausgefüllten I-94 Formulars mitgeben. Die weitere Einreiseprozedur an der Grenze (kurzes Interview, ggf. Abgabe der biometrischen Daten etc.) bleibt wie gehabt.

💻 www.usvisaservice.de/visa-wissen/formularsammlung/i-94-arrival-departure-record/

USA von Südwest nach Nordost

Im Big Bend National Park

Wild West Stories

Uncle Sams Straßen sind im Westen breit, glatt und eben. Peter kann wieder Gas geben. Nur Mexikos Spritpreise vermisst er, während ich den mexikanischen Obst-, Gemüse- und Fischpreisen nachweine, mit denen wir in den großen Supermärkten von La Paz und anderen Städten verwöhnt wurden. Trotzdem meint man mitunter, noch immer in Mexiko zu sein. Wenn man im Walmart einkauft, wird fast nur Spanisch gesprochen. Zweisprachig ausgezeichnet und angepriesen wird im Walmart schon ab dem Nordwesten. Denn wo auch immer Grünzeug angebaut und geerntet wird, ist das ein Job für Mexikaner.

Wir haben in der mexikanischen Baja so viele Kakteen gesehen, dass wir auf dem Weg nach Tucson die Saguaro National Parks und anderen Sehenswürdigkeiten Tucsons, die wir ohnehin kennen, außen vor lassen und lieber noch einmal die Straße nach Tombstone unter die Räder nehmen. **Tombstone**, die Stadt, die zu zäh zum Sterben ist, wird nur durch die Erinnerung an ein paar recht fragwürdige Helden am Leben gehalten. Als wir 1992 das erste Mal hier waren, hatte die halb tote Stadt noch Flair. Es gab weder Motel noch Campingplatz und Touristen waren auch nur eine Handvoll da. Wir hatten uns über die historischen Attraktionen und das Ambiente von anno dazumal köstlich amüsiert. Inzwischen wurde Tombstone *reanimiert*, mit zahllosen Souvenirshops aufgepäppelt und mit Motels und RV Parks, die samt und sonders ziemlich voll sind, touristisch auf den neuesten Stand gebracht. Liegt es daran, dass heute Sonntag oder ganz allgemein Snowbird-Saison ist? Das Flair der alten Stadt ist dahin. Die Hauptstraße wurde gesperrt, denn alle paar Minuten wird ein neuer *gunfight* in Szene gesetzt. Die Akteure und Akteurinnen stolzieren in schwarzen Mänteln oder farbigen Federboa-Kostümen durch die Gegend. Scheinbar sind alle Einwohner Tombstones an dem Spektakel beteiligt – sofern sie nicht hinter den Kassen der Souvenirshops stehen. Im O.K. Corral, wo die legendäre Schießerei zwischen Wyatt Earp, Doc Holliday und der Clanton-Bande stattfand, duellieren sie die „Helden" stündlich. Aber wer schon mal hier ist, sollte dem Bird Cage Theatre einen Besuch abstatten, wo Doc Hollidays Zahnarztinstrumente zu bestaunen sind und ein großes Schild für die guten Schulen der Stadt, das reine Wasser und die gute Luft wirbt. Macht man anschließend einen Spaziergang über den Friedhof am Boot Hill, erfährt man, dass die Luft in Tombstone eher bleihaltig war und nicht jedem gut bekommen ist. Dass jemand eines natürlichen Todes starb, war eher selten. Gelyncht, erschossen, gekillt oder legal gehängt – in der ehemaligen Silberminenstadt war man nicht zimperlich.

Das Chiricahua National Monument

Nicht gerade zimperlich ging man auch mit den Apachen um. Die Berge rund um das **Chiricahua National Monument** waren nicht Mexikaner-, sondern Apachenland. **Land der stehenden Felsen** nannten sie das Gebiet, für das die Nationalparkverwaltung heute mit der Bezeichnung **Wonderland of Rocks** wirbt. Durch Vulkanausbrüche und anschließende Erosion verschieden harter Gesteinsschichten wurde eine faszinierend zerklüftete Felslandschaft geschaffen. Die bizarr geformten Felsskulpturen boten dem Apachenhäuptling Cochise ein sicheres Versteck. Die Zeiten, als man ihn jagte, sind allerdings längst vorbei. Heute haben fotografierende Touristen die Wanderwege und Aussichtspunkte erobert. Und weil Indianisches inzwischen chic ist, wurde ein markanter Berg, der mit etwas Fantasie wie der Kopf eines liegenden Mannes aussieht, **Cochise Head** genannt.

Anmerkung: Leider ist auch hier, wie in allen Nationalparks, auf fast allen Trails Hundeverbot. Immerhin kann man aber mit dem Hund wenigstens im unteren Teil eine etwas längere Wanderung durch Kiefern- und Wacholderwald zur Faraway Ranch machen.

Wir bleiben erst einmal bei den Apachen und nehmen noch einmal den unbefestigten Apache Pass. Oben am Pass campen wir idyllisch und einsam, wenn auch

Übernachtung am Apache Pass

ein wenig inoffiziell. Dafür, dass es hier vor rund 140 Jahren alles andere als friedlich zuging, schlafen wir trotzdem ruhig und in Frieden. Auf den Pfad zur abgelegenen National Historic Site dürfen auch Hunde mitgenommen werden. Logisch, dass wir diesen Fußmarsch ganz besonders genießen. Die Einsamkeit und die Weite der kargen Landschaft vermitteln uns ein euphorisches Gefühl der Freiheit – obwohl wir wissen, dass hier die Chiricahua Apachen einen verzweifelten Kampf um ihre Freiheit führten und ihn letztendlich verloren. Heute erinnern neben den Schautafeln am Wegesrand auch die Ruinen der Indianeragentur[1] und der Postkutschenstation an diesen Kampf. Und natürlich auch das Fort selbst, das nur dazu errichtet wurde, die Apachen von ihrem angestammten Land zu vertreiben. Die glatt gewaschenen Reste seiner Adobemauern glänzen im Sonnenlicht wie moderne Skulpturen und lassen das Herz eines jeden Fotografen höherschlagen.

Häuptling Cochise, der nach zehnjähriger Fehde erkannt hatte, dass er der Übermacht der Weißen nicht gewachsen war, hatte den Weg ins trostlose San

[1] Indianeragenturen waren für die Betreuung und Versorgung der in Reservate verbannten Native Americans zuständig. Die meisten Indianeragenten bereicherten sich auf Kosten der Reservatsbewohner und sorgten so für zusätzlichen Zündstoff zwischen Siedlern und Indianern. Mehr unter: 💻 https://de.wikipedia.org/wiki/Bureau_of_Indian_Affairs

Carlos Reservat angetreten. Der Rebell Geronimo, der alles andere als zimperlich war und sich nicht dem Unvermeidlichen fügen wollte, hielt Armee und Siedler mit seinen Attacken noch jahrelang in Atem. Die Armeeführung sah in dem letzten Apachenführer und seinem verbliebenen Häufchen von 24 Kriegern eine derartige Bedrohung, dass ihretwegen eine gigantische Streitmacht aufgestellt und zwischen Arizona und New Mexico ein kostspieliges System von Spiegeltelegrafen installiert wurde. 5.000 Soldaten (etwa 1/3 der gesamten Armee), 500 Apachenkundschafter sowie eine mehrere Tausend Mann starke Bürgermiliz jagten die letzten frei lebenden Apachen. Diese unrühmlichen Kräfteverhältnisse stehen allerdings nicht in dem Blättchen, das man von der Nationalparkverwaltung bekommt, sondern sind nachzulesen in Dee Browns „Begrabt mein Herz an der Biegung des Flusses“ (das Buch ist meines Erachtens ein Muss für jeden USA-Touristen!). Geronimo musste sich letztendlich der Übermacht ergeben und wurde nach Florida deportiert. Sein Sohn Little Robe, der gerade mal zwei Jahre alt wurde, liegt auf dem kleinen Friedhof in der Nähe des Forts zwischen Siedlern, Outlaws und Soldaten begraben.

Heutzutage gibt sich die Armeeführung nicht mehr mit Spiegeltelegrafen, Musketen und Kanonen ab. Sie hat jetzt handfestere Spielzeuge, die auszuprobieren eine Menge Platz und von den Menschen der Umgebung sehr viel Langmut fordern. Die White Sands Missile Range in New Mexico zieht sich von **Las Cruces** über **Alamogordo** bis zur texanischen Grenze über endlose Meilen, durchschnitten nur vom Highway 70. Wenn die Militärs ihre hübschen, kleinen Raketen fliegen lassen, wird mitunter der ganze Highway gesperrt.

Inmitten dieser martialischen Umgebung liegt eines der größten Naturwunder der USA: die schneeweißen Gipsdünen des **White Sands National Monuments**. Ein Nationalmonument ohne Hundeverbot! Gleißend weiß heben sich die Gipsdünen gegen den tiefblauen Himmel ab. Eyleen stürmt los in diesen seltsamen Schnee und fordert Peter mit lautem Gebell zu ihrem Lieblingsspiel auf. Leider funktioniert Schneeballwerfen mit Gipssand überhaupt nicht. Am Nachmittag, als die Hitze etwas nachlässt und die länger werdenden Schatten die Konturen der Dünen hervortreten lassen, zücke ich die Kamera. Peter behauptet, dass ich die Welt nur noch durch die Fotolinse sähe. Nicht nur ich – die unwirklich anmutende Gipswüste war schon Kulisse für so manchen Western, in dem die Helden verdurstend durch flirrende Hitze irrten. Man verliert in diesem weißen Dünenmeer wirklich schnell die Orientierung. Mit meinem Orientierungssinn war es ohnehin noch nie sehr weit her. Vorsorglich zeichne ich daher mit den Füßen regelmäßig Richtungspfeile in den Sand, was bei Peter ein verwundertes Kopfschütteln auslöst.

Die White Sands

Ich hätte ja gerne die weißen Dünen im Sonnenunter- oder auch -aufgang abgelichtet, aber es gibt in den White Sands nur einen Walk-in-Campground. Campen wir halt in Alamogordo am Walmart. Der Walmart Parkplatz in Alamogordo ist eigentlich recht ruhig – aber mitten in der Nacht weckt mich ein lang gezogenes, fauchendes Pfeifen. Im Halbschlaf will ich es abstellen und drücke auf dem Wecker herum, bis ich kapiere, dass dies wieder so ein Endloszug ist, der von mindestens drei bis vier Loks gezogen wird. Die Bahnlinie, die uns schon seit Tagen begleitet, führt genau durch den Ort und beglückt die Anwohner mit ihrem Getöse, denn vor jedem Bahnübergang wird laut und durchdringend gepfiffen. Wenn wir da an die Fränkische Schweiz denken, an die Aufregung und Empörung, die die schüchternen Pfeiferchen der Fränkische-Schweiz-Bimmelbahn in den angrenzenden Orten verursachen …

Am Morgen, wir sitzen gerade beim Frühstück, erschüttert ein Knall den Ort – kurz darauf ein zweiter, der so stark ist, dass unser Wohnmobil von den Reifen bis zur Solaranlage zittert. Wir sehen uns erschrocken an – bis uns einfällt, dass Alamogordo ringsum vom White-Sands-Raketenversuchsgelände umgeben ist – schließlich führte uns der Highway ja gestern endlos durch das Gelände hindurch. Ist doch logisch, dass die Militärs ihre Spielzeuge auch ausprobieren müssen. Das zeigt uns wieder mal, dass Amerikaner sehr viel mehr tolerieren und aushalten als wir Deutschen.

Lone Star State Texas – Auf den Spuren von Giganten und anderen Helden

Es war unsere zweite Amerikareise mit einem Miet-Pkw. Wir waren in Phoenix/Arizona gestartet und tourten vier Wochen lang per Mietauto durch den

„Wilden Westen". Hinter uns lagen El Paso und die mexikanische Grenzstadt Ciudad Juarez. Jetzt wollten wir zum Big Bend National Park.

Tagebucheintrag vom 30. Mai 1992
El Paso - Ciudad Juarez - Marfa, 221 Meilen

... Mittlerweile haben wir 1.500 Meilen „heruntergeritten". Die I-10 haben wir bei Van Horn verlassen und fahren auf dem Highway 90 in südöstliche Richtung. Der einsame Highway dehnt sich schier endlos bis zum Horizont, führt vorbei an verlassenen und verfallenen Häusern und an riesigen Ranches. Texas – damit verbinden wir nicht nur Weite, sondern auch den unermesslichen Reichtum der Öl- und Rinderbarone. Zumindest dieser Teil von West Texas hat die reichen und besseren Zeiten sichtbar hinter sich. Hoffentlich bekommen wir in Marfa ein anständiges Motel.

Auch Marfa hat die guten Zeiten hinter sich. Eigentlich ist es schon fast eine Geisterstadt. Gut die Hälfte aller Häuser ist heruntergekommen oder völlig verlassen, die Fenster der Bank sind mit Brettern und Packpapier vernagelt. Es ist erschreckend. Für uns als Deutsche, gewöhnt an horrende Grundstückspreise, ist es unvorstellbar, dass man einfach sein Haus aufgibt. Nicht verkauft – aber wer sollte es in dieser gottverlassenen Gegend kaufen? –, sondern einfach weggeht. Wobei man die meisten dieser Bretterbuden eigentlich kaum „Haus" nennen kann. Vier Wochen USA, besonders wenn man die eingefahrenen Touristenrennstrecken verlässt, sind stets ein kompaktes Kontrastprogramm, beginnend bei der Vielfalt der Landschaften bis zur Vielfalt der Gesichter Amerikas und seiner Bewohner.

Immerhin gibt es in Marfa zwei Motels, die jedoch beide denselben Besitzer haben. Bedingt durch die mangelnde Konkurrenz und die relative Nähe zum Big Bend National Park glänzen sie zwar weniger durch Komfort als durch stolze Preise, aber wir sind nicht erpicht darauf, im Auto zu schlafen. Früher gab es hier sogar mal ein Hotel, das jetzt aber, genau wie die Bank, vergammelt, verriegelt und verrammelt ist. Im einzigen Restaurant der Stadt, das natürlich auch dem Eigner der Motels gehört, werben große Schilder für die mysteriösen Lichter, die mitunter in der Nähe von Marfa zu beobachten sein sollen. Sonst gibt es hier nichts zu sehen und unsere Reiseführer schweigen sich über Marfa aus. Wir sind von unserem vollgepackten 4-Wochen-9.000-km-Programm ohnehin ziemlich groggy und fallen im Thunderbird Motel müde ins Bett. Außerdem haben wir gestern festgestellt, dass wir zwei Zeitzonen übersprungen haben. Die Armbanduhren und den Wecker haben wir zwar inzwischen vorgestellt, aber die innere Uhr ist ziemlich ins Hintertreffen geraten.

Was wir zu diesem Zeitpunkt nicht wussten, sondern erst kurz nach unserer Rückkehr in einer Fernsehreportage über James Dean erfuhren: In bzw. in der Umgebung von **Marfa** wurde **Giganten** gedreht. Na, wenn wir das gewusst hätten, hätten wird dem Ort etwas mehr Aufmerksamkeit geschenkt! Uns fiel das verrammelte Hotel wieder ein. Ganz sicher waren dort die Akteure untergebracht, denn im Thunderbird Motel werden Liz Taylor, Rock Hudson und James Dean bestimmt nicht genächtigt haben.

Heute rollen wir mit unserem Wohnmobil Richtung Marfa. Und im Gegensatz zu damals wissen wir nun Bescheid. Und nicht nur wir! Selbst in den Landkarten unseres deutschen ADAC, die wir so gerne zum Planen der Routen benutzen, wird erwähnt, dass in Marfa **Giganten** gedreht wurde.

Aus unserem Radio klingt altmodische Countrymusik. Wieder haben wir den Freeway bei Van Horn verlassen. Links und rechts des schnurgeraden Highways ziehen sich Bergzüge. Das Land, das an den Highway grenzt, ist eingezäunt. Eine Tatsache, die uns 1992 gar nicht so direkt aufgefallen ist. Aber damals waren wir mit wenig Zeit und vor allem ohne Hund unterwegs. Heute suchen wir instinktiv immer nach Arealen, wo unser Hund laufen kann, und das ist in den USA, obwohl hier alles weit und riesig ist, gar nicht so einfach.

Wir haben geplant, auf einem der riesigen Rastplätze zu übernachten, was in Texas im Gegensatz zu vielen anderen Staaten durchaus erlaubt ist. Aber die Rastplätze liegen uns zu nah an der Straße – und vor allem zu nah an der Bahnlinie. Peter zählt die Ladung eines kürzeren Zuges: 121 doppelstöckige Container! Gezogen wird das rollende Monstrum von vier Loks! Wenn solch ein Ungetüm in der Nacht an dir vorbeirattert und faucht, machst du kein Auge zu. Wir fahren weiter. Notfalls gibt es in Marfa einen relativ preiswerten RV Park.

Marfa versetzt uns in Staunen. Das Motel, in dem wir damals genächtigt haben, existiert nicht mehr und auch das Restaurant, in dem wir gegessen haben, wird gerade abgerissen. Die Geisterstadt ist zu neuem Leben erwacht! Überall wird neu gebaut, renoviert und aufpoliert. Ein Schild weist auf das historische Paisano Hotel hin, das 2001 einen neuen Besitzer und Investor fand und in den folgenden Jahren aufwändig renoviert wurde. 1955 diente es als Hauptquartier der Giganten-Filmcrew. Na also, wir wussten es doch! Heute lebt das Hotel wieder vom Mythos der alten Stars. Überall hängen Fotos von James Dean und Liz Taylor – na ja, von Rock Hudson sind auch ein paar da.

Wir wollen ja nicht im Hotel übernachten, schließlich haben wir unser eigenes dabei, aber Peter möchte doch gerne etwas mehr als nur die Lobby sehen. Nachdem er das Zimmermädchen mit $ 5 Trinkgeld beglückt hat, schließt sie uns die

Suiten von Liz Taylor und Rock Hudson auf und natürlich auch das Zimmer von James Dean. Wobei die Namen Liz-Taylor- und Rock-Hudson-Suite irreführend sind. Als der Film 1955 gedreht wurde, hatte das Hotel nur 65 Einzelzimmer. Liz Taylor und Rock Hudson bewohnten jeweils Eckzimmer, die heute Teil der aus mehreren Zimmern zusammengelegten Suiten sind. Die Stars hielten es allerdings nur zwei Wochen im Hotel aus und bezogen dann Quartier in Privathäusern. Vielleicht waren ihnen ja die Züge zu laut, denn die allgegenwärtige Bahnlinie, die auch im Film immer wieder zu sehen ist, führt sehr nahe am Hotel vorbei. Auch der Campingplatz liegt unmittelbar neben den Gleisen.

Wegen dieser Gleise wurde Marfa im Jahr 1880 gegründet, denn die Dampfloks, die damals durch die Weiten des Landes schnaubten – vermutlich auch nicht leiser als die heutigen Ungetüme –, benötigten Wasser und eine Versorgungsstation. Den klangvollen Namen erhielt die Stadt von der Frau eines Bahnführers, die damals gerade einen Roman las, dessen Heldin *Marfa* hieß.

Geschichte hin und her – wir schlafen lieber leise! Längst haben wir ein Schild entdeckt, das zu einem Fairground (Jahrmarkts- und Messegelände) führt. Die Straße dorthin biegt von der Bahnlinie weg und führt uns und unser rollendes Privathotel zu einem wunderbar ruhigen, ungestörten County Park.

Am nächsten Morgen kreuzen wir ausgeruht und ausgeschlafen im Visitor Center auf, um noch mehr über Marfa zu erfahren. Nach einem Blick auf die dortige Uhr stellen wir fest, dass wir auch dieses Mal wieder zwei Zeitzonen verpennt haben. Aber jetzt hat unsere innere Uhr wesentlich mehr Zeit sich umzustellen, denn wir müssen nicht mehr mit angelegten Ohren durch die Lande düsen.

Wie uns im Visitor Center voll Stolz erzählt wird, wurden in der jüngeren Vergangenheit in der Umgebung von Marfa noch zwei weitere Filme gedreht: **There Will Be Blood** und **No Country For Old Men**. Logisch, dass wir uns die daheim bei nächster Gelegenheit im Fernsehen angesehen haben. Obwohl mit zwei bzw. vier Oscars dekoriert, haben sie uns persönlich nicht vom Hocker gerissen. Die längst zu einem Gerippe verfallene Fassade der **Giganten-Ranch** steht übrigens auf einem Privatgelände, ist vom Highway aus nicht zu sehen und Touristen sind nicht erwünscht.

Und was hat es mit den mysteriösen Marfa-Lichtern auf sich, die mitunter nach Anbruch der Dunkelheit baseballgroß über der Ebene schweben? Der Legende nach sollen es die Seelen ermordeter Apachen sein, die um 1860 in der Nähe von Marfa getötet wurden. Oder es sind ihre Lagerfeuer. Natürlich könnten es auch UFOs sein – und logisch, während des Krieges steckten selbstverständlich die Deutschen dahinter. Im Laufe der Jahre wurden die Lichter regelmäßig gefilmt und fotografiert und ihr Erscheinen und ihre Häufigkeit genau dokumentiert. Studenten der Universität von Dallas stellten dann 2004 im Rahmen einer Untersuchung fest, dass die meisten dieser Geisterlichter die Scheinwerfer von Autos und Lkws sind, die auf den Highways 90 und 67 nur wenige Kilometer östlich von Marfa vorbeifahren. Tieffliegende Jets werden ebenso als Ursache angesehen. Meteorologen ziehen außerdem Luftspiegelungen bei diversen Witterungsverhältnissen in Betracht.

Auch wenn die Ursachen mit ziemlicher Sicherheit erklärbarer Natur sind, wurde 2007 am Highway 90 in Richtung Alpine das **Marfa Mystery Lights Viewing Center** errichtet. Wen der unmittelbar daneben verlaufende Highway und die Bahn nicht stören, kann hier problemlos im Wohnmobil übernachten.

Gleich den Wellen einer Sinuskurve schlängelt sich der Highway bergauf, und bergab bis zum Horizont, windet sich durch schroffe, graubraune Bergketten und karges Buschland. Wie so oft im Südwesten der USA, wurde die Fahrbahn der Topografie des Geländes angepasst. Die spektakuläre Scenic Road führt durch ehemaliges Ranchland, das seit einigen Jahren Teil des Big Bend Ranch State Parks ist.

Von der CD aus unserem Player tönt „Deportee", gesungen von den Highwaymen (Willie Nelson, Waylon Jennings, Johnny Cash und Kris Kristofferson). Irgendwann, nach jener zweiten Amerikareise, hatte ich die CD Peter zum Geburtstag geschenkt. Wann und wo immer der Song „Deportee" aus einem unserer diversen Player tönte, ob zu Hause oder im Auto, fuhren wir im Geiste jene ganz bestimmte Strecke am Rio Grande entlang – die RM-170 von Presidio zum Big Bend National Park.

Der Text des Liedes stammt vom legendären Woody Guthrie, vertont hat ihn ein gewisser Martin Hoffmann. So ziemlich alle Protestsänger von Rang und Namen, wie z. B. Bob Dylan und Joan Baez, hatten das Lied in ihrem Repertoire. Es beklagt den Tod von 28 illegalen mexikanischen Erntehelfern, die auf der Suche nach Arbeit durch den Grenzfluss Rio Grande ins „gelobte Land" gewatet waren. Im Januar 1948 sollten sie per Flugzeug in ein Abschiebezentrum deportiert werden und kamen beim Absturz über dem Los Gatos Canyon ums Leben. Mehr dazu steht auf folgender Webseite:

💻 http://divergences2.divergences.be/spip.php?article852.

Vermutlich liegt es am Grenzfluss Rio Grande, dass wir dieses Lied wie kein anderes mit eben dieser Straße verbinden, denn der Los Gatos Canyon liegt weit entfernt im kalifornischen Agrargebiet nahe Fresno. Und ganz sicher ist es auch so, dass die Melodie und der Gesang der vier Country-Größen bei uns stets schlicht und einfach Urlaubserinnerungen hervorriefen, denn bis man gesungene Liedtexte so einigermaßen verstanden hat, muss man schon einige Male sehr genau hinhören.

Heute fahren wir diese Straße zum zweiten Mal und dass Peter eben jene CD in den Schlitz des Players geschoben hat und nun zum x-ten Mal wiederholen lässt, ist kein Zufall.

Am Rio Grande

Das Lied ist zwar alt, aber dass es an Aktualität nicht verloren hat, sahen wir während der vergangenen Monate unserer Reise durch den gesamten Westen der USA. Angesichts der meterhohen Grenzzäune, die man anderenorts sieht, wundert es, dass diese Flussgrenze hier gänzlich unbewacht ist. Teilweise wirkt der Rio Grande auch gar nicht *grande*, sondern eher schmal und sieht sehr seicht aus. Da könnte man doch leicht hindurchwaten? Doch auf beiden Seiten des Flusses ist das unbewohnte Gelände lebensfeindliche Wüste, durchzogen von schroffen Bergzügen. Schon viele sind auf diesen Schleichwegen ins *Gelobte Land* verdurstet.

Wir in unserem komfortablen Wohnmobil, mit gefüllten Wassertanks und einer klimatisierten Fahrerkabine, genießen die wilde Szenerie der Landschaft und beenden die Fahrt beizeiten an einer kleinen Campingstelle direkt am Rio Grande. Obwohl erst Mitte März, ist es höllisch heiß. Statt Spaziergang lassen wir unseren Hund ins Wasser hüpfen – auch wenn dort steht, dass dies für Haustiere verboten ist.

Wir haben den Big Bend National Park zwar heiß in Erinnerung, aber heute finden wir die Temperatur trotz der frühen Jahreszeit nahezu unerträglich. Vielleicht liegt es ja auch nur daran, dass wir inzwischen ein ganzes Ende älter sind. Ja, und außerdem haben wir es wieder mal geschafft, genau zum Wochenende in einem Nationalpark einzutrudeln. Offiziell sind eigentlich alle Campgrounds belegt, aber in den Chisos Mountains ergattern wir doch noch einen Platz, weil uns ein freundlicher Campground-Host verrät, dass es noch Plätze gibt, die erst ab morgen reserviert sind. Ein wenig kühler ist es hier oben auch. Natürlich hatten wir gehofft, dass wir in den Chisos Mountains wieder wandern könnten – aber selbst wenn es mit dem Hund erlaubt wäre, könnten wir es unserer hitzeempfindlichen Eyleen mit ihrem dicken, schwarzen Fell nicht zumuten – außerdem lähmt die Hitze auch unsere Aktivitäten. Wir beschränken uns darauf, die Parkstraßen zu den diversen Highlights abzufahren. Je weiter man von den Bergen nach unten kommt, umso heißer wird es. Am Bouquilas Canyon zeigt das Thermometer schwüle 37 ° – Celsius, keine Fahrenheit! Aufwärts müssen wir die Klimaanlage ausschalten und an manchen langen Steigungen muss zur Unterstützung sogar die Heizung eingeschaltet werden, damit der Motor nicht zu heiß wird. Viel schneller als ursprünglich geplant, verlassen wir schließlich den Nationalpark.

Anmerkung: Der Big Bend National Park, einst das Jagdgebiet der Comanchen, ist ein faszinierender Park, der normalerweise längst nicht so überlaufen ist wie die großen Nationalparks an den „Rennstrecken". Wer ohne Hund, am besten im Winterhalbjahr, unterwegs ist (dann kann es allerdings auch eisig sein), wird die schroffen Landschaften der Canyons und die Bergwelt der Chisos Mountains genießen! Ein weiterer Tipp für Leute mit Zeit ist die Texas Mountain Trail Region: Sie müssen den Ben Big Bend NP über den Highway 385 oder den Highway 116 verlassen und nach Alpine fahren, auf der I-10 zurück nach Van Horn und dann auf dem Highway 54 vorbei an den Sierra Diablo Mountains zum Guadalupe Mountains National Park kurz vor der Grenze zu New Mexico. Der ist allerdings wirklich nur für Leute **ohne Hund** interessant, denn im Gegensatz zu den anderen US-amerikanischen Parks kann man mit dem Auto nur einige wenige Kilometer an

Im Big Bend National Park

seiner Peripherie entlangfahren. Ansonsten erschließt sich seine raue Schönheit nur Wanderern. Wer an Höhlen interessiert ist, für den lohnt dann auch ein Besuch der nahe gelegenen Carlsbad Caverns.

Unser Hund kommt erst in Marathon zum Spazierengehen – ja richtig, in einer Stadt, denn Texas, so faszinierend dieser Staat ist, ist ein Land der Zäune. Für einen normalen, unbedarften, deutschen Hundehalter, gewöhnt an frei zugängliche Feld- und Waldwege, wird es dann noch seltsamer klingen, dass wir wieder die Interstate unter die Räder nehmen, denn die riesigen Rest Areas zu beiden Seiten der Fahrbahnen, mit ihren ausgedehnten Grünflächen, bieten unserem lauffreudigen Hund zumindest angeleinten Auslauf.

In Junction entdecken wir einen hübschen Citypark an einem aufgestauten Fluss. Hier darf unser Hund schwimmen und wir können unter schattigen Bäumen campen. Am Abend werden wir vor einem Sturm gewarnt. Wenn der Wind zunimmt, müssen wir den Platz unter den Bäumen verlassen und uns freier hinstellen, notfalls vor dem Walmart Quartier beziehen. Rings um uns blitzt es bereits und als der Wind später wirklich anfängt zu blasen, suchen wir uns einen Platz vor den Toiletten, wo wir keine Bäume über uns haben. Später in der Nacht beginnt es, wie aus Kübeln zu schütten. Auch am Morgen regnet es noch in Strömen. Außerdem hat der Sturm einen Temperatursturz herbeigeführt. Hatten wir in den tieferen Lagen des Big Bend bei 37 °C gestöhnt und auch gestern noch bei schwülen 28 °C geschwitzt, so schafft es das Thermometer heute nur noch auf kühle 12-13 °C und es regnet immer wieder.

„In München steht ein Hofbräuhaus", tönt es in voller Lautstärke aus dem **Auslander Biergarten Restaurant** durch die Main Street. Auf der Speisekarte stehen Jäger- und Zigeunerschnitzel, Ungarisches Gulasch und Königsberger Klopse. Das Restaurant **Der Lindenbaum** wirbt mit *authentic German cuisine.* Im **Rathskeller** gibt es *breakfast, lunch and dinner.* Wer selbst kochen möchte, findet vermutlich im **Küchenladen** die passenden Gerätschaften. Ei, wo sind wir denn hier? In Fredericksburg, Texas! Orte wie New Braunfels, Schulenburg und Weimar erinnern noch heute daran, woher die meisten Einwanderer in dieser Ecke von Texas stammten. Im Gebäude einer Rest Area entdecken wir eine ausgestellte Zeitschrift von 1942: „Die Hausfrau – ein Monatsblatt in deutscher Sprache für deutsche Frauen in Amerika." Aber es sind nicht nur die deutschen Namen – wir bilden uns ein, dass das ganze Drumherum viel gepflegter und ordentlicher wirkt als anderswo.

Deutsches Restaurant in Fredericksburg

Ich persönlich würde ja am liebsten um jede Großstadt den größtmöglichen Bogen schlagen, aber Peter wollte schon immer San Antonio sehen. Mit ihrem Riverwalk wirkt die Stadt wie ein amerikanisches Klein-Venedig – und wenn wir dort ohne Hund und außerhalb des Osterferiengewimmels bummeln könnten, würden wir es vielleicht sogar genießen.

San Antonios Hauptattraktion ist aber ohne Zweifel sein Heldentempel Alamo. In Texas, wo alles größer ist als anderswo, sind logischerweise auch die Helden größer – und die Orte, wo man ihrer und ihres *Heldentodes* gedenkt, sind „heiliger Boden und ein sakraler Ort" (Originaltext des Merkblatts, das man am Eingang erhält und für das **die Töchter der Republik Texas** verantwortlich zeichnen).

Als die amerikanischen Siedler 1863 den Mexikanern ihre Provinz Texas abspenstig machen wollten, weil Präsident Santa Ana ihre Selbstständigkeit beschnitten hatte, ließ Mexiko sich das verständlicherweise nicht so einfach gefallen. Von der Übermacht der mexikanischen Truppen des Generals Santa Ana umgeben, verschanzten sich die amerikanischen Rebellen in der zum Fort umgebauten, ehemals spanischen Mission Alamo. Den Sturm des Forts überlebte keiner der fast 200 Belagerten und die Namen ihrer Anführer, William Travis, Jim Bowie und David Crockett, sind heute noch Legende. Legende sind wahrscheinlich auch die Geschichten, die sich um diesen Freiheitskampf spinnen, denn ganz unten im Merkblatt steht, dass die Tatsachen um die Belagerung weiterhin debattiert würden ... Oh, ja, wie amerikanische Heldengeschichten gestrickt werden, hat ja die jüngere Vergangenheit während des Irakkriegs gezeigt. Noch dazu war 1835 keine kritische Presse zugegen und Legendenbildung beginnt meist sehr früh. Tja, und ob das Messer und die Flinte, die dort ausgestellt sind, wirklich Jim Bowie und David Crockett gehört haben ...

Für Texaner ist der Besuch des Alamo vermutlich ebenso heilige Pflicht wie für Moslems die Pilgerfahrt nach Mekka. Um durch den nie vollendeten Kirchenbau geschoben zu werden, muss man gut 20 Minuten anstehen, und weil Ferien sind, werden auch gelangweilte Kids und plärrende Kleinkinder zwangsweise durch den heiligen Ort geschleift. Ein großes Schild am Eingang mahnt zur Ruhe, denn: „Dies ist ein sakraler Ort, hier starben Helden!" Selbstredend ist es den Männern auch verboten, ihre Hüte aufzubehalten, egal, ob es sich dabei um ein simples Baseballkäppi oder einen standesgemäßen Stetson handelt, und fotografieren darf man an diesem weihevollen Ort natürlich auch nicht. Wobei – zu sehen, bzw. zu fotografieren gibt es hier wirklich nicht viel. Weihevoll und sakral war der Alamo auch nicht immer. Denn nach der Belagerung war er mehr oder weniger dem Verfall preisgegeben, diente lange Jahre als Lagerhaus, Garnison und ähnlich profanen Zwecken. Erst Anfang des letzten Jahrhunderts erwarben die **Töchter der Republik**, eine Vereinigung texanischer Frauen, die ihre Herkunft auf die frühen Siedler vor der Belagerung zurückführen, die Gebäude und funktionierten den Alamo zur Heldengedenkstätte um.

Eine Heldentat ist es übrigens auch gewesen, dass Peter in San Antonio, wo sämtliche Parkplätze rappelvoll belegt waren, auf dem Gelände einer Reifenfirma einen Platz für unser Wohnmobil ergattert hat – 5 Minuten zu Fuß vom Alamo entfernt. „Extra aus Germany gekommen, um den Alamo zu sehen? Kein Problem, Sie können ruhig hier parken!"

Als wir anschließend auf der I-10 weiter Richtung Houston tuckern, dudelt passend zum Thema die „Yellow Rose of Texas" aus unserem Autoradio. Außerhalb von Houston, bei Deer Park, gibt es nämlich ein weiteres Heldenmonument.

Drei Wochen nach dem Sturm auf den Alamo, am 21. April 1836, besiegte General Houston Santa Ana in der berühmten Schlacht von San Jacinto. Es heißt, die dezimierten Truppen der Mexikaner hätten gerade Siesta gehalten, als Houston zum Angriff blasen ließ. Santa Ana selbst soll zu diesem Zeitpunkt ein leidenschaftliches Schäferstündchen mit der Mulattin Emily D. West, ob frei oder Sklavin weiß man wohl doch nicht so genau, gehalten haben. Manche Quellen sehen in ihr so etwas Ähnliches wie eine schwarze Mata Hari, die General Houston die im Bett erlauschten militärischen Geheimnisse verraten haben soll. Der Legende nach soll Emily D. West die berühmte **„Gelbe Rose von Texas"** sein, die in dem um 1836 entstandenen Lied besungen wird. (Im amerikanischen Sprachgebrauch werden Nachkommen eines weißen und schwarzen Elternteils mitunter als „gelb" bezeichnet.) Ob die Spionage-Legenden auf Wahrheit beruhen, sei dahin gestellt, denn ein Hauptgrund für den Aufstand der Texaner war die Tatsache, dass Mexiko die Sklavenhaltung verbot, die texanischen Siedler aber unbedingt daran festhalten wollten.

Santa Ana geriet nach der Schlacht in Gefangenschaft, während Sam Houston erster Präsident des unabhängigen Staates Texas wurde. 1885 wurde Texas dann ein Bundesstaat der USA. Im mexikanisch-amerikanischen Krieg von 1846-1848 verlor Mexiko mit Kalifornien, New Mexico, Arizona, Nevada, Utah, sowie Teilen von Colorado, Wyoming und Kansas schließlich rund ein Drittel seines Staatsgebiets. Aber so langsam, still und leise erobern die Mexikaner die verlorenen Gebiete unblutig zurück. Egal, ob als Illegale oder auf Umwegen, indem sie ihre hochschwangeren Frauen klammheimlich über die Grenze schleusen. Erblickt nämlich so ein kleiner Mexikaner in einem Krankenhaus in El Paso oder San Diego das Licht der Welt, ist er automatisch amerikanischer Staatsbürger und kann später die Familie nachholen. So nach und nach werden dann ganze Stadtviertel mexikanisch. Statt penibel gemähtem Rasen zieren dann Autowracks die Vorgärten, auf den Supermarktparkplätzen liegt der Müll herum und die Geschäfte werben mit großen Tafeln: „Wir sprechen Spanisch!"

Aber weil wir nun schon mal beim Erobern und Rückerobern sind, darf man eines nicht vergessen: Letztendlich gehörte das Land weder Spaniern, Mexikanern, Texanern oder sonstigen Nordamerikanern. Die einstigen Herren des Landes, meist Nomaden und Halbnomaden, wurden in Reservate verbannt – ohne Chance auf Rückeroberung. Inzwischen haben die weißen Amerikaner ihr Unrecht zumindest teilweise eingesehen. Indianisches finden sie jetzt eher chic als primitiv und in den wie Pilze aus dem Boden schießenden Indianercasinos lassen sie sich das Geld aus der Tasche ziehen.

Wir haben vom Heldentum erst einmal genug und wenden uns der Gegenwart bzw. jüngsten Vergangenheit zu. Houston hat nämlich noch mehr zu bieten. Peter will ins Houston Space Center. Dort gibt es eine Saturn V Rakete, Gemini, Apollo und Mercury Raumkapseln und das alte Mission Control Center, in dem die Apollo-Flüge überwacht wurden. Klingt interessant und wäre es auch, wenn es nicht so schrecklich nach Disneylandmanier aufgezogen wäre. Und um per Tramtour ins Kontrollzentrum kutschiert zu werden, muss man ca. 50 Minuten anstehen und endlose Sicherheitskontrollen mit Fotos usw. über sich ergehen zu lassen, um am Ende 5 Minuten hinter Glas die alten Kontrollmonitore zu bestaunen und sich die im Eiltempo heruntergerasselten Erläuterungen eines Schnellredners anzuhören.

Und wem der ganze Trubel noch nicht gereicht hat, der kann sich im Souvenirshop Christbaumkugeln mit Nasa-Aufdruck und Weltraummotiven kaufen. Ich will nicht lästern – womöglich nervt mich das unnötige Drumherum nur deshalb, weil ich ein nüchterner, aufs Wesentliche konzentrierter Mensch bin. Außerdem sehen wir bei der Tramtour durch die weitläufigen Gelände des Space Centers auch endlich die berühmten Texas Longhorn-Rinder mit ihren charakteristischen, nach oben gebogenen Hörnern weiden. Hier haben diese majestätischen Tiere ganz offenbar ein geschütztes Refugium gefunden. Dank ihrer Robustheit und der Fähigkeit, auch mit minderwertiger Vegetation auszukommen, waren sie prädestiniert für die langen Viehtriebe in die großen Städte. Mit dem Aufkommen besserer Transportmöglichkeiten waren diese Eigenschaften jedoch nicht mehr gefragt und um 1920 war die Rasse bereits vom Aussterben bedroht. (Inzwischen schätzt man das magere, cholesterinarme Fleisch der Longhorns zunehmend. Sie werden mittlerweile sogar auf einigen deutschen Ökohöfen gezüchtet).

Wir haben schon immer gerne die ausgetretenen Pfade verlassen und unbekannte Nebenstrecken genommen. Gut, Port Arthur liegt jetzt nicht gerade an einer Nebenstrecke, aber wir hoffen, hier einen Marine- oder Jachtausstatter zu finden. Wir wollen uns mit Ersatzkartuschen für unseren amerikanischen Seagull-Trinkwasserfilter eindecken (☞ Näheres über den Filter finden Sie im Infoteil). Im Zubehörhandel für Wohnmobile haben wir bisher nur die kleinere Version entdeckt. Wir hätten uns allerdings besser in den noblen Vororten von Houston oder in Galveston umsehen sollen, denn hier in Port Arthur gibt es keine Jachthäfen, sondern nur heftig qualmende Raffinerien. Und hier wird uns auch bewusst, dass wir trotz aller Kontraste, die wir auf unseren diversen, sehr ausgiebigen Amerikareisen gesehen haben, bisher doch nur die Schokoladenseite der USA zu Gesicht bekommen haben. Die verwahrlosten Schwarzenviertel, durch die wir fahren, erinnern uns an alte Filme. Am Straßenrand parken verbeulte Schrottautos und auf den Veranden der vergammelten Holzhäuser sitzen Afroamerikaner auf ausrangiertem Mobiliar. Ich gestehe, dass mir kurz der Gedanke ans Fotografieren kommt – aber erstens traue ich mich nicht und zweitens halte ich es für unwürdig und voyeuristisch.

Auch hinter den Ladentheken und Supermarktkassen überwiegen längst nicht mehr mexikanische, sondern afroamerikanische Verkäufer. Nur haben die hier nichts gemein mit jenen Afroamerikanern, die wir bisher im Westen kennengelernt haben, oder gar mit den zugewanderten Afrikanern Kanadas. Hier spürt man unterschwellig den Rassenhass, die gegenseitigen Ressentiments. Es ist selten, dass man eine freundliche schwarze Verkäuferin trifft, meist stößt man auf eisig-ablehnende Mienen. Es ist ihnen lästig, weiße Kundschaft zu bedienen. Aber – wer kann es ihnen verdenken?

Aber für uns als Reisende ist es eben doch ein Unterschied, über die Rassenprobleme zu lesen, Fernsehberichte zu verfolgen oder es mit eigenen Augen zu sehen und zu erleben. Mir fällt das jüngst gelesene Buch **„Gute Geister“** von Kathryn Stockett wieder ein, das über die Verhältnisse in Mississippi von 1962 berichtet (☞ Infoteil, Bücher zum Einstimmen). Nein, 1962 ist wirklich noch nicht so lange her und Mississippi gar nicht weit weg.

Aber auf unserem weiteren Weg vom Südwesten bis in den Nordosten der USA werden wir noch weitere unbekannte Gesichter Amerikas kennenlernen.

Empfohlene Lektüre zum Einstimmen auf die Reise durch den Lone Star State:

- 🕮 **Texas** von James A. Michener, nur noch gebraucht erhältlich
- 🕮 Für den Amerikareisenden ebenso interessant sind **Alaska, Die Colorado Saga** und **Die Bucht**, die ebenfalls von James A. Michener sind und nur noch gebraucht erhältlich sind.

Leider gibt es die dicken und schwergewichtigen Schwarten in deutscher Sprache noch nicht als E-Book. Die Taschenbuchausgaben des 1997 verstorbenen Autors sind jedoch mitunter sehr günstig zu erstehen. Interessierte finden bei Wikipedia und anderen Webseiten ausführliche Informationen über die Ereignisse rund um den Alamo usw.

Durch die Südstaaten

Ein See! Oder ist es nur ein Ausläufer des Sabine Rivers? Egal – unsere Eyleen hat ihn sofort entdeckt und natürlich hat sie sich auch gemerkt, dass Peter ihren

Ball eingesteckt hat. Ungeduldig fordert sie ihn auf, ihr Spielzeug endlich ins Wasser zu werfen, damit sie hinterherhechten kann. Mir gefällt das Gewässer ja nicht so gut. Das Ufer ist sumpfig und mit Schlingpflanzen bewachsen. „Hör mal, wir sind in Louisiana. Vielleicht gibt es hier Alligatoren!", warne ich Peter.

„Was du immer denkst! Dann stünde doch hier ein großes Warnschild!" Peter ist wie immer der Meinung, dass ich ein Angsthase bin, und wirft den Ball mit Schwung ins Wasser. Nach einem kurzen Zögern springt Eyleen hinterher und schwimmt los. Das Schild entdecke ich erst, als sie ihre Beute ans Ufer zurückgebracht und sich abgeschüttelt hat: Schwarz auf gelbem Grund zeigt es einen Alligator und darunter steht, ebenfalls schwarz auf gelb: *„NO SWIMMING!"* Es ist mir ein Rätsel, warum wir diese Warnung nicht vorher gesehen haben! Jetzt muss der Hund an die Leine.

Am sumpfigen Ufer führt ein Boardwalk entlang. Zum ersten Mal sehen wir das berühmte Spanische Moos, das wie Gardinen von den Ästen der Bäume weht. Zwischen den Stämmen ragen abgestorbene Wurzeln aus dem Sumpf empor, weiße und blaue Lilien überragen das kleinblättrige Grün, das den gesamten Sumpf bedeckt. Es ist eine fremde Welt, die wir hier betreten. Dabei haben wir doch Texas gerade erst verlassen.

Wir bleiben am Sabine River, stellen uns bei Vinton auf den hübschen State Park Campground direkt am Fluss. Der Park ist wirklich reizvoll – eigentlich würden wir hier gerne ein oder zwei Tage länger bleiben, aber er ist uns zu voll. Osterwochenende! Verständlich, dass alles, was Räder unter dem Eigenheim hat, unterwegs ist – besonders in den USA, das ja ein Land der kurzen Urlaube ist. Aber es ist nicht nur der Trubel, der uns stört. Irgendwie haben wir das Gefühl, dass wir hier scheel angesehen werden. Das ist auch etwas, das uns neu ist. Denn bisher haben wir Amerikaner als freundliche, kontaktfreudige Menschen kennengelernt. Kommen wir hier mal mit jemandem ins Gespräch, sind es Texaner. Sind wir hier in Louisiana schon in der tiefsten Hinterwäldlerprovinz? Sind sie an Fremde nicht gewöhnt oder trägt man uns Deutschen noch immer nach, dass wir damals nicht mit *Dschordsch Dabbeljuuh* in den heiligen Krieg gezogen sind?

Na gut, fahren wir eben weiter. Vorher nutzen wir noch die Dumpingstation und Frischwasser füllen wir auch nach. Und während unser Grauwasser langsam im Loch versickert und das Frischwasser durch den Schlauch in den Tank gluckert, beäugt uns neugierig ein Mann mittleren Alters aus sicherer Entfernung. Immer engere Kreise zieht er um uns und unser Wohnmobil. Schließlich steht er direkt vor uns, deutet auf unser Wohnmobil, entziffert das Emblem auf der Motorhaube und fragt:

„Aiviiicou?! Was ist denn das für ein Ding? Hab ich hier noch nie gesehen!"

„Das ist ein europäisches Wohnmobil!"

„Europäisch???"

„Ja, wir haben es aus Germany mitgebracht!"

„Aus Germany???" Jetzt sieht man förmlich, wie seine grauen Zellen auf Hochtouren arbeiten. Schließlich kommt die ungläubige Frage: „Seid ihr etwa den ganzen Weg von Germany bis hierher gefahren???"

Situationen wie diese haben wir in den USA schon öfter erlebt. Und nicht nur wir. Unsere schlagfertigen Freunde haben darauf stets eine passende Antwort parat, wie z. B. „Klar – über den Transatlantik Highway, der ist jetzt durchgehend geteert" oder „Ja natürlich, über die Beringstraße, die ist auch geteert!" Aber ich muss gestehen, dass ich mich in solchen Momenten immer frage, ob denn bei uns wirklich jeder eine Vorstellung von der geografischen Lage Amerikas hat. Ich erkläre ihm, dass zwischen Europa und Amerika der Atlantische Ozean liegt und wir unser Wohnmobil ganz simpel nach Kanada verschifft hätten. Vielleicht findet er ja irgendwo einen Globus oder eine Weltkarte.

Louisiana – tiefer Süden abseits der Touristenrouten. Da dachten wir doch tatsächlich, wir kennen Amerika, schließlich sind wir ja schon durch so viele Staaten gefahren. Aber dieses Amerika kannten wir nur aus Filmen und Büchern. Es ist nicht nur die Landschaft, in der immer wieder ausgedehnte Sümpfe mit Wäldern wechseln, nicht nur die feudalen Südstaatenvillen, die unvermittelt an heruntergekommene Elendsbehausungen grenzen – nein, es sind auch die Fahnen, die an diesem Ostermontag im ländlich-abgeschiedenen Louisiana an nahezu allen Häusern wehen. Okay, an Fahnen sind wir ja in den patriotischen USA auch gewöhnt, aber hier flattert nicht nur die „Stars and Stripes" im Wind, sondern sehr häufig die alte Kriegsflagge der konföderierten Südstaatenarmee. Irgendwie erwarte ich ständig, dass ein paar Kapuzenheinis vom Ku-Klux-Klan um die nächste Ecke gezogen kommen. In Texas haben wir uns wohler gefühlt.

Der Mississippi, auch Ol'Man River genannt, viel besungen, beschrieben und verfilmt – der mächtigste Strom der USA liegt breit und majestätisch vor uns. Auf seinem Weg von Nord nach Süd durchquert er nicht nur acht Bundesstaaten, sondern auch fast das gesamte Staatsgebiet der USA. Wir überqueren ihn auf einer eindrucksvollen Brücke und erreichen in **Natchez** den Staat, der nach ihm benannt wurde.

Natchez ist so, wie wir uns die Südstaaten vorgestellt haben: Schaufelraddampfer, Südstaatenvillen, alte Bruchbuden – Südstaatendialekt. Immer wieder sehen wir uns fragend an: „Hast du was verstanden?" – „Nein!" Mensch, das gibt's doch gar nicht. Seit wie vielen Jahren kurven wir nun eigentlich schon durch englischsprachige Länder? Vom südlichen Afrika bis über Australien und Neuseeland haben wir uns ziemlich schnell an sämtliche Slangs gewöhnt – aber jetzt? „Klingt, als hätten die beim Sprechen 'ne heiße Kartoffel im Mund!", behaupten wir. Aber wir wollen ehrlich sein – unser Fränkisch wird auch nicht an der Schule gelehrt und ist im Grunde fast eine Fremdsprache für sich.

Hier in Natchez beginnt auch der **Natchez Trace Parkway**, eine 715 km lange Touristenstraße, die einem alten Handelspfad der Cherokee-, Choctaw- und Chickasaw-Indianer folgt. **715 für den kommerziellen Verkehr gesperrte Kilometer!** Der Parkway, der kurz vor Nashville endet, untersteht dem Nationalpark Service. Eine Straße ohne Verkehr durch einen schönen Park mit Bäumen, hängendem Moos, frisch sprießendem Frühlingsgrün – keine spektakulären Landschaften, aber hübsch anzusehen. Und für verkehrsgestresste Europäer ein absolutes Novum. Auch unser Hund kommt hier auf seine Kosten, denn es gibt immer wieder Möglichkeiten für einen ausgiebigen Spaziergang ohne lästige Leine. Sogar für Bildung ist gesorgt. Einige Kilometer nördlich von Natchez liegt der zweitgrößte **Tempel Mound** der USA. Wer jedoch nicht gerade Archäologe oder Historiker ist, den wird dieser etwa 11 m hohe, oben abgeflachte Hügel vermutlich nicht in Verzückung versetzen. Aber von ca. 1200 bis 1600 unserer Zeitrechnung war der Emerald Mound (benannt nach der Emerald Plantage) religiöses und zeremonielles Zentrum der Vorfahren der Natchez-Indianer. Angeblich sollen auch Priester in oder auf einem der angrenzenden Hügel gewohnt haben, aber mangels schriftlicher Aufzeichnungen ist vermutlich vieles nur Spekulation – im Prinzip prähistorisch, obwohl es für europäische Begriffe noch gar nicht lange her ist.

Um in die jüngere, bestens dokumentierte Geschichte einzutauchen, müssen wir den Parkway verlassen, denn unser Reiseführer schreibt, dass der **Vicksburg National Military Park** ein absolutes Muss wäre. Okay, setzen wir den Blinker und nehmen die 17 Meilen lange Einbahnstraße durch diesen Bürgerkriegsnationalpark, der vor rund 150 Jahren Schauplatz blutiger Gemetzel war. Dort, wo sich heute Jogger, Walker und Rennradfahrer trimmen, schlugen sich damals Unionstruppen und Konföderierte gegenseitig die Köpfe ein, bzw. schossen sie sich mit Kanonen und schweren Geschützen weg. Vom 19. Mai bis zum 4. Juli 1863 belagerten Unionstruppen die über einer Schleife des Mississippi gelegene, strategisch wichtige Stadt **Vicksburg**, die sich schließlich ergab. Obwohl der Krieg noch zwei Jahre andauerte, war der Fall der Stadt kriegsentscheidend, denn mit

Vicksburg, National Military Park

ihr verloren die Konföderierten ihren vorletzten Stützpunkt am Mississippi. Noch heute sind Schutzwälle und Gräben zu sehen, stehen Kanonen in Reih und Glied auf sattgrünem Rasen und entlang des Rundkurses durch weitläufige, gepflegte Grünanlagen blicken in Stein gemeißelte oder in Bronze gegossene Generäle der diversen Einheiten auf die einstigen Stätten ihrer Heldentaten herab. Das gemeine Kanonenfutter wurde auf dem schlichten, nationalen Friedhof begraben (17.000 Mann fielen alleine von den Unionssoldaten), während bombastische Tempelchen von der Glorie des gegenseitigen Abschlachtens künden. Sorry, da ging mein Sarkasmus mit mir durch – vielleicht sollen es doch nur Mahnmale sein, die der Mensch nach erfolgtem Kriegswüten so gerne aufstellt und aus denen er nichts, aber auch gar nichts zu lernen bereit ist. Im Gedenken an die Niederlage am 4. Juli 1863 weigerten sich die Einwohner von Vicksburg bis kurz nach dem 2. Weltkrieg übrigens, den amerikanischen Unabhängigkeitstag am 4. Juli zu feiern.

Vordergründig ging es im Sezessionskrieg ja darum, die schwarzen Sklaven, auf deren Ausbeutung der Reichtum des Südens fußte, zu befreien. Die Probleme, die dieses unmenschliche Wirtschaftssystem nach sich zog, sind in den USA, besonders in den Südstaaten, bis heute noch nicht überwunden. Als wir am Abend den Park an einem anderen Ausgang verlassen, verfranzen wir uns gehörig, weil die Straße, die wir eigentlich nehmen wollten, gerade geteert wird. Die Außenbezirke von Vicksburg sind hügelig, enge, steile Straßen münden in Sackgassen und immer wieder müssen wir wenden, weil es nicht mehr weitergeht. Wieder ein enges Sträßchen, noch eine Kurve – weiß der Teufel, was uns nach der nächsten dort oben am Hügel erwartet. Wir halten, wollen wenden, da kommt hinter uns ein Pick-up. Den Fahrer werde ich fragen. Der Fahrer ist ein Afroamerikaner. Er macht keine Anstalten, zu halten oder das Fenster herunterzukurbeln, als ich zu Fuß neben ihm stehe und sichtbar etwas fragen möchte. Erst als er beim

Weiterfahren unser deutsches Kennzeichen am Wohnmobil sieht, hält er. Man könne dort getrost weiterfahren, meint er, kommt aber selbst nach kurzer Zeit zurück. Auch dort oben ist die Straße geschlossen. Wir wenden, kehren um, nehmen ein anderes Sträßchen und landen schließlich irgendwann an einem Walmart, wo wir für diese Nacht Quartier beziehen.

Über diesen Vorfall haben wir des Öfteren nachgegrübelt. „Vermutlich war er mal ein in Deutschland stationierter G.I.", vermuten wir, denn nur sie kennen eigentlich deutsche Kfz-Kennzeichen. Wann immer wir auf unseren USA-Reisen mit ehemals in Deutschland stationierten Soldaten ins Gespräch kamen, schwärmten diese in den höchsten Tönen von Deutschland und seinen Bewohnern. Was mich oftmals wunderte, denn als gebürtige Erlangerin weiß ich nur zu gut, dass sie beileibe nicht immer willkommen waren und auch so manches Problem verursachten. Aber nach unserer Rückkehr sehen wir im Fernsehen eine Dokumentation über ehemals in Deutschland stationierte schwarze US-Soldaten, in der auch General Powell zu Wort kam, der vor Jahren ebenfalls in Deutschland stationiert war. In den USA wurde erst 1964 per Gesetz die Rassentrennung abgeschafft, während die schwarzen Soldaten in Deutschland unbehelligt neben Weißen im Bus sitzen konnten, ungehindert dieselben sanitären Einrichtungen benutzen durften und wohl ganz allgemein freundlich aufgenommen wurden. Wir erfahren erstaunt, dass die Selbstverständlichkeit, mit der man den schwarzen G.I.s (amerikanische Soldaten) in Deutschland begegnete, der Bewegung um Martin Luther King erst den nötigen Zulauf und Auftrieb brachte.

Wir haben nun genug Heldengedenken absolviert und verlassen Vicksburg in Richtung des nächsten Parkway-Zugangs. Durchs Hinterland zu fahren, ist für uns immer wieder interessant. Vorbei an gepflegten Häusern und Plantagen, an vergammelten Schwarzenvierteln und den Wohngegenden armer Weißer ist der normale Highway abwechslungsreicher als der Parkway, der auf die Dauer doch etwas eintönig wird.

Was uns schon seit ein paar Tagen auffällt, bestätigt sich auch heute wieder – hier in den Gegenden mit schwarzer Mehrheit sieht man sehr viele alte Straßenkreuzer, von vergammelt und verbeult bis aufgemotzt und aufgetunt. Anderenorts sind sie längst aus dem Straßenbild verschwunden. Vermutlich sind diese Spritsäufer billig zu haben und vermitteln das Gefühl, *jemand zu sein*!

Aber ob ein Staat oder ein County arm oder reich ist, erkennt man nicht nur an den Autos und den Häusern. Mit dem Kopfhörer im Ohr wird im reichen Kalifornien durch Parks und Grünanlagen gejoggt und gewalkt, *organic food* findet im Supermarkt reißenden Absatz und in jeder Shopping Mall gibt es mindestens einen Bioladen. Kontrastprogramm in einem armen County in Tennessee: Im Walmart arbeiten so viele unsäglich dicke Verkäuferinnen, wie wir noch nie auf einmal gesehen haben. Cola und noch schlimmer das tückische Diätcola wird hier in riesigen Flaschen zum Spottpreis verkauft – zusammen mit Fett eine teuflische Kombination. Und wenn ich an der Kasse stehe und beobachte, was die Kunden hier aufs Band legen, so ist das weder Obst noch Gemüse, sondern meist ein ganzer Wagen voll mit Fertiggerichten.

Das schöne Wetter der letzten Wochen ist vorbei. Der Himmel über uns ist grauschwarz, es regnet wie aus Kübeln. Museumswetter. Also folgen wir mal wieder unserem Reiseführer, verlassen den Parkway, der hier durch die südwestlichste Ecke Alabamas führt, und fahren nach **Huntsville** ins **Space and Rocket Center**.

Laut Reiseführer ist dieses Zentrum qualitativ und quantitativ das beste seiner Art. Gut, es ist zumindest nicht so sehr nach Disneyland-Manier aufgezogen. Ansonsten ist das Ganze in meinen Augen eine Rattenfängerveranstaltung, denn neben dem Space Shuttle und den Weltraumraketen, die ja wirklich interessant sind, stehen auch waffenfähige Geschosse. Im IMAX-Kino wird ein Film über das Fliegen ganz allgemein gezeigt, gleichzeitig verharmlost er aber die Kampfflieger der US-Army in einer Art Actionshow. Im Nebenraum wird Werbung für die Armee gemacht. Eine Aktion, die garantiert Erfolg verspricht, denn die Arbeitslosigkeit ist hier im Süden nicht nur unter den Afroamerikanern groß.

Das Wetter zeigt sich von seiner schlechtesten Seite – es ist kalt, es regnet wie aus Eimern und gewittert. Die dunklen Wolken sind hauptsächlich vor uns. Normalerweise würde uns der Regen ja nicht so stören – aber unsere Route führt uns heute durch eine ausnehmend schöne Gegend mit aufgestauten Flüssen und engen Felsencanyons und durch National Forests mit Wanderwegen. Außerdem passieren wir auf 247 km die Staaten im Zeitraffer. Nachdem wir ja aus Alabama kommen, führt uns der Freeway ein paar Kilometer durch Georgia, bevor wir bei Chattanooga ein Stück von Tennessee durchfahren. Zum Schluss nehmen wir in Murphy noch ein Eckchen North Carolina mit. Nashville haben wir uns geschenkt. Wir lieben ja die alten Heuler von Willie Nelson und Co., können aber mit den modernen Country-Sängern nichts anfangen. Wir wollen lieber weiter in die **Great Smoky Mountains**.

Es klart Gott sei Dank ein wenig auf, als wir uns dem Nationalpark nähern. Hier ist Urlaubsgebiet – es wird geraftet und gepaddelt – und trotzdem wirken die Orte, durch die wir kommen, ziemlich heruntergekommen. Vergammelte Holzbuden, davor Pick-ups in diversen Ausschlachtungsstadien, Rasenmäher, Traktoren, Kinderspielzeug; alles liegt kreuz und quer. Die Landschaft jedoch erinnert an eine reizvolle Mischung aus Schwarzwald, Bayerischem Wald und Fränkischer Schweiz – nur, dass man bei uns besser wandern und laufen kann. Hier gibt es nur Stellen, wo Kanus ins Wasser gelassen werden. Die Gegend kurz vor dem Park ist Cherokee Reservat. Am Straßenrand macht ein riesiger Pappkrieger mit wilder Irokesenfrisur Reklame für ein Motel. Kriegerisch schwingt er seinen Tomahawk. Kurz danach läuft uns ein junger Irokese aus Fleisch und Blut über den Weg. Er trägt die allseits bekannte Frisur, ist der Figur nach Fast-Food-ernährt, und statt des Tomahawks wedelt er mit dem Handy herum.

In unseren Unterlagen haben wir gelesen, dass man im Great Smoky Mountain National Park reiten, fischen und jagen darf, was unsere Hoffnung nährt, dass man vielleicht auch mit dem Hund spazieren gehen darf – Pustekuchen! Aber heute ist ohnehin Sonntag und es ist der Teufel los. Wir stellen uns beizeiten auf den riesigen Campingplatz, der leer ist und unserem Hund Gelegenheit zum Herumspringen bietet. Später liest Peter im Informationsblättchen und erfährt auf diese Weise, dass Hunde auf dem Campingplatz an einer Leine zu führen sind, die nicht länger als 6 Fuß (das sind nicht mal 2 m) sein darf.

Am nächsten Morgen nehmen wir die Parkstraße unter die Räder. Es ist Montag, Vorsaison, mieses Wetter, Nieselregen, eisig kalt. Der Nebel ist so dicht, dass man kaum die Hand vor Augen sieht. An den Aussichtspunkten ist nichts zu sehen und außerdem kann man an den meisten nicht halten, weil jeweils nur ein paar Autos Platz haben. Das Gleiche gilt für die Wanderwege – selbst wenn man mit dem Hund wandern dürfte, wir könnten es nicht, denn die wenigen Parkplätze an den Trailheads sind belegt. Schneller als geplant sind wir wieder aus dem Park draußen.

Kurvenreich schlängelt sich die schmale Straße über endlose Höhenzüge, vorbei an Felsen und Wasserfällen, durch Wälder und Wildnis, durch eine Landschaft, die fast heimatlich anmutet. Aber wenn wir an den Aussichtspunkten halten und in die Weite sehen, dann wissen wir: „Nein, das sind nicht die Höhenzüge des Bayerischen Waldes, das ist nicht das Fichtelgebirge und auch nicht die Fränkische Schweiz!“ Bergzüge und Wälder soweit das Auge reicht – es ist selten, dass man eine Ortschaft oder eine Straße sieht. Die Appalachen sind zum großen Teil noch immer Wildnis.

„Schade, dass die wilden Rhododendren, die die schmale Straße säumen, noch nicht blühen. Das muss ja eine wahre Pracht sein!“

„Ja“, stimmt Peter zu, „aber dann wären wir auf dem Blue Ridge Parkway nicht alleine, sondern müssten wahrscheinlich Stoßstange an Stoßstange fahren!“

Ein Wasserfall am Blue Ridge Parkway

Auf 755 km verbindet der **Blue Ridge Parkway** den **Great Smoky Mountain National Park** in North Carolina mit dem **Shenandoah National Park** in Virginia. Die kurvenreiche Touristenstraße, die selbstredend auch für den kommerziellen Verkehr gesperrt ist, folgt dem Höhenkamm der Appalachen. Mit zahlreichen Aussichtspunkten, Wasserfällen, Wanderwegen und Campingplätzen bietet diese Straße alles, was Touristen lieben – aber weil Anfang April ist, sind nur sehr wenige unterwegs, was uns besonders gut gefällt.

In den tiefer gelegenen Tälern der Appalachen hat der Frühling zwar schon Einzug gehalten, aber hier oben ist die Vegetation noch grau und braun. Außerdem fahren wir nach Norden und damit dem Frühling buchstäblich davon. Mitunter vertreiben uns dichter Nebel und Eiseskälte gepaart mit Nieselregen vom Parkway nach unten in die Täler. Große Schilder warnen vor diesen Gefahren, denn hier oben gibt es keinen Streudienst und bei Nebel sieht man mitunter die Hand vor Augen nicht. Jetzt, Anfang April, sind auch die Campingplätze noch geschlossen, was uns jedoch nicht stört, können wir hier oben doch ungeniert wild übernachten. Leider ist aber auch am **Blue Ridge Music Center**, das am Parkway gelegen ist, alles dicht; eine Schranke versperrt den Weg. Die Rangerin, die uns entgegenkommt, verrät uns jedoch, dass in Galax jeden Freitag um 20 Uhr eine Bluegrass-Live-Radio-Show im Rex Theater, einem historischen Kino, stattfindet. Na dann, auf nach **Galax, Virginia**! Da gibt es außerdem einen Walmart und somit ist auch unsere Übernachtung gesichert.

Bluegrass, die Musik der Appalachen, stammt aus Kentucky und Tennessee und beinhaltet nicht nur Melodien und Rhythmen, die auf die irischen und schottischen Einwanderer zurückgehen, sondern mitunter auch auf die melancholischen Spirituals der *unfreiwilligen Einwanderer* aus Afrika. Wir lieben diesen Sound und Rhythmus und sitzen pünktlich im Rex Theater. Die Band mit dem Namen „County Line" kommt aus Chattanooga in Tennessee und spielt mit so viel Schmiss und Schwung, dass es uns nur so in den Beinen zuckt. Später bringen sie eigene Kompositionen und moderne Interpretationen. Damit können wir weniger anfangen – kein Wunder, wir sind ja schon längst keine Teenager mehr.

Durch die Oststaaten nach Norden

„Sie suchen den Walmart?" Die sehr beleibte Dame, die Donuts futternd auf einer Picknickbank sitzt, lässt ihre fetttriefende, gezuckerte Kalorienbombe sinken, überlegt kurz und erklärt dann: „Fahren Sie geradeaus, vorbei an McDonald's, bei Pizza Hut halten Sie sich rechts, bei Burger King geht es durch eine Unterführung, beim Pizza Place biegen Sie rechts ab und dann sehen Sie schon das Walmart-Schild!"

Donnerwetter, das war eine präzise und überaus kalorienreiche Wegbeschreibung! Wobei wir ja ehrlich gesagt immer wieder staunen, wie gut Amerikaner so etwas können. Die zeichnen dir auch aus dem Kopf und ohne mit der Wimper zu zucken einen komplizierten Lageplan. Vielleicht lernen sie solch praktische Dinge in der Schule oder bei den Pfadfindern. Wir haben jedenfalls, vorbei an den diversen Fressschuppen, unser Ziel schnell gefunden. Ich muss den Kühlschrank auffüllen und dann werden wir mal wieder am Walmart übernachten.

Zwei Wochen haben wir bei meiner Schwester in West Virginia verbracht und nun sind wir wieder auf dem Weg nach Norden. Obwohl sich der April längst dem Ende nähert, hat es der Frühling noch immer nicht bis in die höheren Lagen der Appalachen geschafft. Zwar grünt und blüht es bereits in den tiefer gelegenen Tälern Marylands, aber es ist nun wieder kalt und mistig geworden. Die Adirondack Mountains werden von unserer Besichtigungsliste gestrichen. Bei Nebel dick wie Erbsensuppe und eisigem, strömendem Regen sehen wir eh nichts. Oh je, wir fahren nicht nur dem Frühling davon, wir fahren regelrecht dem Winter entgegen – auch wenn in den Shopping Malls längst der Frühsommer Einzug gehalten hat. Man kann T-Shirts kaufen, Shorts und massenweise luftige Klamotten – Handschuhe und Mützen sind leider längst ausverkauft und von den Verkaufstheken verschwunden. Die täten uns jetzt nämlich richtig gut, denn Handschuhe und Mützen hab ich idiotischerweise nicht dabei. Irgendwie dachten wir ja, dass wir uns immer in der Wärme aufhalten würden. Von wegen! Längst ist die Heizung im Dauereinsatz und während der Fahrt sorgt der Wärmetauscher dafür, dass auch während kurzer Pausen die Wohnkabine warm ist. Irgendwo, kurz vor der kanadischen Grenze, treiben wir dann zum Glück doch noch Handschuhe und Mützen auf. Denn auch wenn das Wetter mies ist, unser Hund will laufen – und wir natürlich auch.

Amerikaner hingegen laufen in den seltensten Fällen und ihre Hunde kommen kaum aus dem Garten heraus. Aber wo sollten sie denn auch laufen? Öffentlich zugängliche Feld- und Wiesenwege durch privates Farmland gibt es nicht, der nächste State oder National Forest ist oft viele Meilen entfernt und die Städte haben derart gigantische Ausmaße, dass man zu Fuß nicht weit kommt. Drum fühlt sich der Ami ohne seinen Autositz unter dem Hintern wie ein armer Krüppel und hat sein Leben so eingerichtet, dass er denselben nur noch verlässt, wenn es denn unbedingt sein muss. Zum Essen? Nicht nötig – bei McDonald's und Co. gibt's *drive through*! Geld von der Bank abheben? *Drive through*! Pillen aus der Apotheke, weil das bewegungslose Leben und das viele Junk-Food tausend Wehwehchen und allerlei böse Zivilisationskrankheiten nach sich gezogen haben? Kein Problem – *drive through!* Umso mehr wundert es uns, dass viele Straßen im dicht besiedelten Osten dieses Autofahrerlandes in einem derart katastrophalen Zustand sind. Selbst die Interstates sind mit Schlaglöchern gespickt, von Spurrillen durchzogen und holprig. Aber wo das Geld für heilige Kreuzzüge verbraten und den Reichen die Steuer immer mehr gesenkt wurde und die Übermacht der Republikaner sämtliche Reformansätze blockiert, ist halt kein Geld mehr für solche Nebensächlichkeiten da.

Um unserem Hund und uns Bewegung zu verschaffen, gehen wir das Problem methodisch an: Wir studieren die Karten und fahren im Zickzackkurs von National Forest zu State Park oder State Forest. Die sind um diese Zeit kaum besucht und wenn wir Glück haben, scheint manchmal sogar die Sonne. Ja, und außerdem entdecken wir auf diese Weise Plätze, an denen wir sonst vorbeigefahren wären. Vom Canterbury Shaker Village in New Hampshire hatten wir nämlich vorher noch nie gehört. Die Shaker, benannt nach ihrem rituellen Schütteltanz, sind eine im

18. Jahrhundert gegründete Glaubensgemeinschaft und lebten in mehreren Dörfern klösterlich zölibatär. Sie waren geschickte Handwerker und die von ihnen gefertigten Shakermöbel sind in den USA berühmt. Ihren Nachwuchs rekrutierten sie unter aufgenommenen Waisenkindern. Als in den USA die Waisenfürsorge verstaatlicht wurde, ging der Glaubensgemeinschaft verständlicherweise der Nachwuchs aus. 2009 soll es noch drei Shaker gegeben haben.

Mehr steht unter:

www.de.wikipedia.org/wiki/Shaker_%28Religion%29.

Als wir im Canterbury Shaker Village ankommen, können wir zwar im Museumsdorf herumlaufen und die Häuser von außen besichtigen, aber außer einer Scheune mit alten Kutschen öffnen die Museumshäuser erst Mitte Mai. Das angeschlossene, weitläufige Freigelände nebst seinen ausgedehnten Waldwegen ist jedoch ein Fest für unseren Hund. Und weil wir praktisch sind und sonst kaum jemand da ist, bleiben wir gleich über Nacht auf dem sichtgeschützten Parkplatz stehen.

Maine, einer der reichen Neuenglandstaaten, ist zur Hauptreisezeit im Sommer und im Indiansummer ein von Touristen überlaufener Staat, wo man als Reisender Schwierigkeiten hat, überhaupt bis ans Wasser vorzudringen. Wir haben es gar nicht nötig, bis zum Wasser vorzudringen, denn bei unserer Fahrt durch Maine kommt genug Wasser von oben. Es schüttet, dass man glauben könnte, die Sintflut kommt – und als es endlich mal wieder aufhört, ist es eiskalt. Morgens blühen am Alkovenfenster die Eisblumen.

Maine ist jedoch nicht überall reich. Den Highway 9, den wir in Richtung kanadische Grenze fahren, säumen bescheidene Häuser und vergammelte Hütten. Gerümpel und ausgeschlachtete Pick-ups zieren die Vorgärten. Für Oststaatenverhältnisse ist der Verkehr auf dieser einsamen Straße, die durch eine weite Landschaft führt, ausgesprochen gering. Uns gefällt diese Strecke. Auch unser Hund kommt auf den Forststraßen, die hier immer wieder vom Highway abzweigen, wieder zu seinem Recht.

Kanada von Südost nach Nordost

Idylle auf Prince Edward Island

Dem Winter entgegen?

Die Grobrichtung heißt jetzt Halifax. Unser Jahr in Nordamerika neigt sich so langsam dem Ende entgegen, wir sind wieder im Osten Kanadas. Ursprünglich hatten wir zwar geplant, von Baltimore zurückzufliegen, aber die Konditionen der Condor sind für einen Flug mit Hund eben doch am besten.

Die Hoffnung, dass es wärmer wird, nur weil wir Mützen und Handschuhe gekauft haben, hat sich nicht erfüllt. Es ist in New Brunswick keinen Deut wärmer. An die Eisblumen, die morgens am Fenster blühen, haben wir uns schon gewöhnt. Das Hundeleben ist in Kanada jedoch deutlich einfacher und das Wildcamperleben auch. In New Brunswick folgen wir bei Lepreau dem Fundy Trail und bleiben bei den hübschen Lepreau Falls gleich über Nacht stehen.

Nun sind wir wieder an der Fundy Bay. Weil er am Weg liegt, wollen wir dem Fundy National Park noch einmal einen Besuch abstatten. Vorher führt uns der Weg noch einmal durch Saint John, wo wir vor mehr als zehn Monaten die Reversing Falls und die Rauchschwaden der stinkenden Papiermühle bewundert haben. Die Rauchschwaden sehen wir schon von Weitem – aber oh Wunder, sie sind nicht mehr so schweflig braun, sondern relativ hell und sie stinken nicht mehr so scheußlich. Ganz offensichtlich wurde in der Zwischenzeit ein Rauchgasfilter installiert – ob freiwillig, sei dahingestellt. Auf jeden Fall klopft sich die Papiermühle Irving dafür nun selbst kräftig auf die Schulter. „*Committed to Environmental Excellence!*“ („Umweltfreundlicher Vortrefflichkeit verpflichtet!“), steht auf einer großen Tafel gegenüber der Mühle. Das Wasser, das über die Reversing Falls in den St. John River und dann weiter in die Bucht rauscht, sieht allerdings noch genauso dunkelbraun aus wie vor zehn Monaten.

Jetzt haben wir den Winter endgültig eingeholt! Die Zufahrtsstraße zum Fundy National Park ist mit Schneewällen gesäumt und im Park liegt der Schnee noch in Massen. Sämtliche Wanderwege, die wir ansteuern, sind mehr oder weniger unpassierbar. Was soll's – unser Hund findet es lustig und uns stört es auch nicht. Es ist so gut wie nichts los, gegen das kühle Wetter können wir heizen und mit dem Campen haben wir auch keine Probleme. Wir beziehen uneingesehen am großen, leeren Parkplatz des Lake Bennet Quartier und lassen es uns gut gehen.

360 m tiefer, auf Meereshöhe an der Herring Cove, ist der Schnee verschwunden. Der starke Tidenhub hat mit Seetang überwucherte Felsen freigelegt und die Sonne hat es geschafft, die graue Wolkendecke zu verdrängen. Sie beleuchtet nun die weitläufige Bucht, in der wir ganz alleine sind. Im Sommer ist hier vermutlich der Teufel los. Im Wald ist der Schnee zwar noch nicht ganz verschwunden, trotzdem

Eine überdachte Brücke im Fundy National Park

kann man über hölzerne Stege und Treppen und über Waldwege zu den kleinen, aber feinen Dickens Falls laufen.

Den weitläufigen Picknickplatz haben wir zu unserem privaten Campingplatz erkoren. Noch lange sitzen wir in der Nachmittagssonne, genießen die Ruhe und die Stille und vergegenwärtigen uns, wie schön wir es doch haben.

Auch unser Hund genießt wieder mal das unbeschwerte Leben ohne Leine. Dass dabei plötzlich der alte Jagdtrieb wieder die Oberhand gewinnt, dem früher mitunter der eine oder andere Hase zum Opfer gefallen ist, bemerkt Peter erst, als Eyleen plötzlich im Affenzahn losstürmt. Einem Stachelschwein hinterher, das im Gebüsch verschwunden ist. Dass nicht alle Beutetiere harmlose Nager sind, hat ihr zwar in der Vergangenheit auch schon mal eine wehrhafte Katze mit ihren Krallen klargemacht, mit einem derart waffenstarrenden Gegner hatte sie es jedoch noch nie zu tun. Mit lautem Schmerzgeheul kommt sie wieder aus dem Gebüsch, die blutende Schnauze gespickt mit messerscharfen, gut 10 cm langen Stacheln. 15 dieser mit Widerhaken versehenen Miniaturharpunen kann Peter gleich herausziehen, die letzte bricht ab. Glücklicherweise bekomme ich den Rest mit der Pinzette zu fassen. Wir hoffen, dass ihr dieser schmerzhafte Gegenangriff eine nachhaltige Lehre war.

PEI – Prince Edward Island

12, 9 km ist die am 1. Juni 1997 eröffnete **Confederation Bridge** lang. Damit ist sie eine der längsten Brücken weltweit und angeblich die längste, die über zufrierendes Wasser führt. Die Fahrt vom Festland zur Insel ist gratis. Maut wird nur für den Rückweg erhoben. Seit 2007 ziert die Brücke auch die Kfz-Kennzeichen der Provinz. Eine unserer ersten Amtshandlungen nach der Ankunft auf **Prince Edward Island**, oder kurz **PEI**, war, dass Peter solch eine blecherne Brücke für seine Sammlung seltener *license plates* organisiert. Bei einem Wrecker ergattert er sie im Austausch für ein doppeltes Texas-Nummernschild.

Es ist zu unserem Erstaunen angenehm warm und sonnig auf dieser Insel. Die *Eingeborenen*, abgehärtet durch raues Wetter, laufen in kurzen Hosen und Träger-Shirts herum. „Das sonnige Wetter wird noch drei Tage anhalten!“, erklärt uns ein freundlicher Tankwart – um gleich darauf hinzuzufügen, dass in der vergangenen Woche über Nacht 20 cm Schnee gefallen wären.

Auf Prince Edward Island geht alles einen Tick langsamer und geruhsamer als anderswo. Obwohl landschaftlich völlig anders, erinnert uns die Stimmung auf der Insel ein wenig an Tasmanien. In **Summerside**, der zweitgrößten Stadt der Insel, laufen wir mit unserem Hund am Strand entlang und amüsieren uns über die humorvollen Schilder, mit denen Hundehalter gebeten werden, die Häufchen aufzusammeln. Es gibt hier viele Hunde – aber nirgendwo Verbotsschilder. An jedem Laternenpfahl hängt ein Lautsprecher, aus dem irische und schottische Musik klingt. Am nächsten Morgen hängen an den Laternenpfosten nicht nur Luftballons, sondern an jedem Pfahl ist ein Plakat befestigt, das zu geruhsamer und gesunder Lebensweise auffordert – ich glaube, das hätten andere nötiger als die Bewohner dieser beschaulichen Insel.

Das sonnige, warme Wetter hält nicht mal zwei Tage an. Dann ist es kalt und trübe und je weiter wir auf dem Küstenweg nach Norden kommen, umso kälter wird es und umso mehr Schnee liegt an Wegesrändern und in den Wäldern. Außerhalb der Städte liegt PEI noch im tiefsten Winterschlaf. Das Besucherzentrum am Nordkap ist noch geschlossen. Offiziell geschlossen sind auch noch die Campgrounds und Provincial Parks – auch wenn meist die Schranken und Tore offenstehen. Für uns notorische Wildcamper eröffnet sich auf dieser Insel ein uneingeschränktes Campingleben. Einzig ungünstige, eisige Winde vertreiben uns von einigen schönen Strandplätzen.

Wir zockeln im Schneckentempo auf Straßen, die mit Frostaufbrüchen gespickten sind, rund um die Insel und folgen der zerfurchten Küstenlinie mit ihren tief eingeschnittenen Buchten und Häfen. Große landschaftliche Highlights hat PEI zwar nicht zu bieten, drum lichten wir Leuchttürme und Fischerhäfen ab und auch die roten, von Eisenoxiden gefärbten Strände sind ein dankbares Motiv. Bei lausigen 3 °C, die sich im eisigen Wind anfühlen wie -10 °C, vermummen wir uns wie die Weihnachtsmänner. Aber was soll's, in den nächsten Tagen kommt wieder die Sonne zum Vorschein und das Thermometer schafft es, auf erstaunliche 8-11 °C zu klettern. Wir sehen es positiv – wäre es wärmer und windstill, müssten wir als unfreiwillige Blutspender für Moskito, Blackfly & Co. herhalten, die in den sumpfigen Grasflächen ihre Brutstätten haben.

Der Ehrlichkeit halber muss man zugeben, dass, wer Prince Edward Island nicht gesehen hat, keine großen landschaftlichen Höhepunkte und Naturwunder versäumt hat – uns gefällt die Insel mit ihren freundlichen Menschen trotzdem. Und seit wir wieder problemlos Wege und Strände zum Laufen finden, hat sich auch unser Hund wieder beruhigt, hechelt nicht mehr beim Fahren und ist rundum putzmunter.

Der Kreis schließt sich – zurück in Nova Scotia

In der Provinz **Nova Scotia** haben wir unsere Reise begonnen und hier werden wir sie auch beenden. Das heißt natürlich nicht, dass es nichts Neues mehr zu sehen gäbe.

Zum Beispiel den **Kejimkujik National Park**. Er ist zwar nicht mit den atemberaubenden Landschaften des Westens zu vergleichen, aber seine Seen und Flüsse sind reizvoll und für Kanu- und Kajakwanderer ganz sicher ein Paradies. Bereits die Mi'kmaq-Indianer benutzten diese Wasserwege, um an die Bay of Fundy zu gelangen. Wir absolvieren lieber die zahlreichen Wander- und Waldwege und freuen uns, dass wir einen geschützten Wanderparkplatz zum Übernachten finden. Die frühe Jahreszeit hat eindeutig ihre Vorteile.

Nova Scotia wird uns nicht nur als Beginn und Abschluss der Reise im Gedächtnis bleiben, auch die schlechten Straßen werden wir nicht vergessen. Der Highway 215 entlang der Bay of Fundy ist übler als so manche Strecke in der Baja California. Mitunter ist er für Wohnmobile sogar gefährlich, weil sich Teile der löchrigen Fahrbahn derart abgesenkt haben, dass man umzukippen droht. Verlassen wir lieber die Bay, bevor wir unser rollendes Heim auf die Seite legen! Nicht nötig, die Straße wird breiter. Neuer, glatter Teer verführt uns zum Weiterfahren. Zu früh gefreut! Nach wenigen Kilometern rumpeln wir wieder über brutale Frostaufbrüche, weichen den gefährlichen Senken aus und schleichen im Schneckentempo dahin. Kaum vorstellbar, dass diese Halbinsel im Sommer hauptsächlich vom Tourismus lebt.

Aus der Zeit, als französische Akadier und Engländer in diesem Teil der Welt um die Vorherrschaft stritten, stammen etliche historische Forts in diversen Stadien der Erhaltung. Von Wällen und gepflegten Rasenflächen umgeben, liegen sie meist besonders reizvoll abseits der Ortschaften. Oft sind sie auch mit großen, uneinsehbaren Parkplätzen ausgestattet. Wir haben sehr schnell festgestellt, dass es sich an diesen Forts wunderbar übernachten lässt. Damit nicht der Eindruck entsteht, wir wären ignorante Banausen, sei noch hinzugefügt, dass wir die Forts, sofern sie um diese frühe Jahreszeit überhaupt geöffnet haben, auch besichtigen. Und weil wir schon dabei sind, den Reiseführer abzuarbeiten, nehmen wir auch noch die **Lighthouse Route** zwischen **Yarmouth und Halifax** unter die Räder. Auch an den Leuchttürmen lässt es sich mitunter trefflich über Nacht stehen und ein schönes Fotomotiv geben sie allemal ab. Genauso wie die hübschen, bunten Häuser und Ortschaften entlang der Bays, die wir nacheinander ablichten.

An der Lighthouse Route

Nova Scotias berühmtester und meist fotografierter Leuchtturm steht in Peggy's Cove. Wobei es weniger der Leuchtturm ist, der die Besucher in Scharen anzieht, sondern das zerfurchte, glatt polierte Granitgestein, auf dem er steht. Den Turm und seinen charakteristischen Untergrund ohne durchs Bild tappende Touristen abzulichten, ist jedoch fast ein Ding der Unmöglichkeit.

Peggy's Cove lebt heute zwar hauptsächlich vom Tourismus, trotzdem konnte das kleine Fischerdorf seinen rustikalen Charme bewahren. Traurige Berühmtheit erlangte der Ort, als am 2. September 1998 ein Swissair Flug auf dem Weg von New York nach Genf etwa 10 km vor Peggy's Cove in den Atlantik stürzte und sämtliche Passagiere und Besatzungsmitglieder ums Leben kamen.

Die Bergungsarbeiten wurden damals von **Halifax** aus gemanagt, genau wie 86 Jahre davor die Bergung der Titanic-Opfer. Beide Male brachten die Schiffe, die von Halifax ausgesandt wurden, nur Tote und Trümmer zurück. Die meisten geborgenen Opfer der Titanic wurden auf den Friedhöfen von Halifax begraben. Im Maritime Museum kann man viele original Artefakte des berühmten Luxusliners bewundern.

Weil sich der Mai inzwischen dem Ende zuneigt, kann auch die 1856 fertiggestellte Zitadelle, eine National Historic Site, besichtigt werden. Bei unserer Ankunft vor einem Jahr war sie noch geschlossen. Heute ist Sonntag und in Erinnerung an die einst hier stationierten Highlander-Regimente zelebrieren Studenten in farbenfrohen Schottenröcken mit viel Tamtam eine Wachablösung und Trommler und Dudelsackbläser in Highlander-Uniformen lassen schottische Töne erklingen. Mittags um 12 Uhr feuern Soldaten in historischen Uniformen eine Kanone ab.

Zum Schluss entdecken wir noch eine Sehenswürdigkeit, die nicht im Reiseführer steht. Im Hafen liegt das mexikanische Schulschiff Cuauhtémoc, benannt nach dem letzten Aztekenkaiser. Wie ich später dem Lexikon entnehme, gab es nach Moctezuma tatsächlich noch zwei weitere Aztekenherrscher. Der erste starb nach drei Monaten an Windpocken und Cuauhtémoc wurde kurz darauf von Cortés um die Ecke gebracht.

Das Schulschiff, das auf großer Ausbildungsfahrt nach Europa ist, soll auch Bremerhaven anlaufen. Man kann an Deck des prächtigen Rahseglers gehen und weil wir die Mexikaner so schön auf Spanisch ansprechen, bekommen wir ein interessantes Heft über das Schiff und die Reise.

Zwei Tage später geben wir am Container Terminal (der Name ist irreführend – das Wohnmobil wird Ro/Ro verschifft) die Wohnmobilschlüssel ab. Die Reisetaschen sind gepackt, der Kühlschrank ist leergefuttert, alle Klappen sind kontrolliert und die Zwischentür ist verriegelt. Die Transportbox für unseren Hund steht griffbereit. Vorher haben wir bereits beim Agenten in Downtown Halifax den Papierkram erledigt. Wieder steigen wir mit Sack und Pack und Hundebox in ein Van-Taxi. Es geht direkt zum Flughafen.

Unsere Eyleen, die inzwischen weiß, wofür die Box da ist, protestiert mit hohem, spitzem Gebell gegen die Gefangenschaft. Was soll's, sie wird den Flug verschlafen und hat es im Grunde bequemer als wir in den engen Sitzen der Condor.

Lichthupende Raser, Lastwagenkolonnen, dichter Verkehr, Stau – ein absoluter Horror nach 40.000 km über einsame Highways, breite Freeways, holprige Gravel Roads. Die 225 Autobahnkilometer, die wir im Leihwagen von Frankfurt nach Hause fahren, sind die stressigsten, an die wir uns erinnern können. Ein Jahr lang war für uns der Weg das Ziel, jetzt sind wir nur noch froh, anzukommen. Zwei Wochen später holen wir in Hamburg unser Wohnmobil ab. Wenn man davon absieht, dass ein Langfinger versucht hat, den unter dem Fahrersitz eingebauten Sicherungskasten zu klauen und dabei alle Sicherungen mitgehen ließ, hat unser rollendes Heim die Seereise wohlbehalten überstanden.

Und wir? Genießen erst mal eine Weile die Bequemlichkeit des sesshaften Lebens. Neue Posterabzüge der schönsten Fotos zieren die Wände unserer Wohnung, bringen die Erinnerungen an traumhafte Campingstellen, an atemberaubende Landschaften, an die Weite des Nordens und die einsamen Highways zurück. Abends ziehen wir uns die neu erstellten Magix Diashows rein und es dauert gar nicht lange, bis Peter wieder anfängt, im Rand McNally Road Atlas zu blättern. „Weißt du, dass wir immer noch nicht im Olympic National Park waren? Von Montana und Idaho haben wir auch noch nicht viel gesehen und Colorado müsste man eigentlich auch intensiver bereisen ..."

Ein Wort zum Schluss

Herring Cove, Fundy National Park, New Brunswick

Es liegt in der Natur der Sache, dass ich beim Schreiben dieses Buches die Reise noch einmal intensiv nacherlebt habe. Dabei wurde mir auch bewusst, dass wir im Grunde das, was wir sehen und erleben durften, als viel zu selbstverständlich wahrgenommen haben. Wir hätten jeden einzelnen Tag noch viel mehr genießen müssen. Aber es ist nun mal so, dass auch das Reisen zum Alltag wird, wenn auch in einer anderen Form. Auch auf die längste und exotischste Reise nehmen wir uns selbst mit und wir können auch nicht vor uns selbst davonlaufen.

Wenn Sie, lieber Leser, eine ähnliche Reise planen, dann stellen Sie sich darauf ein, dass Sie evtl. auch unangenehme Dinge erleben werden oder dass Ihnen nicht immer alles gefällt. Bei der Lektüre dieses Buches haben Sie vermutlich sehr schnell gemerkt, dass unser Herz für Alaska und den Nordwesten Kanadas schlägt. Ich kann Ihnen nicht versprechen, dass es Ihnen dort genauso gut gefallen wird. Vielleicht haben Sie Pech mit dem Wetter oder der eine oder andere Highway, von dem wir geschwärmt haben, ist gesperrt. Mit solchen Widrigkeiten muss man rechnen und auch, dass man kurzfristig Routen ändern muss.

Es kann auch sein, dass sich während des Reisens die Vorlieben verändern. Beim ersten Besuch Amerikas, besonders wenn man im Südwesten mit seinen großartigen Nationalparks startet, wird man von der Fülle der Eindrücke fast erschlagen. Waren es bei unseren ersten Pkw-Reisen die roten Felsen und bizarren Wüstenlandschaften des amerikanischen Südwestens, die uns faszinierten, so haben sich nun unsere Vorlieben hin zu den Landschaften verschoben, die man gemeinhin als schön bezeichnet.

Aber ganz egal, welche Ecken des nordamerikanischen Kontinents Sie letztendlich bereisen – die Eindrücke und Erfahrungen, die Begegnungen mit fremden Menschen und Kulturen werden eine Bereicherung Ihres Lebens sein.

Infoteil

In Cape Breton, Nova Scotia

Reiseplanung

ADAC

Die Mitgliedschaft im ADAC ist auf jeden Fall empfehlenswert. Bei Vorlage des ADAC-Mitgliedsausweises händigen die Automobilklubs in den USA (AAA) und Kanada (CAA) hervorragendes, kostenloses und sehr detailliertes Kartenmaterial sowie praktische Campbooks aus, die mitunter auch kostenlose Plätze auflisten.

Auslandskrankenversicherung

Für welche man sich letztendlich entscheidet, hängt von Alter, Geschlecht, Reisedauer und mitunter auch Reiseziel ab. Sofern die Reise nicht länger als ein Jahr dauert, ist die Auswahl an günstigen Versicherungen relativ groß. Einen guten Überblick bieten folgende Webseiten:

- www.protrip.de
- www.reiseversicherung.com/reiseversicherungen/reisekrankenversicherungen.html

Seriöse Krankenversicherungen bieten auch der ADAC und die Fa. SeaBridge an, die sich auf Wohnmobilverschiffungen spezialisiert hat (☞ Verschiffungen).

Die Gold-Card-Versionen von Visa und Mastercard enthalten zwar alle möglichen Versicherungsleistungen, darunter auch eine Reisekrankenversicherung, alle Leistungen sind aber auf einen Zeitraum von nur acht Wochen begrenzt!

Als freiwillig Versicherte konnten wir unsere Krankenkasse kündigen. Nach unserer Rückkehr wurden wir problemlos wieder aufgenommen. (Das funktionierte allerdings nur, weil wir im Inland nie privat versichert waren.)

Bankgeschäfte

Auch wenn man sich lange Zeit hauptsächlich in der Natur herumtreibt, ohne Geld und Bank geht – leider – gar nichts. Es ist sinnvoll, alle regelmäßigen Zahlungen auf Einzugsermächtigung oder Dauerauftrag umzustellen. Über das Internet hat man in den USA und Kanada fast überall Zugriff auf seine Bankkonten.

Besonders im Internetcafé sollten Sie die Sicherheitshinweise der Bank beachten und beim Beenden der Anwendung stets den Cache „temporäre Internetdateien" im Browser löschen! Meist ist es auch möglich, mit dem eigenen Laptop im Internetcafé online zu gehen.

Frühstück an der Forestry Trunk Road, Alberta

Brot backen

Egal, ob Langzeittourist oder Auswanderer: Die labberigen Scheiben, die in den USA unter dem Namen „Brot" verkauft werden, kommen uns Deutschen ziemlich schnell zu den Ohren raus. Toasten kann eine Zeit lang Abhilfe schaffen. (Es gibt Campingtoaster, die man direkt auf die Gasflamme stellt.) In Kanada führt die Supermarktkette Canadian Superstore schmackhaftes Baguette. Eine wirkliche Alternative zum Bäcker daheim ist nur selbst gebackenes Brot. Ideal ist natürlich ein fest installierter Backofen, wie wir ihn im Laika haben. Es geht aber auch ohne. Ich selbst benutzte vorher jahrelang den Faltbackofen von Coleman, den man einfach auf eine Gasflamme stellt. Gibt es in den USA beim Campingzubehör.

💻 www.coleman.com/product/camp-oven/2000009191#.VrSrzNC-TIU

Funktionieren soll auch der kleine **Omnia Campingbackofen**, den es in Deutschland zu kaufen gibt (von mir noch nicht ausprobiert).

Brotrezepte findet man vielfältig im Internet. Relativ einfach funktioniert Weizen- und Dinkelbrot mit Hefe als alleiniges Treibmittel. Wer Roggen- oder Roggenmischbrot backen will, kommt um Sauerteig nicht herum. Damit man nicht tagelang mit dem ersten Sauerteigansatz herumlaborieren muss, empfiehlt es sich, einige Päckchen Trockensauerteig mitzunehmen. Den fügt man den ersten

Broten zu, hebt einen Klumpen vom fertigen Teig auf und benutzt diesen Ansatz für das nächste Brot. Wer eine Kastenform benutzt, kann sich das mehrmalige Gehen und Durchkneten sparen. (Wir haben uns übrigens so sehr an selbst gebackenes Brot gewöhnt, dass wir es auch zu Hause dem Bäckerbrot vorziehen. Aktuell bevorzugen wir Dinkelvollkornbrot, dem ich neben der Hefe zwei Esslöffel Trockensauerteig zufüge.

Bücher zum Einstimmen

Den Kampf der amerikanischen Ureinwohner schildern die Bücher **Blackfoot, Cree, Mohawks ...** von Elmar Engel (zurzeit leider nur gebraucht erhältlich) und **Begrabt mein Herz an der Biegung des Flusses** von Dee Brown (Anaconda Verlag, ISBN: 978-3-86647-836-7).

Die dicken Wälzer von James Michener sind allen interessierten Reisenden ein Begriff. Ob **Alaska, Texas, Die Colorado Saga** oder **Die Bucht** – eine USA-Reise ohne Michener ist nur das halbe Vergnügen, auch wenn seine lehrreichen Epen manchmal bei den Dinosauriern beginnen. Die Bücher sind zurzeit leider nur noch gebraucht erhältlich.

Wer die Südstaaten bereist, sollte **Gute Geister** von Kathryn Stockett lesen (btb, ISBN: 978-3-44275-420-5 – auch als E-Book: EAN: 978-3-64105-940-8).

John Steinbecks **Meine Reise mit Charley** haben wir beide erst kürzlich nach unseren Amerikareisen gelesen (dtv, ISBN: 978-3-42313-565-8). Steinbeck ließ sich 1960, als das Reisen im Wohnmobil noch nicht verbreitet war, ein Wohnmobil bauen, um damit zusammen mit seinem Hund Charley sein Land, aber mehr noch seine Landsleute kennenzulernen. Er beschreibt in diesem Buch ein Amerika, das es in dieser Form zwar nicht mehr gibt, aber für zukünftige USA-Reisende trotzdem hochinteressant ist.

Die Einwandererstory seiner mexikanischstämmigen Familie erzählt mit viel Pepp Victor Villaseñor in seinem Roman **Die Wunder eines jeden Tages**. Das Buch ist leider nur noch gebraucht erhältlich, aber es lohnt sich, den Titel bei eBay oder Amazon zu suchen.

Mexikoreisende wird **Der Azteke** von Gary Jennings interessieren (Fischer Verlag, ISBN: 978-3-59616-522-3).

Ein kleiner, leichter E-Reader entlastet das Reisegepäck und die oft begrenzte Zuladung des Wohnmobils ungemein. Wer gedruckte Bücher dabei hat, wird vermutlich immer wieder Möglichkeiten finden, mit anderen Reisenden zu tauschen.

Camping

Campingplätze

USA

Die komfortablen RV Parks liegen häufig „idyllisch" direkt neben der Interstate oder den Hauptstraßen. Sie sind meist in privater Hand oder Campingketten angeschlossen. Die Durchschnittspreise liegen bei ca. $ 35-85 und mehr! Für die vielen Dollars gibt es warme Duschen, manchmal einen Mini-Swimmingpool und Whirlpool und natürlich *full hook-up*, das heißt, jeder Platz hat Strom- und Wasseranschluss (amerikanische Wohnmobile haben einen Stadtnetzanschluss und hängen damit direkt am Druck der Wasserleitung) sowie eine eigene Abwasserleitung.

Wer häufig RV Parks aufsucht, für den lohnt evtl. die Mitgliedschaft in einer der großen Campingketten. Für den Mitgliedsbeitrag von ca. $ 25 gibt es neben 10 % Campingplatzrabatt diverse andere Vergünstigungen.

- www.goodsamclub.com
- www.koa.com/value-kard-rewards

Im Allgemeinen bieten die Plätze in State Parks das beste Preis-Leistungs-Verhältnis. Meist sind sie mit Warmwasserduschen und manchmal auch mit Stromanschluss oder *full hook-up* ausgestattet. Wer ein autark ausgestattetes Wohnmobil sein Eigen nennt, kann auch auf den preiswerteren *tent sites*, also den Zeltplätzen, übernachten. In einigen Staaten muss allerdings zusätzlich zur Campinggebühr noch Eintritt in den State Park bezahlt werden!

Bei den Plätzen in National Forests handelt es sich um einfache Plätze mit allenfalls einem Plumpsklo und einem Wasserhahn, für die je nach Lage ca. $ 10-15 berappt werden müssen.

Die Preise gelten in der Regel pro Stellplatz (nicht pro Person) und werden im Selbstregistrierverfahren bezahlt, d. h., der Camper füllt einen bereitliegenden Umschlag aus und steckt ihn mit den Campinggebühren in eine eigens aufgestellte Box. Dieses Verfahren gilt auch für die meisten staatlichen Plätze und Gemeindeplätze in Kanada.

Kanada

Neben den privaten RV Parks gibt es die preiswerteren und einfacheren Provincial Parks, die in etwa den amerikanischen State Parks entsprechen.

Mexiko/Baja California

Neben RV Parks im amerikanischen Stil, finden sich entlang der Baja auch kleine, preiswerte Campingplätze zum Preis von US $ 7-10.

Freies und wildes Camping

USA

Don Wright's Guide to Free Campgrounds ist zwar immer noch in Buchhandlungen und bei Campingausstattern (Camper World) erhältlich (es gibt eine *Western edition* und *Eastern edition*), leider ist der Guide inzwischen sein Geld nicht mehr wert. Da kostenlose Campgrounds immer seltener werden, hat man die Bände mittlerweile mit allerlei fragwürdigen Tricks gefüllt. Generell darf auf öffentlichem Land (BLM-Land) sowie in vielen **National Forests** frei gecampt werden. Das Übernachten auf **Rest Areas** ist in Nevada, Oregon und Texas erlaubt, andere Staaten begrenzen das Stehen auf 4 bzw. 8 Stunden. Hin und wieder findet man kostenlose County- und Cityparks. In Städten und Ortschaften entwickeln die meisten Langzeitreisenden ihre eigenen Strategien. Manche steuern bevorzugt die Parkplätze der zahlreichen Kirchen und Sekten an, andere nächtigen lieber in ruhigen Wohngebieten oder auf den Parkplätzen der 24 Stunden geöffneten Supermärkte. Auch die Parkplätze der Jachthäfen bieten sich mitunter für eine Nacht an. Wir steuerten in Städten zumeist die Parkplätze der Kaufhaus- und Supermarktkette Walmart an. Amerikanischen Wohnmobilisten zufolge soll der alte Walmart Chef Sam Walton, einst selbst begeisterter Camper, in seinem Testament verfügt haben, dass übernachtende Wohnmobilcamper von seinen Kaufhausparkplätzen nicht verscheucht werden dürfen. Genächtigt haben wir auf den großen Parkplätzen zwar nicht immer sehr leise, auf jeden Fall aber stets sicher. Wer den Straßenatlas von Rand McNally statt an der Tankstelle oder im Buchhandel bei Walmart kauft, bekommt ihn nicht nur zum halben Preis, sondern findet obendrein im Anhang eine Liste sämtlicher Filialen und hat somit stets eine Adresse für kostenloses **Stadtcamping** zur Hand. Allerdings nehmen inzwischen auch bei Walmart die Campingverbote zu. Begründet wird dies meist mit den Gesetzen der Städte.

Mitunter sind auch in den **Campbooks** des AAA kostenlose Plätze aufgeführt.

Mexiko/Baja California

Kostenfrei und primitiv kann man an den **Playa Publicas**, den öffentlichen Stränden, campen. Sie sind sicher, da man dort ohnehin nie alleine steht. Andere Strände, wie z. B. El Requesón, sind in Privatbesitz. Die Besitzer kassieren einen Obolus.

Kanada

In British Columbia unterhält der **Forestry Service** kostenlose Campgrounds. Diese Traumplätze liegen meist sehr einsam an kleinen Seen oder Flüssen und haben außer Feuerholz und manchmal einem Plumpsklo nur Natur pur zu bieten. Die Zufahrt kann mitunter etwas ruppig sein.

Das Buch **Camp Free in BC** von Kathy und Craig Copeland ist zwar über Amazon auch in Deutschland erhältlich, aber unverhältnismäßig teuer. Sinnvollerweise ersteht man es erst in BC.

💻 www.sitesandtrailsbc.ca/

💻 www.bcadventure.com/adventure/camping/

Im spärlich besiedelten **Yukon** und in **Alaska** findet sich immer ein Fleckchen für die Nacht, sei es an einem View Point oder See oder irgendwo im Wald. Auch die **Milepost** ist beim Auffinden ruhiger Plätze für die Nacht hilfreich.

💻 http://www.themilepost.com/home

Im nördlichen Kanada bekommt man dieses jährlich neu erscheinende Logbuch, das akribisch jeden Mülleimer, jede Abzweigung usw. listet, auch beim Walmart. Es lohnt nicht, es vorab teuer zu ordern.

In Alaska unterhält der **U.S. Fish and Wildlife Service** diverse kostenlose Campgrounds (unserviced Campgrounds). Meist sind sie mit einem sauberen Plumpsklo ausgestattet und mitunter gibt es Wasser von einer Schwengelpumpe. Dieses Wasser sollte **nicht** in den Tank gefüllt werden! Meist ist es stark eisenhaltig und verwandelt sich augenblicklich in eine rostige Brühe!

Auf dem Weg vom kanadischen Halifax nach Westen fragten wir in der jeweiligen Visitor Information nach Plätzen zum Gassi gehen und fanden auf diese Weise meist angenehme Übernachtungsplätze (☞ Schlussteil des Buches: „Mit dem Hund nach Nordamerika – Reisen mit Hund“).

Hilfreich zum Auffinden kostenloser bzw. preisgünstiger Campgrounds ist auch folgende Seite:

💻 www.freecampgrounds.com

Sicherheit beim wilden Campen

Die Gefahr, beim Nächtigen im einsamen National Forest überfallen zu werden, ist naturgemäß nicht sehr groß. Kriminelle haben ihr Betätigungsfeld in erster Linie dort, wo es etwas zu holen gibt, d. h. in den Ballungszentren der Großstäd-

Camping am Recapture Reservoir, Utah

te und Touristenzentren. Einige Vorsichtsmaßnahmen sollten trotzdem nicht außer Acht gelassen werden:

- ▷ Das Wohnmobil in der Nacht immer so parken, dass man ohne Rangieren sofort die Flucht antreten könnte.
- ▷ Der Zündschlüssel sollte immer griffbereit am gleichen Platz sein.
- ▷ Es sollte in der Nacht nichts herumstehen, was bei einem plötzlichen Aufbruch herunterfallen könnte.
- ▷ Keine Campingstühle oder -tische vor dem Wohnmobil stehen lassen.

Diesel

USA und Kanada

Die Dieselqualität hat sich in den vergangenen Jahren in Nordamerika stark verbessert. Unser Iveco 35 C17 schluckte den Sprit problemlos. Besitzer älterer Saugdieselfahrzeuge sollten vorher abklären, ob Zusätze wie Zweitaktöl oder andere Dieseladditive nötig sind.

Mexiko/Baja California

Der mexikanische Diesel ist von guter Qualität. Unser Iveco lief damit sparsamer und ruhiger als mit US-Diesel.

Dumpingstationen – Ent- und Versorgung

Auch wenn man keine RV Parks anfährt, ist das Entleeren der Abwasser- und Toilettentanks (*gray water tank* bzw. *black water tank*) in den USA kein Problem. Viele **Rest Areas** an den Interstates sind mit Dumpingstationen ausgestattet, Truckstops und Gemeinden bieten diesen Service zuweilen an und in den **Nationalparks** befinden sie sich meist vor der Einfahrt zum **Campground**.

Fast alle Dumpingstationen bieten außerdem die Möglichkeit, Trinkwasser aufzufüllen. Das „Truckstop & Diesel Directory", das es in RV-Zubehörläden gibt, listet sie teilweise auf.

Auf folgender Webseite sind alle Sanidumps erfasst:

www.sanidumps.com

Kassettentoiletten

Es ist sinnvoll, die in den meisten europäischen Wohnmobilen verwendeten Kassettentoiletten mit dem SOG-Abluftsystem auszustatten. Dadurch wird Chemie überflüssig, die Benutzung ist durch den Lüfter und den in der Klappe angebrachten Kohlefilter sowohl von innen, als auch von außen geruchlos. Da ohne Chemie, kann man die Kassetten problemlos ins (kompostierbare) Plumpsklo entsorgen. Die sind Standard auf vielen Primitivplätzen in Nationalforsten, BLM-Land usw. Die Füllkapazität der Kassetten ist jedoch sehr gering, weshalb sich die Mitnahme einer zweiten empfiehlt. Unser Laika hat dafür ein extra Außenfach. Es gibt auch Halterungen für die Extrakassette, die man unter dem Wohnmobil anbringen kann.

Ersatzteile

Mit Ausnahme des Mercedes Sprinter sind alle bei uns als Wohnmobilbasis üblichen Fahrzeuge in den USA und Kanada unbekannt. Theoretisch und auch praktisch sind aber Ersatzteile für jede Automarke auch in den USA und Kanada zu ordern. Auf unserer dreijährigen Reise schleppten wir Unmengen Ersatzteile mit, die wir samt und sonders wieder mit nach Hause brachten. Das einzige Teil, das während der langen Reise wirklich kaputtging, hatten wir nicht dabei. Es konnte in Australien aber problemlos bestellt werden. Obwohl der Iveco in Nordamerika unbekannt ist, verzichteten wir auf dieser Reise auf Ersatzteile. (Der Iveco schnurrte klaglos und nach der Reise war nur ein Ölwechsel fällig!)

Unbedingt mit sich führen sollte man in ausreichender Anzahl Öl- und Treibstofffilter, Vorfilter, Keilriemen und Luftfilter.

Fliegengitter

Unsere leichten Doppelfenster bieten gegenüber den in Übersee gebräuchlichen einfachen Glasscheiben viele Vorteile hinsichtlich Gewicht und Isolation. Dem, was bei Tag und Nacht so kreucht und fleucht, ist das kombinierte Rollo-Moskitonetz-System allerdings nicht gewachsen!

Die Zwangsentlüftungsschlitze mit Tesafilm abzukleben ist zwar hilfreich, aber nicht ausreichend. Besonders lästig sind vor allem die nachtaktiven Insekten und Motten, die in den Büschen und Bäumen der Halbwüsten leben. Sie orten den kleinsten Lichtschimmer und selbst dicke Nachtfalter schaffen es mühelos, sich um die Rollen der Kassettenrollos zu zwängen. Es ist sinnvoll, zusätzlich von innen per Klettband oder Spanngummi Moskitonetze anzubringen. Wo keine Fliegengittertüre vorhanden ist, empfiehlt sich als Fliegenschutz eine gut schließende Tüllgardine, beschwert mit Ketten, die an den Türrändern mit Klettbändern abgedichtet wird. (Aber egal, was man anstellt, kanadische Moskitos finden immer einen Weg ins Wohnmobil).

Flüge

Da Rückflüge maximal ein Jahr gültig sind, flogen wir stets mit One-Way-Tickets, was leider teurer ist. Flugpassagiere in die USA werden von den Fluggesellschaften jedoch nur dann mit einem solchen Ticket befördert, wenn sie in Besitz eines vorab besorgten, gültigen Visums sind.

Wer nach Halifax/Kanada verschifft, braucht **kein** Rückreiseticket, obwohl das sechsmonatige Touristenvisum erst bei der Einreise am Flughafen ausgestellt wird!

Fotografieren

Wer sich an fernöstliche Weisheiten hält, sieht sich alle Sehenswürdigkeiten gleich vor Ort an. Das Gros der westlichen Reisenden will alles zu Hause noch einmal nacherleben und möglichst auch andere daran teilhaben lassen.

Über die Vorteile von Digitalkamera und Laptop muss nichts gesagt werden. Freaks, die nicht aufs Dia verzichten wollen, sollten ihren Filmvorrat aus Preisgründen von zu Hause mitnehmen. Aus Qualitätsgründen empfiehlt es sich außerdem, die Dias zum Entwickeln heimzuschicken.

Gasversorgung

Wer einen eingebauten **Gastank oder Gastankflaschen** hat, kann in den USA und Kanada problemlos an den Tankstellen auffüllen. Einziger Nachteil: Bei der Rückverschiffung von Halifax müssen Tank oder Gasflaschen kostspielig und zeitraubend gereinigt werden. Schwierigkeiten kann es auch in der **Baja California** geben, wo man mit dem Wohnmobil meist nicht in die Füllstationen einfahren kann. Mitunter fahren aber kleinere Tankwagen die Campingplätze und Strände an.

Eine andere einfache Lösung: In Kanada oder den USA bei der Ankunft **amerikanische Gasflaschen kaufen** und per mitgebrachtem Adapter anschließen. Allerdings sind die amerikanischen Flaschen im Durchmesser etwas dicker als unsere grauen. Unser Flaschenkasten im Laika ist leider sehr eng. Weil wir vorher nicht wussten, ob die amerikanischen Flaschen hineinpassen, füllten wir unsere deutschen grauen Flaschen per Adapter. Beide Adapter gibt es bei **SeaBridge** (☞ **Verschiffung**). Zu beachten ist dabei allerdings, dass unsere grauen Flaschen kein Überdruckventil haben und somit das Befüllen illegal ist. Es kann also vorkommen, besonders an großen Tankstellen, dass das Personal das Füllen verweigert. Das passierte uns während des zwölfmonatigen Aufenthalts vielleicht zwei- bis dreimal. Wir bevorzugten deshalb zum Gasauffüllen kleinere Tankstellen, wo der Besitzer persönlich am Umsatz interessiert ist. Aus Sicherheitsgründen füllten wir nur ganz leere Flaschen mit max. 20 amerikanischen Pfund (lb) auf. Wenn man dies erklärt, wird es im Allgemeinen verstanden.

Gasflaschen oder –tanks werden generell, auch bei uns, nur zu 80 % befüllt. Die 11-kg-Füllung unserer grauen Flaschen entspricht dieser Kapazität. Amerikansiche Flaschen in vergleichbarer Größe werden mit 20 lb befüllt. Um niemanden zu verwirren, haben wir stets nur 20 lb verlangt.

Weil es sich nicht lohnte, die grauen Flaschen reinigen zu lassen, ließen wir sie zum Schluss kurzerhand stehen.

Insektenmittel

Auch wenn oft Gegenteiliges behauptet wird: Unser deutsches **Autan** wirkt in den meisten Fällen.

Manche Camper schwören auf eine kleine, mit 12 Volt arbeitende Heizplatte, auf der eine Tablette mit dem Wirkstoff Chrysanthemen verdampft. Der Geruch soll vor allem Moskitos abschrecken bzw. die Biester so benebeln, dass sie nicht mehr stechen. Manchmal half es, manchmal nicht. Die vor sich hin kokelnden Räucherspiralen, die es überall beim Campingbedarf zu kaufen gibt, sollten nur im Freien verwendet werden.

Kleiner Trost wenn die Blutsauger trotzdem gestochen haben: Im Gegensatz zu ihrer tropischen Verwandtschaft übertragen die Moskitos des Nordens keine Krankheiten. Außerdem sind sie relativ groß und nicht so schnell. Sie surren vor dem Angriff, weshalb man sie leichter mit der Fliegenklatsche erwischt.

Internationaler Führerschein

Ohne ihn sollte man außerhalb Europas nicht auf Reisen gehen. **Achtung:** Wer noch den alten rosa Führerschein oder gar den berühmten **grauen Lappen** in der Brieftasche herumträgt, muss sich vorher einen neuen Kartenführerschein ausstellen lassen. Außerdem ist zu beachten, dass im internationalen Führerschein der normale Eintrag nur für Fahrzeuge bis 3,5 t gilt! Mit älteren Führerscheinen darf man ja Wohnmobile bis 7,5 t fahren. Daher unbedingt den auf 7,5 t beschränkten Lkw-Schein bestätigen lassen!

Kfz-Versicherung

Unsere deutsche Kfz-Versicherung gilt weder in Kanada noch in den USA. Es ist daher nicht sinnvoll, bei einem längeren Überseeaufenthalt die teuren Versicherungskosten zu berappen. Da aber unter Umständen nachgewiesen werden muss, dass das Fahrzeug hier noch versichert ist, sollte man die hiesige Versicherung als **„ruhend"** melden. Dazu ist mitunter Überzeugungsarbeit nötig.

Versicherung für USA und Kanada

Ganz ohne Kfz-Versicherung geht es jedoch auch in Übersee nicht. Wer keinen amerikanischen Führerschein vorweisen kann (was inzwischen für Touristen kaum noch möglich ist), sollte tunlichst bereits im Voraus eine Versicherung beantragen. Kfz-Versicherungen für Kanada und USA vermitteln:

- www.seabridge-tours.de
- www.tourinsure.de
- www.alessie.com

Die amerikanische Progressive-Versicherung akzeptiert zwar mitunter deutsche Führerscheine, die Computerprogramme können aber nichts mit deutschen Kfz-Daten anfangen. Wer beabsichtigt, sich vor Ort ein amerikanisches Wohnmobil zu kaufen, für den kann folgende Adresse interessant sein:

- Lancaster Insurance Services Inc., Monika Pieters, 42220 10th St. West, Ste 107, Lancaster, CA 93534, ☎ 66 17 26 13 37 oder 86 66 10 78 95, FAX 66 17 26 58 46, monika@lancasterinsurance.biz, www.progressive.com/rv

Kfz-Versicherung für Mexiko

Eine über SeaBridge oder TourInsure abgeschlossene Vollkaskoversicherung deckt in Mexiko auch Vollkaskoschäden am eigenen Fahrzeug ab. Es muss jedoch trotzdem eine zusätzliche Haftpflichtversicherung für Mexiko abgeschlossen werden.

www.mexicaninsurance.com

www.sanbornsinsurance.com

Versicherungen für Mexiko vermittelt auch der amerikanische Automobilklub AAA.

Kreditkarten und Travellerschecks

Auch wenn man sich die meiste Zeit irgendwo in der Wildnis aufhält, ohne Geld geht gar nichts. Die einfachste Form stets „flüssig" zu sein, sind ganz ohne Zweifel Kreditkarten. Mit je einer MasterCard und VISA-Karte sind wir stets gut gefahren. Unsere Visakarten sind von der DKB ausgestellt, wo wir ein verzinstes Tagesgeldkonto haben. (Die Zinsen der DKB sind zurzeit zwar auch mickerig, aber immer noch um einen Hauch besser als anderswo). Außerdem können wir mit diesen VISA-Karten weltweit kostenfrei Geld am Automaten abheben.

www.dkb.de/index.html

Zusätzlich empfiehlt sich die Mitnahme von Reiseschecks. Am besten von American Express. Damit ist man automatisch Kunde von American Express und kann den kostenlosen Postlager Service in Anspruch nehmen.

Post

Auch wenn wir inzwischen fast überall per E-Mail erreichbar sind, flattern doch immer wieder Briefe mit wichtigem oder meist unwichtigem Inhalt ins Haus. Damit während unserer Abwesenheit kein überquellender Briefkasten Langfinger anlockte, ging unsere Post per Nachsendeantrag an unseren Sohn. Mittlerweile werden aber auch Briefe und Zeitschriften durch private Briefdienste versandt. Es ist daher trotzdem nötig, dass eine zuverlässige Person ab und zu nach dem Rechten sieht und den Briefkasten leert. **Wichtig:** ein großer, auffälliger Aufkleber **„Keine Werbung!"**.

Mit dem Vermerk ***„general delivery"*** versehen, kann man sich wichtige Post an jedes Postamt der Welt nachsenden lassen. Die Post wird dort bis zu 14 Tage gelagert. Die genauen Anschriften kann man Büchern entnehmen, die in den Postämtern ausliegen.

Reifen

Es empfiehlt sich auf jeden Fall, mit komplett neuen Reifen sowie einem zweiten Reservereifen zu starten. Bei normaler Wohnmobilbenutzung in Europa, d. h.

Einsatz nur im Urlaub und an Wochenenden, sind die Pneus in der Regel überaltert und überdehnt – lange bevor das Profil abgefahren ist. Zudem sind Reifen in Deutschland billiger als in Nordamerika. Auch sind in den USA nicht alle Reifengrößen erhältlich. Ein extra aus Deutschland georderter Ersatz kann dann unnötig teuer werden.

Besonders wichtig ist die Tragfähigkeit der Reifen, die bei schlechten Straßen, Wellblechpisten, Schlaglöchern usw. besonders gefordert und auch leicht überfordert ist. Bei hinterer Singlebereifung sollten Sie evtl. auf breitere Reifen umrüsten. Es zahlt sich in jedem Fall aus, an den Reifen nicht zu sparen! Wir machten diesbezüglich gute Erfahrungen mit Bridgestone und Michelin. Die Michelin Agilis Bereifung, mit der unser Laika werksmäßig ausgeliefert wurde, haben wir nach **81.000 km** erneuert!

Für den Fall der Fälle nicht vergessen: Ein großzügig dimensioniertes Radkreuz! Die schwächlichen Stängelchen aus dem Bordwerkzeug haben allenfalls Alibicharakter. Auch ein Hydraulikheber nebst Holzplatten zum Unterbauen ist hilfreich.

Bevor das Wohnmobil auf eine lange Seereise geschickt wird, empfiehlt es sich, die Radmuttern mit Rostlöser o. Ä. zu schützen.

Ein Reifenluftdruckprüfer sollte in keinem Bordwerkzeug fehlen. Die Druckluftschläuche amerikanischer Tankstellen sind nicht mit Manometern ausgestattet. Die Prüfgeräte, die in amerikanischen Kaufhäusern und bei Autoausstattern angeboten werden, sind zwar billig, aber ungenau.

Reiseführer

Die Auswahl an Reiseführern ist mittlerweile riesig. Für welchen man sich entscheidet, ist eine Frage des persönlichen Geschmacks.

Wer Alaska und den Nordwesten Kanadas bereisen will, sollte im Buchhandel oder beim Walmart zusätzlich die **Milepost** kaufen.

💻 www.themilepost.com

Routenplanung

Für unsere vierwöchigen Urlaubsreisen hatten wir vorher stets jeden Tag und jeden Kilometer verplant. Diese Mühe ist für eine lange Reise nicht nötig und auch nicht möglich.

Der Reisende, der in **Nordamerika** etwas sehen will, legt seinen Alaskabesuch in den Sommer und bereist wegen der angenehmeren Temperaturen Mexiko oder die Baja California im Winter.

Mit Schnee in den Hochlagen der Rockies muss von September bis Mai gerechnet werden. Der **Tioga Pass** im **Yosemite National Park** ist oft nicht vor Juli offen, im Gegensatz dazu ist es in den Halbwüsten des Südwestens bereits zu Ostern heiß. Im August und September muss im Südwesten immer wieder mit starken Nachmittagsgewittern und Blitzfluten gerechnet werden.

Die großen Nationalparks des Südwestens sind generell überlaufen. Es gibt aber abseits der Touristenrennstrecken reizvolle und weit weniger frequentierte Naturschönheiten, wie z. B. den **Big Bend National Park** und den **Guadalupe Mountains National Park** im westlichen Texas, den **Chaco Canyon** und die **Bisti Badlands** in New Mexico. Wer diese Badlands ausfindig machen will, muss sich im Visitor Center am Chaco Canyon einen genauen Lageplan geben lassen.

Im Arches National Park, Utah

Im Westen Amerikas könnte man sich im Grunde ein ganzes Leben lang herumtreiben und immer wieder neue Naturwunder entdecken. Im Nordwesten muss auch im Sommer immer wieder mit Regen gerechnet werden.

Hilfreich für eine grobe Vorabplanung sind die Reisekarten des deutschen ADAC. Diese Karten gibt es sowohl als Übersichts- wie auch Detailkarten. Die jeweiligen Sehenswürdigkeiten sind auf den Landkarten mit Nummern versehen, die auf der Rückseite näher beschrieben werden. Zusätzlich bekommen ADAC-

Mitglieder beim amerikanischen wie auch beim kanadischen Automobilklub kostenlose Karten und Campbooks. Auch in den Besucherzentren der einzelnen Staaten bekommt man Kartenmaterial und Tipps.

Generell gilt, dass man für eine Reise, die mehrere Monate dauert, flexibel sein muss. Es kann vorkommen, dass Straßen im nördlichen BC, im Yukon oder in Alaska tagelang wegen Waldbränden gesperrt sind. Auch der Zustand der Gravel Roads kann sich, egal, ob im Norden oder Südwesten, sehr schnell ändern. Mitunter werden auch Straßen nach Blitzfluten usw. komplett gesperrt.

Schlangen

Die Gefahr, von einer giftigen Schlange gebissen zu werden, ist zwar nicht allzu groß, trotzdem sollte man gewisse Vorsichtsmaßnahmen nicht außer Acht lassen. In den USA sahen wir zwar nur ein einziges Mal eine Korallenschlange über den Highway kriechen, aber Klapperschlangen sind auf dem ganzen Kontinent verbreitet. Als wir vor Jahren im Monument Valley unachtsam, weil wir in einen regelrechten Fotorausch verfallen waren, in unseren deutschen Sandalen vom Weg abwichen und im Wüstengestrüpp herumtappten, kam ein Indianer in seinem Jeep vorbeigedüst und rief uns warnend zu: „Watch for Klapperschlange!“ Wir haben lange überlegt, woran er uns schon von Weitem als Deutsche erkannt hat. Es müssen wohl unsere Sandalen gewesen sein.

Sicherheit und Kriminalität

Regelmäßig werden wir gefragt: „War das nicht gefährlich? Hattet ihr keine Angst?" Gefühle von Sicherheit bzw. Gefahr sind ausgesprochen subjektiv. Angst macht uns in erster Linie das, was wir nicht einschätzen können, was uns fremd ist. Demzufolge erscheint uns ein Land um so gefährlicher, je weiter es entfernt ist.

Die USA mit ihrem starken sozialen Gefälle haben bekanntermaßen eine höhere Kriminalitätsrate als die meisten europäischen Länder. Sieht man von einigen, in der Presse hochgespielten Überfällen auf deutsche Touristen in Florida einmal ab, sind wir trotzdem der Meinung, dass der Wohnmobil fahrende Tourist in den USA sicherer reist als in manchen Gegenden Europas. Von Raub- und Gasüberfällen, wie sie entlang der Autobahn zwischen Lyon und Barcelona und neuerdings auch an deutschen Raststätten an der Tagesordnung sind, haben wir in Nordamerika jedenfalls noch nie gehört. Dass man als Tourist die Problemviertel der Großstädte besser meidet, sollte selbstverständlich sein.

Solaranlage

Wer einigermaßen autark sein will, wild campen möchte oder die vielen reizvollen Primitivcamps in Nationalforsten usw. nutzen möchte, kommt um eine vernünftige Solaranlage nicht herum. Wie stark die sein muss, hängt natürlich davon ab, was damit betrieben werden soll. Ein Kompressorkühlschrank erfordert in jedem Fall ein zusätzliches Paneel. Dass die Sonne, die übers Dach hereinkommt, entsprechend gespeichert werden muss, versteht sich von selbst. Die Kapazität der Solarbatterien sollte nicht zu knapp bemessen werden. Ob Gel-, Säure- oder Fleecebatterien ist eine Glaubensfrage. In jedem Fall müssen Batterien und Ladegeräte aufeinander abgestimmt werden. **Niemals sollte man alte und neue oder verschieden starke Batterien mischen! Die alte oder kleinere Batterie zieht die neue oder stärkere Batterie auf ihren Wert herunter!**

Weil bei längerem Stehen und trübem Wetter die stärkste Batterie in die Knie geht, tut ein kleiner, leiser Generator gute Dienste. Wer dazu noch einen Wechselrichter einbaut, braucht keinen Strom von außen.

Stromversorgung

In den USA, Kanada und Mexiko kommen 110 V und 60 Hertz aus der Dose. Wer also zwischendurch auf Strom aus der Steckdose angewiesen ist, muss vorsorgen. Die Spannung lässt sich relativ einfach und preiswert mittels eines Umformers umwandeln. Schwieriger wird es bei den 60 Hertz, die manche Ladegeräte nicht verarbeiten können. Wer nicht durch eine starke Solaranlage autark ist, sollte vorher fachmännischen Rat einholen bzw. gegebenenfalls das Ladegerät austauschen!

Verschiffung

Am einfachsten und sichersten verschifft man ein Wohnmobil **Ro/Ro** (*roll on/roll off*), d. h., das Fahrzeug wird wie auf einer großen Fähre über eine Rampe ins Schiff gefahren. Im Gegensatz zur Fähre darf man diese Prozedur allerdings nicht selbst vornehmen. Wer sein rollendes Heim im Hafen zur Verschiffung abgibt, muss auch die Schlüssel aushändigen.

Damit sich während der langen Überfahrt und der Standzeit im Hafen, die sich leider nicht immer verhindern lässt, keine Langfinger am Wohnmobil vergreifen, haben wir den Wohnteil mit einer stabilen Zwischentür vom Fahrerhaus abgetrennt. (Das schützt außerdem zuverlässig vor Hitze und Kälte.) Wo das nicht möglich ist, sollte das Inventar in der Heckgarage oder im Unterboden verstaut werden.

Ratsam ist ferner, Betten und Polster abzudecken. Es soll mitunter vorkommen, dass sich Besatzungsmitglieder in ihrer schmutzigen Arbeitskleidung zum Ausruhen in die gemütlichen Wohnmobile legen!

Dass während der Verschiffung keine Campingmöbel oder ähnliche Dinge, die im Seegang herumschlagen könnten, lose im Wohnmobil herumliegen sollten, versteht sich von selbst. Teure Geräte, wie Laptop, Drucker und die Kameraausrüstung, führten wir immer im Fluggepäck mit uns.

Das Transportrisiko trägt ohnehin der Kunde. Die Schifffahrtslinien haften nicht einmal bei Totalverlust, weshalb wir unser Wohnmobil trotz happiger Kosten, zwischen 1,2 bis 1,5 % des Wagenwertes, stets zusätzlich versicherten. Diese Versicherung kommt aber nicht für Diebstähle aus dem Wageninneren auf. Teile, die mit dem Wohnmobil fest verschraubt sind, wie z. B. Solaranlagen oder Markisen, gehören dabei zum Wohnmobil. Es empfiehlt sich, eine Liste anzulegen. Im Verlauf unserer Reisen verschifften wir unser Wohnmobil sechsmal, es wurde dabei niemals aufgebrochen. Wir trafen aber auch Reisende, die von Einbrüchen berichteten.

Während unserer dreijährigen großen Reise hatten wir alle Verschiffungen selbst organisiert, was mitunter recht stressig war.

Die Verschiffung der vorliegenden Reise managte die **Fa. SeaBridge**, ein empfehlenswerter Service, der sich lohnt – ganz ohne Mehrkosten! **SeaBridge** buchte auch das Innenstadthotel, von dem aus wir nur einen Katzensprung zu Fuß vom Agenten entfernt waren. Dort holten wir die Papiere ab und gingen damit zum Zoll. Im Gegensatz zu den USA, wo man eine für ein Jahr gültige *temporary non-resident importation* bekommt, wird in Kanada kein zeitlich limitiertes Einfuhrpapier ausgestellt.

💻 www.seabridge-tours.de/html/verschiffung_usa_canada.php

Die Fa. SeaBridge vermittelt außerdem Reisekranken- und Kfz-Versicherungen und managt die Abstimmung von Flug und Verschiffung. Für die Einfuhr nach Kanada ist eine Unterbodenreinigung nötig, die ebenfalls organisiert und bestätigt wird.

Verschiffungen vermittelt ebenfalls:

💻 www.pangaeacargo.com/de/fahrzeug-transport/wohnmobil-verschiffung.html

💻 www.usa-verschiffung.de/

💻 www.shipafl.com

Ab wann lohnt eine Verschiffung?

Es gibt Rechenmodelle, die belegen sollen, dass sich die Verschiffung des eigenen Wohnmobils in die **USA** bereits für einen sechswöchigen Urlaub lohnt. Wenn das

Fahrzeug relativ klein und kompakt ist, mag die Kalkulation rein rechnerisch aufgehen. Sinnvoll ist die Umsetzung dann, wenn sich die Route auf die Ostküste beschränkt, etwa vom kanadischen Halifax nach Florida.

Es ist jedoch zu bedenken, dass die Schiffe beileibe nicht immer pünktlich sind. Da an Wochenenden nicht entladen wird bzw. keine Zollabfertigung möglich ist, kann unter Umständen wertvolle Urlaubszeit verstreichen. Damit fallen auch zusätzliche Kosten für Mietwagen, Motel und Restaurants an und machen eventuelle Einsparungen schnell wieder zunichte. Außerdem muss das Mobil nach Bremerhaven, Hamburg oder Rotterdam gebracht und auch von dort wieder abgeholt werden – was allenfalls bei Nordlichtern nicht weiter ins Kalkül fällt.

Wer in knapp bemessener Zeit (also für ca. 2-3 Monate) den touristisch weit interessanteren Westen besuchen und trotzdem nicht mieten will, kann den Kauf eines Wohnmobils mit Rückkaufgarantie in Erwägung ziehen. Es handelt sich hierbei zumeist um Fahrzeuge, die ursprünglich aus der Vermietung stammen und aller Regel nach gut gewartet sind. Die Modalitäten lassen sich problemlos von zu Hause aus erledigen, sodass vor Ort keine wertvolle Urlaubszeit verloren geht. Adressen von Anbietern finden sich in den einschlägigen Reiseführern und Reisemagazinen.

Wir haben unterwegs zwar hin und wieder Reisende getroffen, die diese Variante gewählt hatten, leider fehlen mir Rückmeldungen nach Beendigung der Tour. Ob sich der Deal im Vergleich zu einer evtl. günstigen Langzeitmiete gelohnt hat, ist mir nicht bekannt.

Da das Wohnmobil aus Europa an der Ostküste ankommt, zwischen Appalachen und Rockies sich jedoch nur meilenweit uninteressante Mais- und Weizenfelder dehnen, lohnt der Aufwand der Verschiffung eigentlich erst ab einer Reisedauer von mindestens sechs Monaten – sofern ein geeignetes Wohnmobil ohnehin vor der Haustür steht.

Auch der Kauf eines gebrauchten **Motorhomes** vor Ort auf eigene Faust lohnt erst ab einer mehrmonatigen Zeitspanne, da sowohl die Suche nach einem geeigneten Wohnmobil als auch der Wiederverkauf mit Zeit verbunden sind. Da Amerika das Land der Wohnmobile schlechthin und eigentlich immer Saison ist, dürfte der Verlust beim Wiederverkauf mit Sicherheit deutlich unter den Verschiffungskosten liegen. Nötig ist für den Kauf bzw. die Zulassung eine US-Anschrift, die man evtl. vom Händler bekommt. Außerdem ist es nicht möglich, ein altes Wohnmobil, das die strengen kalifornischen Abgaswerte nicht erfüllt, in Kalifornien zuzulassen. Einfacher ist meines Wissens der Kauf und die Zulassung eines gebrauchten Mobils in Kanada.

Die Versicherung sollte bereits in Deutschland angeleiert werden. Die genauen Daten des Fahrzeugs können dann nach erfolgtem Kauf nachgeliefert werden.

Egal, ob Verschiffung oder Kauf vor Ort – jede Variante hat ihre Vor- und Nachteile. Für den Kauf vor Ort spricht auf jeden Fall, dass sich der Mechaniker bei einer evtl. Panne oder fälligen Reparatur mit dem heimischen Mobil oder Basisfahrzeug auskennt. Mit unserem Iveco hatten wir aber diesbezüglich keinerlei Probleme. Nach unserer Rückkehr war lediglich ein Ölwechsel fällig! Für uns überwog der Vorteil des bereits vorhandenen, autark ausgestatteten Mobils.

VISA

USA

Wer länger als drei Monate in den USA bleiben will, benötigt das B1/B2 Visum, das rechtzeitig beantragt werden muss. Stets aktuelle Informationen und Anforderungen finden Sie unter:

- www.visumusa.net
- www.german.germany.usembassy.gov/index.html

Das B1/B2 Visum gilt zehn Jahre lang für einen Aufenthalt von jeweils sechs Monaten. Wer sein Wohnmobil mit einem doch erheblichen Aufwand an Zeit und Geld über den Atlantik schickt oder wer sich vor Ort ein Wohnmobil kauft, möchte in der Regel länger als sechs Monate bleiben. Wie dies zu bewerkstelligen ist, wird in vielen Reiseforen kontrovers diskutiert. Auf keinen Fall sollte man mit der neunzigtägigen Aufenthaltserlaubnis, die per **Visa Waver Programm** bei der Einreise erteilt wird, versuchen, mit mehrmaligen Grenzübertritten die Aufenthaltsdauer zu verlängern. Dieses Kurzvisum eignet sich nur für normale Urlaubsreisen oder geschäftliche Aufenthalte.

Wer in die USA (meist Baltimore) verschifft, bekommt mitunter, wenn er seine Reisepläne erläutert, sehr viel Glück hat und außerdem an einen freundlichen, wohlgesonnenen Beamten gerät, auch zwölf Monate Aufenthalt am Stück! Verlassen sollte man sich aber nicht darauf!

Es gilt aber leider auch: Selbst wer ein gültiges Visum besitzt, hat damit noch keine Garantie auf Einlass ins Land der unbegrenzten Möglichkeiten! Über die Aufenthaltserlaubnis entscheidet einzig der Beamte an der Grenze oder bei der Einreise am Flugplatz. Es ist durchaus schon vorgekommen, dass der, aus welchen Gründen auch immer, die Einreise trotz Visum verweigert hat!

Ratsam ist in jedem Fall ein gepflegtes Äußeres und für den Fall der Fälle ein Nachweis der finanziellen Mittel (Kopien von Kontoauszügen usw.). Wir selbst haben das zwar nie gebraucht, hatten es aber stets dabei. Unbedingt verkneifen sollte man sich irgendwelche Witzchen. Ein scherzhaftes „Die Bombe ist im anderen Koffer!" kommt bei der Einreise garantiert schlecht an. Außerdem gilt der altbekannte Spruch: „Wie man in den Wald hineinschreit ..."

Kanada

Seite dem 15. März 2016 ist für die Einreise nach Kanada die Einreiseerlaubnis **eTA** erforderlich.

Die **eTA** (*electronic Travel Authorization*) ist eine neue Einreisebestimmung für ausländische Staatsangehörige, die nicht visapflichtig sind und nach Kanada fliegen, bzw. in Kanada zwischenlanden. Die Genehmigung ist elektronisch mit Ihrem Reisepass verlinkt und gilt für einen Zeitraum von maximal fünf Jahren oder bis zum Ablaufdatum Ihres Reisepasses.

Beantragt wird die **eTA** per E-Mail. Die derzeitigen Kosten von CAN $ 7 pro Person dürften kein allzu großes Loch ins Reisebudget reißen.

Deutsche Staatsbürger benötigen für eine Kanadareise kein Visum. Über die Einreise entscheidet der Beamte vor Ort. In der Regel wird ein Aufenthalt von sechs Monaten genehmigt.

www.canadainternational.gc.ca/germany-allemagne/visas/index.aspx?lang=deu

One-Way-Ticket

USA

Es ist durchaus möglich, mit einem One-Way-Ticket in die USA und nach Kanada einzureisen. In die USA ist das nur mit einem gültigen Visum möglich. **Dieses Visum wird von der Fluggesellschaft vor Antritt des Fluges geprüft. Ohne gültiges Visum wird die Beförderung verweigert!**

Kanada

Auch nach Kanada kann man mit einem One-Way-Ticket einreisen. Da deutsche Staatsbürger kein vorab ausgestelltes Reise-Visum bekommen und die Erstellung eines solchen auch nicht möglich ist, kann es sein, dass Reisebüros oder Fluggesellschaften dieses Ticket verweigern. Dieses Problem hatten wir mit der Condor. Die Angestellte des Reisebüros hatte sich bei einer Mitarbeiterin des kanadischen Konsulats erkundigt, die stock und steif behauptete, wir bräuchten ein Visum. Erst als wir ein Schreiben der kanadischen Botschaft vorlegten, gab die Dame vom Konsulat zu, dass sie ja eigentlich von Visa-Angelegenheiten keine Ahnung hatte.

Wir bekamen unser verlangtes Ticket, hatten aber vorsichtshalber beim Flug Kopien unserer Kontoauszüge, einen Grundbuchauszug unserer Wohnung usw. dabei, um nachzuweisen, dass wir keinesfalls vorhatten, in Kanada zu bleiben. Bei der Einreise in Kanada wurden wir von der Beamtin zwar nach einem Rückreiseticket gefragt, sie fand es aber durchaus logisch und nachvollziehbar, dass wir bei einer Reise von ca. zwölf Monaten keines hatten. Im Allgemeinen wird bei Personen, die eigens ihr Wohnmobil für eine längere Reise verschiffen, angenommen, dass auch Geld für den Rückflug vorhanden ist.

Wäsche Waschen

Selbst wenn man keine voll ausgestatteten RV Parks anfährt, ist das Waschen der schmutzigen Wäsche kein Problem. Überall in den USA, Kanada und auch der mex. Baja California finden sich öffentliche Waschsalons mit Waschmaschinen und Trocknern. Die Waschmaschinen sind zwar zumeist Bottichmaschinen mit simpler Hin-und-Herrührtechnik, deren Programm gerade mal 20-25 Minuten dauert, aber mit viel Waschpulver und mitunter einem Schuss *bleach* (Chlorbleiche) werden die Socken und Shirts schon sauber. Da man ja in den großen Waschsalons gleich mehrere Ladungen gleichzeitig waschen und trocknen kann, ist die ungeliebte Prozedur auch schnell erledigt.

Wasserfilter

Beim Stichwort Wasserfilter denkt man vermutlich eher an Afrika oder Asien und nicht an Länder wie die USA oder Kanada. Ganz generell ist jedoch selbst in Europa ein Filter sinnvoll, weil Wasser im Tank schnell verkeimt. In den USA, besonders in den Staaten des Südwestens, wird das Trinkwasser außerdem so stark gechlort, dass es mitunter wie ein Schluck aus dem Schwimmbad schmeckt. Will man nicht überall im Wohnmobil die Gallonenkübel mit Trinkwasser aus dem Supermarkt herumstehen haben, ist der Einbau eines Wasserfilters zu überdenken. Sinn macht er jedoch nur, wenn er mit einem Zusatzwasserhahn direkt unter der Zapfstelle installiert wird. Die kleinen Wasserfilter von Britta usw. sind für längeren Gebrauch nicht zu empfehlen. Die enthaltenen Silberionen sind gesundheitlich nicht unbedenklich.

Wir haben mit dem vielfach getesteten **Seagull Filter** beste Erfahrungen gemacht. Er beseitigt nicht nur Schadstoffe, sondern auch Chlorgeschmack u. Ä. Im Gegensatz zu Aktivkohlefiltern gibt er bei Sättigung seine gefilterten Schadstoffe nicht ins Trinkwasser ab. Ein verminderter Durchfluss zeigt an, dass der Wechsel der Kartusche nötig ist.

Vorsicht ist in Mexiko geboten, wo das Wasser mitunter leicht salzig aus dem Hahn kommt. **Salz kann der Filter nicht entfernen!** Es würde sogar den Filter verstopfen. In diesem Fall ist es besser, purifiziertes Wasser aus den Wasserfabriken zu kaufen.

Damit kein Sand und Mulm in den Tank gelangen, ist es außerdem sinnvoll, einen Vorfilter zu benutzen.

www.seagull-wasserfilter.de/?gclid=CM_Zor25x8gCFeoJwwodC60CwA

www.umweltanalytik.com/shop/wasserfilter/wohnmobile-boote/seagull2/index.html

Mit Hund nach Nordamerika

Im Gegensatz zu Australien und Neuseeland müssen Haustiere bei der Ankunft in den USA bzw. Kanada nicht in Quarantäne. Der Mitnahme des Familienhundes steht somit nichts im Weg. Der bürokratische Aufwand ist gering. Wichtig sind die Tollwutimpfung sowie eine tierärztliche Bescheinigung, dass der Hund gesund ist.

Bei der **Rückkehr nach Europa** benötigt der mit einem Mikrochip gekennzeichnete Hund den blauen EU-Heimtierausweis.

Inwieweit der Hund den Nachweis benötigt, dass er ausreichend Antikörper gegen Tollwut (Titer) hat, ist unterschiedlich. Kanada und die USA gelten als tollwutfrei, Mexiko hingegen nicht. Es ist trotzdem ratsam, diese Titerbestimmung bereits in Deutschland in einem autorisierten Labor durchführen zu lassen (der Tierarzt weiß Bescheid!). Die Titerbescheinigung gilt dann (regelmäßige Impfung vorausgesetzt) ein Hundeleben lang.

Wir flogen im Mai mit der Condor von Frankfurt nach Halifax, weil sie zu diesem Zeitpunkt die einzige Fluggesellschaft war, die nonstop nach Halifax flog. Umsteigen und lange Zwischenaufenthalte wollten wir unserem Hund nicht zumuten. Die Condor ist zwar für uns Menschen kein Luxusflieger (sehr enge Sitze, mäßiges Essen und bescheidener Service), aber der Transport des Hundes war empfehlenswert. So verlangt die Condor z. B., dass die Transportbox ausreichend groß ist. Der Hund muss sich drehen können und beim Stehen dürfen die Ohren nicht oben an der Box anstoßen. Das wurde auch kontrolliert! Für unsere stehohrige, mittelgroße, 23 kg „leichte" Belgische Schäferhündin war deshalb eine recht große Box nötig. (Die beiden Hälften der Box deponierten wir während der Reise ineinander gestapelt im Außenstauraum unseres Wohnmobils.) Außerdem verlangt die Fluglinie, dass der Hund beim Einchecken ansprechbar ist. Man kann also vorab kein starkes Betäubungsmittel geben. Wir gaben Eyleen vorher

Am Top of the World Highway, Yukon

ein homöopathisches Beruhigungsmittel und erst kurz vor dem Einchecken ein Schlafmittel (das lässt man sich vom Tierarzt geben).

Angenehm war auch, dass wir in Frankfurt unseren Hund nicht bereits beim Einchecken in die Box sperren und abgeben mussten, sondern bis kurz vor dem Boarding damit warten konnten. Die Flugbox stand übrigens schon einige Wochen vorher, stets mit Leckerlis präpariert, zum „Eingewöhnen“ in unserer Wohnung. Für den Flug legten wir von uns getragene T-Shirts in die Box, damit sie vertraut roch.

Unangenehm war in Halifax, dass unser Hund im Flughafen nicht aus der Box durfte. Aufs Taxi warteten wir vor dem Flughafengebäude. Wegen der sperrigen Box benötigten wir ein Van-Taxi. Wichtig ist, bei der Vorabbuchung des Hotels für die erste Nacht sicherzustellen, dass Hunde erlaubt sind! Das ist in Kanada und den USA eher die Ausnahme! Auch in Restaurants sind in den USA genau wie in Kanada Hunde absolut tabu!

Wegen des Hundes sind wir nach einem Jahr auch wieder von Halifax zurückgeflogen. Im Gegensatz zu Frankfurt musste unsere Eyleen beim Einchecken sofort in die Box. Natürlich wusste sie in der Zwischenzeit, wofür die Box da ist und protestierte mit ärgerlichem Bellen.

Für die Einreise in die mexikanische Baja California benötigt man normalerweise ein relativ frisches ärztliches Gesundheitszeugnis. Das wurde jedoch nicht kontrolliert. (Angesichts der vielen herrenlosen Straßen- und Strandhunde mutet das auch eher wie ein bürokratischer Witz an.)

Impfungen

Alle hier üblichen Tollwut- (*rabies*) und Mehrfachimpfungen kann man in Kanada und den USA auffrischen lassen. Unser Impfbuch bzw. Heimtierausweis ist in Kanada unbekannt. Man bekommt eine Impfbescheinigung sowie eine Plakette über die erfolgte Tollwutimpfung. Die Impfung wurde auf unser Verlangen zusätzlich im Impfbuch eingetragen.

Entwurmung

Wichtig bei der regelmäßigen Entwurmung ist ein Präparat, das auch gegen Herzwürmer wirksam ist (z. B. Milbemax). Es gibt aber in den USA auch ein spezielles Mittel gegen Herzwürmer (*heartworm*).

Einfuhr von Hundefutter

Aus Angst vor der Maul- und Klauenseuche, BSE und anderen Tierseuchen ist die Einfuhr von Fleisch, wozu auch Hundetrockenfutter gehört, sowohl nach Kanada wie auch in die USA verboten. Das gilt übrigens auch, wenn man von Kanada kommend in die USA einreist! (Die schlimmsten Erreger haben schließlich immer die anderen!) Wenn man also von Alaska über Kanada in das US-Mainland einreist und nicht möchte, dass der Zoll das eben gekaufte oder auch aus Alaska stammende Hundefutter konfisziert, sollte man beim Kauf einer größeren Packung unbedingt darauf achten, dass dort „Made in the USA" vermerkt ist! Da es in Alaska keine Viehwirtschaft gibt, bleibt dort das kanadische Futter an der Grenze unangetastet.

Gefahren für Hunde

Hunde mit ausgeprägtem Jagdtrieb erwischen hierzulande evtl. mal einen Hasen – und solange sie dabei nicht dem schießwütigen Jagdpächter vor die Flinte laufen, ist das auch nicht weiter gefährlich. Im Südwesten der USA oder in Mexiko, wo die Vegetation mit den vielen Kakteen ausgesprochen stachelig ist, kann die Hasenjagd für den Hund schmerzhaft werden. Außerdem gibt es in Nordamerika generell „sehr schwer bewaffnetes" Kleinwild, wie z. B. Stinktiere oder Stachelschweine (☞ siehe die beschriebene Episode im Fundy National Park).

Die Kelpie-Hündin unserer Freunde bekam bei näherer Bekanntschaft mit einem Stinktier dessen übel riechendes Sekret ins Auge gespritzt.

Um unangenehme Begegnungen mit Bären und größerem Getier zu vermeiden, bekam unsere Hündin eine Bärenglocke ans Halsband – was den angenehmen Nebeneffekt hatte, dass meist auch jagdbares „Kleinvieh" verscheucht wurde.

Amerikanische Hundehalter absolvieren mit ihren Hunden mitunter auch ein professionelles Klapperschlangen-Meide-Training (per Teletakt). Normalerweise verdrücken sich Klapperschlangen jedoch bei Gefahr. Wir selbst bekamen in insgesamt mehr als zweieinhalb Jahren Nordamerika nie eine zu Gesicht.

Eine weitere Gefahr, die besonders im Nordwesten der USA, in Nordwestkanada und Alaska lauert (besonders entlang der Highways und Wege), ist Foxtailgras (**zu googeln unter *„foxtail grass"***). Das dekorative, an einen buschigen Fuchsschwanz erinnernde Gras bildet beim Reifen (solange es grün ist, ist es angeblich ungefährlich) kleine, sehr aggressive Samen, die über Augen, Ohren, den Rachen und auch über die Haut und die Pfoten bis in die inneren Organe des Hundes vordringen und mitunter tödlich sein können. Bekannte verloren durch das Gras ihren 12-jährigen Hund. Der Hund hatte nach einer ausgiebigen Kaninchenhatz das Foxtailgras gefressen und erkrankte. Leider gerieten die Halter an einen frisch aus Europa zugewanderten, jungen Tierarzt, dem die Foxtailgras-Problematik unbekannt war. Bis der Hund schließlich einem einheimischen Tierarzt vorgestellt wurde, war es für eine erfolgreiche Behandlung bereits zu spät.

Foxtailgras

Reisen mit Hund

In Kanada ist das Reisen mit Hund relativ problemlos. (Je weiter man nach Westen kommt, umso einfacher wird es – dort gibt es dann sogar spezielle Freilaufflächen.) Wir gewöhnten uns übrigens an, in der jeweiligen Visitor Information (die ist in jeder kanadischen Ortschaft ausgeschildert) nach allem Möglichen – Waschsalon,

Internet, Supermarkt usw. und auch nach einem Platz zum Gassi gehen zu fragen. Meist bekamen wir einen Ortsplan in die Hand gedrückt und wussten dann sofort, wo Bootsanleger, öffentliche Badestrände, Parks oder Freilaufflächen waren, und fanden auf diese Weise auch zumeist einen guten Platz, wo wir ungeniert und schön übernachten konnten.

In den kanadischen Nationalparks darf der Hund – angeleint – mit auf die Wanderwege.

In den USA ist das „Hundeleben" schwieriger. Dort darf der Hund zwar mit in die Nationalparks hinein, auch auf die Campingplätze, aber nicht auf die Wanderwege! Wobei ein 50-m-Teerweg zu einem Aussichtspunkt bereits als „Backcountry-Wanderweg" gilt! Allerdings kannten wir die Nationalparks ja fast alle schon. In den weniger überlaufenen Parks im Nordwesten krähte außerhalb der Saison außerdem kein Hahn danach, wenn wir mit unserem Hund auf den Wegen unterwegs waren. Auch in Alaska durfte unser Hund im Wrangell St. Elias National Park zum Wandern mit.

Unproblematisch laufen kann man überall dort, wo es genügend freies Land gibt – also in den unbesiedelten Gebieten des Südwestens, in den National Forests und auch in den State Parks. Da in den USA alles Privatland eingezäunt ist, kann Gassi gehen für lauffreudige Hunde zum Problem werden. Auf unserem Weg von Südwest nach Nordost arbeiteten wir uns mehr oder weniger im Zickzack von National Forest zu State Park usw. voran, um unserem Hund den nötigen Auslauf zu bieten.

In der Baja California waren Auslauf und Spaziergänge kein Problem.

Restaurantbesuche: Egal, ob Kanada oder die USA – Restaurants sind für Hunde tabu.